孩子不仅给我们带来了快乐，
更重要的是他们把我们重新引入真、善、美的世界

立 品 图 书·自觉·觉他
www.tobebooks.net
出 品

养育孩子，就这么简单

［美］夏莉法·奥本海默　著
徐明佑　译
聂传炎　审校
［美］斯蒂芬妮·格罗斯　摄影

天津出版传媒集团
天津教育出版社
TIANJIN EDUCATION PRESS

图书在版编目（CIP）数据

养育孩子，就这么简单／（美）奥本海默著；徐明佑译．
-- 天津：天津教育出版社，2013.10
书名原文：*Heaven on earth:a handbook for parents of young children*
ISBN 978-7-5309-7298-4

Ⅰ.①养… Ⅱ.①奥… ②徐… Ⅲ.①家庭教育
Ⅳ.①G78

中国版本图书馆 CIP 数据核字（2013）第 177846 号

Heaven on Earth: A Handbook for Parents of Young Children
By Sharifa Oppenheimer & Stephanie Gross

published by Steiner Books (Anthroposophic Press), 610 Main Street ,Great Barrington,MA 01230,USA

版权合同登记号　图字 02-2013-120 号

养育孩子，就这么简单

出版人	胡振泰
作　者	[美] 夏莉法·奥本海默 著
摄　影	[美] 斯蒂芬妮·格罗斯
译　者	徐明佑
审　校	聂传炎
责任编辑	于长金
特约编辑	王月怡
装帧设计	亿点印象
出版发行	天津出版传媒集团 天津教育出版社有限公司 天津市和平区西康路 35 号　　邮政编码　300051 http://www.tjeph.com.cn
经　销	新华书店
印　刷	三河市华晨印务有限公司
版　次	2013 年 8 月第 1 版
印　次	2013 年 8 月第 1 次印刷
规　格	16 开（787×1092 毫米）
字　数	150 千字
印　张	16
书　号	ISBN 978-7-5309-7298-4
定　价	35.00 元

编者的话

天下没有不爱自己孩子的父母，可如何去爱，似乎成了当前年轻父母们很大的一个困惑。

这一代孩子的童年与我们当年已经大大不同了：在城市，有院落的平房纷纷拆迁，大家搬进被统一规划的小区，不知道左邻右舍的姓名，不敢让孩子给陌生人开门；大多数孩子都是独生子女，没有兄弟姐妹，在家里没有同龄的玩伴，一举一动都在成人无微不至的关注之下；在农村，年轻的父母纷纷进城务工，隔代抚养使得孩子们平日缺少父母的关爱；父母离异成了常事，单亲家庭越来越多，孩子们在年幼的时候就不得不去经验内心分裂的痛苦；电视机、电脑和手机成了我们育儿的好帮手，孩子可以几个小时一动不动地盯着屏幕里愈来愈“重口味”的动画片，乐此不疲地玩着变形金刚、“植物大战僵尸”的游戏，而早已不知道捉蜻蜓、抓石子的乐趣……

我们把孩子带到了这个世界，但**如何对他（她）好**？我们是否真的懂得孩子们的需求？为人父母，这是需要下点功夫去了解的。孔子讲，这个世界上，只有极少的人是生而知之的，对大多数人而言，还是要学而知之。要想做一个好父亲、做一个好母亲，应当去深入学习，尤其是在这个瞬息万变的时代。

当前有一股新教育的潮流，越来越多以华德福理念（Waldorf）为指导的幼儿园乃至学校正在中国各个城市出现。这些幼儿园和学校的创办者、教师和家长中，很多是反思自身教育历程之后，希望给孩子一个更健康成长环境的父母们。

什么是华德福教育？简单说来，它是起源于德国的一套已有近百年历史的完整而独立的教育体系。华德福教育针对人在0~7岁、7~14岁以及14~21岁这三个阶段的不同需要来设计教学内容，注重孩子意志、情感和思维的全面发展，并关注每个儿童的个体差异，以一种极富艺术性的方式帮助孩子与这个世界建立深刻的联系。华德福教育虽然是西方现代文明发展过程中的一个产物，但有趣的是，它内在的精神与中国自古以来道法自然、因材施教、教学相长的优秀传统不谋而合。在东西方文化充分融合的当今时代，我们需要从以华德福教育为代表的西方优秀的教育理念中吸取经验，与中国的现实情况相结合，为我们的孩子开辟一条新路。鲁迅先生说得好，没有拿来的，就没有新文艺；同样的，没有拿来的，就没有新教育，就不能成就一代新人。

这套丛书名为“善生”，第一层意思就是希望大家好，爱惜生命，热爱生活；第二层意思就是在人生的旅程中，学无止境，止于至善。丛书分两大系列：一是**“善生悦读”**系列，陆续推出许多内容上乘、制作精美的中外作品，作为不同年龄段孩子的课外读物，相信这批书将给孩子们留下终生难忘的印象；二是**“善生悦教”**系列，选择了一批适合父母、教师们阅读的优秀作品。

目前已经面世的有吴蓓的**《请让我慢慢长大：亲历华德福教育》**和李泽武的**《重新学习做老师》**，可以让我们感受到教育者与孩子一起成长的感动；美国人杰克·帕特拉什的**《稻草人的头，铁皮人的心，狮子的勇气》**，介绍了如何通过意志、情感和思维的全面发展，帮助孩子健康成长；德国人赫尔穆特·埃勒的**《与孩子共处的八年：一位华德福资深教师的探索》**，介绍了华德福教学与众不同的方式：主课教师会陪伴孩子八年，将他们从一年级一直领入青春期的门槛；澳大利亚的“故事医生”苏珊·佩罗**《故事知道怎么办：如何**

让孩子有令人惊喜的改变》，则以丰富的事例，讲述了如何在家庭和学校生活中，针对孩子的各种挑战性行为创作出具有疗愈作用的故事；美国资深幼儿教师芭芭拉·帕特森与编辑帕梅拉·布莱德合写的小书**《我从彩虹那边来：如何养育 0 至 7 岁的孩子》**从一个母亲、祖母和幼儿教师的角度，把与孩子共处的“窍门”与你娓娓道来；从小就爱给人讲故事的比亚翠斯·洛奇的**《故事和你说晚安》**带来许多经典故事和怎样给孩子讲故事的建议，陪伴你与孩子度过美好的睡前时光；丹麦人亨宁·安德森的**《爱上数学：在游戏中与数学相遇》**介绍了生动丰富的游戏活动，让孩子们在节奏与韵律中体味数学之美。教学经验丰富的狄克·布鲁因和艾提·莉赤哈特来自荷兰，共同创作了**《心灵的色彩：华德福学校的绘画课》**，讲述他们是如何带领孩子们学习并感受到水彩画的独特作用，通过绘画开发了孩子的灵性认知，滋养了孩子的心灵。

各自都有 27 年以上的课堂教学经验的两位作者用两年时间通力合作，写出了**《手巧才能心灵：华德福学校的手工和实用艺术课》**，他们分享各自的见解，交流在教学中积淀的智慧和创意，系统介绍华德福学校从幼儿园到高中的手工课程，展示如何有意识地发展和训练手的功能，由此增强心灵的力量。**《大地的礼物：与孩子一起做园艺》**是一本生动、实用又有想象力的小书，指导我们如何带领孩子体验四季的花园。**《人类最初的故事》**，这里有来自世界各地的神话和传说，讲述了千百年来一直流传的最具特色的神灵、英雄和圣者的故事。

最后，引用这样一句话送给天下的父母亲：“我们必须有勇气准备让他们（孩子）来欣赏这个世界，来理解这个世界，并且按照自身的特点积极地参与这个世界。”——这就是我们共同的责任。

编者

2013 年 6 月

序言
让孩子发掘生命里的一切

纪伯伦说："孩子是由生命对自身的渴望而生的。"孩子们张开双臂，奔向前去拥抱生命，生命通过这些幼小的身体而爱着自己；不论是钻进沙堆或是拍落沙尘，观看弓腰虫"丈量"着树枝，或是靠近黑猫，猫咪却吓得逃开，转过头来以深不可测的绿眼睛回望着孩子……这是孩子们探寻生命的驱动力。**作为孩子的照顾者，我们必须要找出方法，以一种让孩子们感动的方式回应生命。**

孩子们需要接触到小草、花儿、阳光和鸟鸣。他们堆土堆，挖蚯蚓，玩泥巴，扔土块。他们也需要玩树枝，赤着双脚，露出胖嘟嘟的趾头。他们需要唱歌、讲故事、画画、演戏，还有很多的游戏。

这些孩子代表着探索生命奥秘的力量。他们必须接触到活生生的生命，并在成长中学会尊重、养育、珍惜和保护它们。我们迫切的任务就是要帮助他们健壮地成长。

他们本身就是希望，就在此时此地，永远都是如此。

如何使用这本书

这本书是你创造力的起跳板。这不是育儿手册，毋宁说，**它旨在向父母提**

供教育的灵感和范例。书页边有大量的留白，提炼出正文中的要点，以供读者快速了解正文的主旨。我知道父母们都很忙，这是特别为你们而设计的。在某个晚上，当小宝宝哭闹不停，而五岁的女儿又不肯穿上睡衣时，你会想到："那本书建议父母怎样哄孩子入睡？"这时，你会更方便、更快速地查到你要找的帮助信息。你也能在这些留白处找到食谱、点子、小诀窍和秘方。你也可以在空白处写下你自己的心得或想法。

这本书是基于这样的前提，那就是：人类的大脑是通过感官经验和行为来学习的，这在我们的人生中始终都是如此。有个办法，如果愿意的话你可以试试，并内化到自己的学习过程中去。准备一个记事本，这能让学习过程更具有互动性。只需要简单的活页笔记本就可以。为了与本书的九个章节相对应，请将记事本分为九个部分。

现在我们来逐章探讨，用你的书与我的书来进行互动和回应。

第一章**《儿童是如何学习的》**是从生理学的角度来谈学习。近些年的大脑研究让我们更了解自己。我对此非常感兴趣，或许你也是。你会发现媒体对学习的不良影响，这一发现会让你乐意关掉电视机，和全家人共同玩耍。或许你想在记事本里加入"旅行日记"，记录下全家人从媒体世界转向充满想象力的世界的历程。如果本章的科学知识太过沉闷，你也可以跳开此章，直接阅读后面的章节，了解如何在厨房、户外或是浴缸中共同实践"学习的科学"。

第二章**《有节奏的生活》**提供了各式各样的点子来丰富你的家庭生活。在本章中，我建议你将每天和每周的作息安排得富于规律和节奏。如果你有写日记的习惯，就将你希望孩子在现在和长大以后与你共同做的日常事务先写下来。或者你也可以将全家每天的日常活动画成鲜艳而美丽的图画；你也可以做一份装饰得很漂亮的每周食谱和家务计划图。为每个人每周的生活设计"总体规划"，给每天加上色彩标记，让它不仅实用而且好看。这只是些零星的建议，你的笔记可能成为你的育儿专著呢！

第三章《**一起过节日**》除了谈到家庭节庆的重要性以外，也对如何安排庆祝活动提出了很多建议。在本章中，我们将会讨论如何利用准备活动、歌曲、故事以及节日食品来装点节庆，这些都是必不可少的。然后，我们会逐个讨论如何庆贺秋天、冬天和春天的节日，以及简单的生日宴会。你也可以每年在日记中记下全家所庆祝的节日。如果浮现出来某些想法，但孩子还太小，先记录下来留做日后的参考。如果你试做某项特别的菜肴，结果大受好评，写下来提醒自己每年都要做这道菜，或是记下某个值得回忆的特殊时刻。在此章的结尾，我们会讨论时间的本质，节日的“节点”的必要性，以及节日氛围的重要性。

第四章《**室内游戏**》讨论创造性游戏的本质。我们会讨论从婴儿期到准备上小学的六七岁时为止的发展图式，或者说游戏阶段。我们也会探讨“感官教育”的必要性，并发掘出某些特定的方式来完成这项工作。你也可以在笔记上记下自己的点子，将它融入孩子自身“感官教育（sense-education）”的经验中去。而对于如何创造开放性的、有创意的室内游戏空间，并布置上必要的物品、装备和玩具，本章也会提供循序渐进的建议。可以在笔记本上画出你理想中的游戏空间草图，同时也记下你理想的游戏物品清单。本章的部分内容会教导你如何利用书末附录中的简易娃娃图样，自己来动手做玩具。本章也会告诉你如何在开放性的、充满想象力的游戏中鼓励你的孩子，你也可以详细记载孩子所创造的令人赞叹的游戏，并将它们留给后人。此外，你担心暴力游戏吗？本章也会讨论这个话题，并会列举许多充满刺激和吸引力的游戏，这些游戏都是非暴力游戏，但仍然能够让孩子们很开心。

第五章《**户外活动**》提供了许多有趣的点子，告诉我们如何创造神奇的、具有挑战性的户外游戏空间。我们会讨论完满的户外游戏空间所应具有的条件，包括草地、小丘、沙子和水。我们会讨论要如何搜集建筑材料，以及要到何处去搜集这些材料，并让孩子们在未来的好几年利用它们来建造城堡。本章也会告诉你，如何使用竹子或小树来制作大人才能制作的游戏器具。你的记事本也非常适合绘制你想要建造有趣的游戏屋的草图，或记录下你的孩子所喜爱的天然建筑材料，以及可以在什么地方搜集到这些材料。将花园作为游戏场地的那部分章节提供了很多关于园艺的点子，也提供了很多引导孩子在花径间玩耍的方法。写下园丁日记总是令人愉悦的：你可以记录蔬菜的生长过程，还有你的孩子对于自然界日益增长的感受能力。在探索过后院野地生物的生活、丰富的生态环境之后，本章在结尾处探讨如何将家庭生活融入到户外活动中。这包括了在树下画画、在后院露营以及在冬天野餐。

第六章**《奇妙的故事》**充满了奇遇，值得你记录下来。我们会探讨从婴儿期到学龄儿童时期为止的发展变化及其需求。本章不但是介绍孩子的成长指南，并鼓励你自己来创造故事。你所创作出来的故事，很可能会使你的笔记本不够用哦！包括为学步儿童及婴幼儿所哼唱的童谣、为三四岁孩子所讲述的大自然的故事、为五六岁孩子所讲述的神话故事，以及很多年以后仍然难忘的冒险故事。你将会看到故事产生强大的魔力，它能够指引孩子穿越人生旅途中难免的磕绊和伤痛。如果你的故事的灵泉从心中源源不绝地奔涌出来，那就得另找个笔记本来记载这些故事啰；这难道不是很好的传家之宝吗？我们也会介绍些书籍来丰富想象力。

第七章是**《幼儿的艺术体验》**，书中介绍的艺术体验都很有益处，与孩子的年龄相适应，并能滋养他们的心灵。本章会循序渐进地讲解如何创作“湿水彩画”，以及捏塑模型的许多办法，还会指导如何制作手工艺品，来装点第三章谈到的每个节日。可以在笔记本记下这些庆祝节日的手工艺品，也可以为孩子规划系列的体验活动。本章也会详细讨论羊毛和它的柔软触感，并告诉你如何自己动手制作羊毛毡，此外还会介绍利用羊毛毡来做出各种物品的方法。

这些年来，我汇聚了许多父母的疑问，而第八章**《父母关心的其他主题》**就谈到了父母们最常询问的部分问题。这些问题的范围很广，包括着装大战、夜晚的噩梦、选择托儿所和谈论死亡的话题，这个章节解答了这些难题。你可以在笔记本里记下你的问题，如果愿意和我分享你的想法，请留意我在作者简介中留下的联系方式。

第九章总结了前面各章的见解和观点，将它们织成了一匹独特的布——**创造你的家庭文化**。结合此书所详述的种种充实而有益的室内和户外活动，你可以运用自己的智慧和创意来建构一种家庭文化。这个温暖、活跃并充满爱的家庭氛围将为你孩子的生命奠定根基。它同时也是纪律的基础。在英文里“纪律”和“门徒”这两个字的涵义是相同的：都要以爱为出发点。你可以创造出用爱来引领孩子的家庭环境……但是，当他不听从时，该怎么办呢？本章将会介绍简单的、循序渐进的、不带情绪的方法，来促使他再次回到正确的方向上。需要记住的是，纪律的目的是要召唤出孩子自身最善良、最美好的那些特征，而不是要让孩子难受。你可以利用五角星图案，在自己的笔记本上描绘出你的家庭文化所闪耀出来的光芒。你们家的节奏以及共同工作和游戏的方式，就是星星底部的那“两只脚”；孩子的游戏空间以及那些艺术体验则是星星的“两只手臂”；星星的“头部”则是纪律。现在就画出你家庭文化的五角星，在这项探险的开始，就要清楚知道你的梦想，然后在家庭成长的过程中，不时地去回顾这个图像。

我希望你能将这本书珍藏很多年；无论是在厨房、室外的花园，还是在浴缸旁边，我都希望它时时伴着你，直到它被翻烂为止；我希望它能促使你写下自己的书，写下你的家庭生活的编年史。将你和我的两本书合起来，我们必定会创造出不同凡响的成果。然而，我最大的希望是你和你美好的家庭能够成就最美好的事物，成为地球上的天堂。

目录

第一章

儿童是如何学习的

孩子如何学习？

* 透过感官体验。
* 透过大大小小的动作。
* 透过模仿周围环境中的每样事物。

儿童是如何学习的呢？在人类的历史上，这是最近才被思考到的问题。几千年以来，我们仅仅满足于这个答案：这是自然界极其巧妙的设计。而现在，我们有了比以往更为精密的科学仪器，可以用来测量我们的学习，而且充满创意的心智也热切地在探索极其错综复杂的答案。了解"人类的学习能力"这个久远而奇妙的过程将是长久的功课。我们要感谢许多的科学家、教育家、梦想家和其他人，他们付出一生去了解人类的心智、身体与环境之间的关系。他们的研究成果像光一样逐渐渗进我们的共识之中。

为了简化他们的发现成果，我们可以说，**儿童透过以下几种途径来学习：**

（1）通过感官体验学习

（2）通过活泼而细微的动作

（3）透过模仿环境中见到的全部榜样

对你来说这些讯息够吗？

翻到后面的章节去学习：

· 如何创造出充满感官经验的环境。

· 如何鼓励健康的活动。

· 如何最好地运用模仿的原则。

如果你已满足于这些知识，想要知道你此时此刻应该对自己的学龄前孩子怎么办，那就转向后面的章节，以便了解：

1. 如何为你的孩子创造能培养广阔的、多种感官体验的环境；

2. 如何鼓励孩子从事有益的、准确聚焦的、充满活力的活动；

3. 如何利用大自然来提供必要而充分的典范，以便契合孩子善于模仿的天赋。

但是，如果你喜欢阅读生理学知识的小短文，那就继续阅读吧！

人类大脑发展历程的简单介绍

孩子从环境中获取讯息的主要方法，是透过感官接触，包括碰触、尝、嗅、看等等。这些信息对他们的意义，主要是透过情感上的回应体现出来的，例如：如果他们喜欢猫，他们就会朝着它走过去；或者，如果不喜欢，他们就会走开。透过全面的感官摄入以及自由的探索行动，孩子们对生活下了定义，他们就是这样来学习的。这个法则在成人身上也是适用的，因为那就是抽象思考的基础。人类的整个身体就是一部高度协调的仪器，旨在搜集比心智所能意识到的更细微的不同层次的讯息。这种感官讯息搜集起来，个人化的情感联系被记在心中，然后，回应行动就发生了。最近几年来，人们发表了关于大脑研究的大量新成果，而所有的研究都支持这个古老的观念：每个人从生到死都在学习，而且这种学习包含了身体、情绪与心智。本书将帮助身为父母的你做出选择，为孩子创造出能培育广泛的感官教育以及系列熟练动作的环境。

怀孕的前三个月，最古老的爬虫类大脑形成期。

* 接受各种感知摄入的地方；
* 具有生存与防御功能；
* 分辨朋友或敌人；
* 前语言期；
* 在当前立即做出反应的能力；
* 胎儿发育受到了母亲的声音的影响。

和地球上的大多数生物所不同的是，我们人类在诞生之时仍然是“未完成的”，我们被赐予了人类大脑这份惊奇的礼物，即使在我们年老之时，这份礼物仍然处于未完成的状态。我们对日益复杂的系统的学习能力，是大脑不断地重塑自己的结果，这个过程会持续到死亡为止。一只熊永远无法决定它今年想不想冬眠，而人类几乎能决定所有的事情，然后去实现它。

怀孕期的第 4~6 个月，哺乳类或边缘大脑已经形成。

* 产生情感的区域，情感认知大脑。
* 情绪智能或“身体觉知”的区域。
* 情绪认知对生存必不可少。
* 记忆能力的领域，与过去的联系。
* 调节促进养育及物种生存的荷尔蒙。

但是，在学习中，除了感官经验与活动以外，孩子还需要其他的东西。与这两项必要条件共同发生作用的第三项东西，就是孩子天生的模仿能力，以及能让他模仿的人。透过对他人的模仿，才能创造真正的人。“纽约纵向研究”追踪了 133 人，从幼儿园时期追踪到成年为止。研究发现，要具备健康成年人的能力，有三个因素在早期的学习环境中必不可少。第一，丰富的感官环境是必要的，这包含室内及室外环境；第二，自由的探索活动至关重要；而第三，当问题出现时，要有父母在场可以互动。就像约瑟夫·奇尔顿·皮尔斯（Joseph Chilton Pearce）告诉我们的：**“最初的自然需求就像下雨那样简单，而没有模范就不会有发展。”**

要知道模范与模仿如何起作用，我们就需要简要地了解子宫中胎儿大脑的发育。我们人类的大脑是大自然母亲缓慢而精细地朝向更高存在状态迈进的完美范例。

在怀孕的前三个月中，大脑中最古老的部分（通常被称为爬虫类脑）已经形成了。所有的感官摄入与感官学习，都要通过这个爬虫类脑。它会将所有的刺激分为“友善的”或“敌意的”，藉此促使人类这个物种得以存活下来。令人吃惊的是，这个系统是通过胚胎对母亲声音的反应而“成长”的。对于三个月大的胚胎来说，每个音素（即语言中所能听到的最微小的可分辨单位）都会激起胎儿特定的肌肉做出独特的回应。这种对声音模式的反应行为，在孩子不断发展中的大脑中产生了神经通道，或信息管道。通过胎儿在羊水中的这种复杂交流，大脑形成了所有未来学习所需要的基础。出生以后，当婴儿舞手弄脚的时候，这些行为仍然是可见的，而且很容易辨认。虽然这些行为很快会变得微细，再也无法看到，但人类对声音的这种回应行为，仍然可以透过仪器

怀孕期的第 7~9 个月，大脑新皮质不断发展。

* 语言能力的区域。
* 不断做出回应的讯息网络。
* 要求爬虫类大脑与哺乳类大脑的功能为它服务。
* 具有想象未来的新能力。

检测出来。

在怀孕中期（second trimester），哺乳类脑或边缘脑（limbic brain）就形成了。这个哺乳类脑是情绪发生的场所，是情感认知的大脑。在西方人的观点中，我们往往将理性思考和情感分开，并相信我们可以在不受情感的影响下去从事心智活动。然而神经科学表明了“身体的智识”（body knowing）中的内在智力属于情感。所有相互关联的学习活动，特别是记忆（就是靠情感对讯息做的标记），都可以在边缘脑中找到。在认知思考过程中，情感提供了对生存来说必不可少的信息。这种知识也刺激大脑生成了大量的荷尔蒙，来培育我们的哺乳生物本能。反过来，怀孕母亲的情绪状态以及她因此而释放的荷尔蒙，会在胎儿怀孕中期，显著地影响胎儿边缘脑（情绪脑）的功能与发展，并且也影响怀孕末期的大脑新皮质（neocortex）的持续生长。

大自然在旧的形式之上不断发展，从怀孕初期最原始的、生存导向的爬虫类脑向前发展，演进到怀孕中期具有关联能力的边缘脑，最后到达最高级的、具有想象力和语言智能的大脑新皮质。我们知道大脑新皮质能无限地将每个讯息反应都联结成网络，而我们只用到其中的一小部分能力。爬虫类脑只能对当下状态作出反应，而哺乳类脑可以记录当下和过去（因此与记忆有关），而这第三个脑赠给我们的则是对未来的预测。它主要是根据情绪大脑的经历来决定我们是逐步好奇而信任地走向未来，还是不情愿地在恐惧之中前进。我们的旧大脑包含了爬虫类脑与哺乳类脑，都可以服务于较高层次的脑，也就是具有思考能力的新皮质。

母亲的情绪状态能够极大地影响这是否会发生。在情绪／荷尔蒙的模式中，母亲是核心。此处仅仅粗浅地谈论它如何运作：如

人类模范的必要性

母亲怀孕时期的情绪状态，会影响胎儿的大脑发育。

如果母亲健康、快乐，受到很好的照顾，相对没有压力，那么整个大脑就可以发展出最高的潜能。

如果她身处危险之中、忧心忡忡，没有得到很好的照顾，而且情绪烦扰不安。压力荷尔蒙就会释放出来，让她准备逃跑或战斗。

这些不断出现的荷尔蒙会“发电报”给胎儿的大脑，让大脑用于防卫。婴儿被局限于通过低等的、防卫性的大脑中枢来对刺激做出回应。

较高的功能就会接受到较少的刺激。

果妈妈被照顾得很好，而且心情愉快，那么，她释放出的荷尔蒙将会帮助婴儿的整个大脑不断地进化并“使用”。情绪脑和大脑新皮质会继续成形，促使它们和爬虫类脑成为整体，共同协作的复杂神经网络就会得到充分的发展。

反过来说，如果妈妈是不安全的、营养不足的、忧心忡忡的，或者承受着巨大的压力，她的边缘脑就会释放出压力荷尔蒙，让旧的爬虫类脑发挥作用。记住，爬虫类脑的工作就是去区分“朋友”和“敌人”，让我们准备好战斗或者逃跑。她就会陷入恐惧、战斗或逃跑的重复循环之中。她的荷尔蒙为发育中的胎儿大脑神经通路设置了模式，“发电报”给未出生的孩子，以便做出这种自动的防卫反应，这样就会减损高级大脑的功能。这不是说高级的大脑区域不会发育完善，而是说“神经网络模式”习惯于低层次大脑的旧“防卫模式”。“生命能量”进入了保护与防卫状态，而不是自由地发展出对知识的好奇心和探索能力。

我们都知道这种感觉。你还记得在小时候走进教室参加考试却还没有准备好的那种不安感吗？还有压力大到根本不能思考，即使你知道答案的那种感觉？这种情绪和身体的紧迫反应，遮蔽了你更细致的思考能力。对于某些孩子来说，碰到任何挑战或面对成人的批评时，都会产生某些感觉：胃痛、呼吸短促和肩膀僵硬。这些身体感受是由肾上腺素和其他与压力有关的神经传导物质——它们受到了旧大脑想要逃离虎口的原始本能的影响——而产生的。老虎也许远离了今日的人类社会，但我们仍旧具有大自然母亲在很久以前就发展得很好的“保护机制”。

最后与最高等的大脑部分不断发育

前额叶的皮质或天使叶要等到出生以后的前九个月中才会经历迅速的生长。

- 前额叶的皮质是产生怜悯、同情与理解的区域；
- 这种生长与环境有很大的关系。

这三种更高品质的成长空间取决于父母。

从模仿和典范开始

在孩子出生之后，为孩子树立典范是必要的，而这涉及我们大脑比较新的部分，就是大脑的前额叶皮质（prefrontal cortex）的发育。它就在我们眉脊的后面。直到三十年以前，这个区域都被称为“沉默区域”，因为这个区域的功能大部分都是未知的。今天脑神经科学关于这部分的功能有多种不同的观点，但有些研究者认为前额叶皮质涉及高层次的道德、怜悯、同情与了解。麦克连（Mac Lean）称这部分大脑为“天使叶”。这个最新也可能是最完善的大脑区域，从出生时就开始生长，而且在接下来的九个月中会继续迅速地成长。母亲及照顾者的情绪状况和婴儿所接受到的照顾质量，会在细胞的层面上再次影响婴儿脑的前额叶发展。前额叶的成长和发展主要依赖于幼儿的成长环境，以及幼儿的榜样，也就是父母。

让我们假定母亲是快乐的，被照顾得很好，而且很安全。这样，出生婴儿的大脑就被导向了高层次的功能。现在我们要做些什么来帮助他培养他平生的学习能力和对生活的热情呢？在这本书中，你将会再三地听到我说：“让大自然来当我们的向导。”所以让我们来看看大自然是如何让我们的新生命来继续学习的。

我们知道胎儿对于母亲的声音所产生的反应行为，这种反应在出生以后并没有停止，而是会延续到婴儿期。这种行为建造了神经通路并巩固了感觉运动反应系统，为所有的感官学习打下了坚实的基础。而我们知道，孩子在开始几年最主要的探索途径，就是通过感官刺激。为了让孩子受到最大程度的感官刺激，很重要的就是，在这最初的几周或几个月中要将婴儿“抱在怀中”。所有土生土长的文化都知道这个道理，要将婴儿抱在身上。他们设计了许多工具，将婴儿依附在妈妈身体上，同时让妈妈可以自由活动，能继续去做她的工作，或者，他们会将婴儿交给大家族或是部落群体里的其他人。

我们应该如何促进这种生长？

* 把你的孩子背在身上！弄个前背袋或吊兜，最后可以弄个婴儿背包。
* 避免呈45度角的婴儿座位/婴儿背袋，在旅行时尤其如此。
* 将婴儿放在地上，让他扭动、翻身、摇摆直到能够爬行为止。
* 让婴儿不断尝试，并让他自己探索，不要去刺激或帮忙。
* 鼓励他爬行。
* 如果他不想爬，就与他玩“爬行”的游戏。在这些游戏中做示范，交叉使用手、脚、耳朵、眼睛。这意味着你也要跟着爬。

这个“襁褓期”所吸收的感官讯息对未来所有的学习活动非常关键。例如，人的脸孔是新生儿唯一可以真正看到的对象，这将会建立未来视觉功能的模式（pattern）。所有的视觉学习都会参考熟悉的脸孔；然后慢慢地等婴儿满了周岁，当视觉模式建立并不断扩大，视觉系统也发展起来的时候，脸孔将不再是必要的参考。因此，在婴儿出生的最初几个星期，婴儿大部分的清醒时间，都需要让父母的脸孔去靠近他，距离6~12英寸（约15.2~30.5厘米）。大自然已经很好地满足了这个需求，提供了大量的母性荷尔蒙，让母亲能惊喜地注视着这新生命的眼睛！

在最初几个星期所获得的大量感官讯息中，视觉信息只是其中的一小部分。当幼儿被抱着时，内耳前庭的功能（vestibular sense）或对身体运动、重力和平衡的感受，以及本体感觉（proprioceptive sense），或是身体姿势与身体各个部位的感受，也都开始在发展。所有的推挤、摇摆、走路，以及与身体接触的按压，都在帮助婴儿形成这些敏感却重要的感受。孩子如果没有发展这些感受，他以后的发展阶段就会遇到困难。这表现为他对自己的身体和身体界线缺乏感知。他们也许会为了“感到”他们的界线，而去撞人或物品；或者反过来，表现为身体僵硬、缺乏协调感。他们也许会渴望做出快速转身的动作，或是呈现出相反的极端状态，对于动作以及被碰触感到担忧与恐惧。

所以，**把你的孩子带在身上**！前面、后面或是侧面都没关系，只要这样去做！我在婴儿背包的边框上系了个很小的铃铛，行走的时候就会产生音乐！背在前面或者背在后面，对婴儿都有好处，这不仅适用于户外漫步，也适用于室内的活动。在你洗碗的时候，叠衣服的时候，上下楼梯或铺床的时候，都要背着你的孩子，处处都要带着他 / 她！除此之外，当新手妈妈想“回到产前的体形”时，你完全不需要去健身房，背着这越来越重的“背包”就行了！

作为新手妈妈，你也许会想，“我要何时才能去洗澡或去缴费？”因此，我们现在要来谈论对婴儿未来的学习能力至关重要的第二种活动：蠕动。

将婴儿仰放在地毯上，让他留在原地、移动、摸索，感受挫折，他也许会哭，但最后将会解决问题，成功地翻身，并摇摇晃晃地朝玩具爬去。这时就拓展了他的能力，核心（躯干）肌肉群与大脑之间的讯息传递，持续地发展着这些触觉及本体感受，并加强了内耳前庭系统。最后婴儿发展了核心能力和协调能力，能够向前探身、蠕动、缓慢地向前，因而常常被称为“匍匐前进”。婴儿能够靠肚子用力，移动、舒展身体和翻滚；这样他们能在生活中进行主动的探索。他“接触”自己的身体和世界；他正在学习了解这两者之间的关系。他自觉地去体验行动，这种目的性会显现在他的整个生命中。也许我们认识的某些年轻人和成人会散发出目的意识，知道他们在这个世界上的位置。这种自信始于婴儿被抱在

我们应该如何促进这种生长？（续上表）

* 让他自己走。
* 他将会独自发现如何挪动到家具那边，并学会扶着家具走。
* 要避免使用学步车，学步车会使婴儿用脚趾头走路，让小腿肌肉缩短并绷紧。脑部会将小腿的收缩解读为危险的讯号（准备要跑），这会产生压力。

手上和躺在地上并有目的地向未来爬动的时候。

除开蠕动以外，爬行也是确保婴儿大脑能够持续发展的必要步骤。**无论怎样强调爬行的重要性都不过分**！因为交替地使用手和腿，爬行确定了两个不同脑半球之间的交流模式。爬行用平衡的方式刺激了两个脑半球以及胼胝体，或者说在脑半球之间支配人体活动的大脑部位，使其发展得越来越完整。爬行不仅有助于协调地运用双臂和双腿，也有助于协调地运用眼睛、耳朵、手和脚。如果孩子没有经历这个关键的爬行阶段，他/她可能会在以后出现学习方面的困难。

你的孩子错过了其中的某些阶段吗？去找些关于健脑操的信息：做一系列简单而有趣的活动来重新训练大脑！

我很担心那些被人们以45度角被动地放在三折折叠式婴儿车里的孩子。这些装置被当作婴儿座椅，可以放在柜台或桌子上面，在婴儿哭泣的时候，人们就摇一摇（而不是将婴儿抱起来）。人们可以带着这些婴儿车上下汽车，进出商店，而且驾车旅行时也可以被固定在车上。然而，婴儿新生命的每分钟，都是必要的学习机会。当他仰卧着被动地观看生活的时候，他的身体就不能直接感触到他人身体的节奏与触压，或者按照他自己的探索方法来爬动或爬行。对于大脑的发展来说，这就丧失了关键的机会。

现在，我们来简单地谈谈走路。我们需要让婴儿自己来决定何时站立起来，如何站立起来，并按照自己的速度走路。大自然母亲没有设计那些圆形的塑料“学步车”，这是有理由的。因为学步车的装置支撑着幼儿的重量，让他们不再利用自己正在成长中的力气，因而核心的肌肉群就没有得到好好地练习。基于同样的理由，学步车无法让孩子去练习所有重要的平衡技巧，以及肌腱防护的本能反应。这种本能反应涉及小腿肌肉的绷紧与收缩，用来让我们在面临危险时准备逃之夭夭；这意味着在瞬间做出反应，帮助我们离开危险。但放在学步车里的婴儿，为了推动自己前进，要时常收缩脚趾头，这就会发展出较短的小腿肌肉。神经生理学和教育学者卡拉·汉纳福德（Carla Hannaford）和同事保罗·丹尼生（Paul Dennison），在研究患有自闭症及语言障碍的孩子时，发现小腿肌肉缩短与语言障碍有关。

在数千年的历史中，大自然自有其奇妙的安排，来满足婴儿脑部发育的所有需求：碰触、按压和行动，看到贴近的面孔，营养，以及与母亲心贴心的需求。在子宫中，胎儿的心跳与母亲的心跳是合拍的，回应着母亲心脏的电波、荷尔蒙、神经与声音模式。在出生之后，婴儿需要在满周岁之前被母亲抱着并贴近母亲的心脏，以便让自己的心跳节奏稳定下来。**大自然不费吹灰之力，就慷慨地满足了人类养育婴儿的所有需求。**

有许多书说明了哺乳的好处，而国际母乳协会（La Leche League）对于怀孕母亲与新手妈妈来说是个很好的信息来源，可以从中了解到哺乳的多种好处。

可以看到，人类根据非常特定的发展模式在成长。我们发现，在孩子逐步发展的每个阶段，都非常有必要培育我们孩子日益增长的能力。如果你的孩子错过了某些关键的阶段，而你看到了轻微或不太轻微的发展困难或滞后，还是可以补救的！我们现在已经开放出了很优秀的系统，来刺激、模式化和重新设定大脑模式，以便让大脑达到最佳的功能状态。附录中有关于健脑操系统的讯息。通过简单而有趣的身体活动，健脑操能够系统地解除现代社会“缺乏运动”的生活方式所造成的损害。人类的大脑是个开放的系统，自我修复的能力几乎是无限的！健脑操对大人也非常有效，所以最好了解下这些内容。

感官体验、动作和模仿仍然是关键

模仿的作用仍然是关键!
我们如何引导孩子的模仿能力:
- 做好榜样，让孩子模仿。
- 家庭环境必须有利于模仿。
- 简单。
- 整齐。
- 没有机器的噪音。
- 可以安全地触碰。
- 可以任由孩子探索。
- 如果我们要她们去做某些事情，我们要先做示范。
- 孩子也会模仿我们的忙碌，所以请放慢节奏。

在上述这几页中，我们看到了感官体验、动作及人类模范的深远影响，这对胚胎和婴儿脑部的发展具有决定性的作用，而且是早期学习的关键。这些原则在孩子诞生以后的最初几年仍然非常重要。进入青少年甚至成年期以后，感官体验和动作仍然对学习非常重要。运动及对生活的感官体验，既能预防压力、忧郁和大部分的疾病，也能治愈它们，这适用于所有的年纪。

现在，我们来详细讨论模仿或者与榜样的关系对学步儿童、学龄前和幼儿园孩子生活的影响。这次我们不从生物学的观点，而是从“感觉体验”的角度来检视这个过程。

我常常认为，年幼孩子的模仿能力就是“吸收营养”，就像是在消化我们所喂养的食物。孩子只是吃进去，然后由食物内的成分决定营养是否足够。所以**创造一个美好的室内和室外环境将会提供孩子学习的“养分”**，而确立健康的生活节奏则有利于孩子的睡眠、用餐、工作、游戏，这些都是学习的必要基础。

在应付日常生活时，我们也可以运用我们对模仿的认识。**规则很简单**:如果你要孩子去做某事，我们自己也要做，这是为了让他们模仿。如果你说“过来刷牙”，你也必须把牙刷拿在手上;或者在吃早餐时，你的面前也要摆一份;如果你希望孩子常到户外活动，那么就自己穿上夹克，去外面拿起钉耙开始工作吧!

提示
提供模仿的最佳方式，就是说话时使用“我们”。

幼儿并不会仔细地观察我们，然后深思熟虑地模仿——比如说——我们和猫咪说话时的声调。相反，生活对这个幼儿来说完全是陌生的，模仿就在瞬间发生，然后，他们将我们的举动变成他们自己的。**作为父母，我们是他们学习怎样做人的样板**。同样，妈妈的脸孔也是他们运用视觉来学习的基础性样板。幼儿还未觉察到他是个独立的个体，仍然觉得自己与环境是一体的。当我们理解了这一点，就可以有意识地让我们自己成为孩子的情绪环境，让家庭成为孩子的物质环境，成为孩子模仿的最好榜样。

在与孩子的互动中，要记得，我们所呈现的不是“我们的”或地方性的习惯。**对于他们而言，我们所提供的是整个宇宙的奥秘，**向他们展示出了“道”。所以，我们在做每件事情时，都要尽可能将最大程度的觉知带入到互动之中。想想古代的禅师，他们在菜园翻土或倒茶时，动作总是简洁又优雅。

通常，当我跟父母谈到模仿的深刻作用时，总会在他们中间引起小小的恐慌。“我们怎么知道要如何拿捏分寸，告诉他怎样做人？我们只是普通人啊！”但是，在你孩子认出你“只是个普通人”之前，还有很长的时间呢！承受孩子对我的钦佩与依赖，仅仅让我学到一件事，那就是：我打心眼里知道，我绝不是完美的，甚至还差得很远呢！**但我却知道，爱是完美的，也是完全可以仰赖的**。所以，对于每天发生的那些不顺心的事情，我总是靠着爱来宽容我的过错（顺便提一提，这些过错有违我的原则，而非孩子们的！）。所以你可以放轻松，并阅读以下关于模仿的讨论。

忙碌和模仿

再来谈谈忙碌。**这是这个时代的文明病**，我们或多或少都在匆忙地过生活；**我们必须找到方法预防它**。如果家庭的生活步调很匆促，孩子也会将这种忙碌内化到他们的身体里。忙碌会引起压力，而且美国医学学会告诉我们，超过 90% 的疾病都与压力有关。所以练习让呼吸放慢些，观察自己为孩子所做的示范，并谨记下次要做得更慢。孩子会模仿每一样事物，他会模仿你动作中的自在与愉悦，也会模仿你下一次想要做得更好的努力！

我们应该怎样回答孩子的问题？

鉴于孩子的模仿天性，我们在回答时要：

- 记住：孩子仍然觉得自己和整个环境是一体的。
- 他透过身体的探索来学习；因而我们要用他能够感受到的画面来回答他的问题。
- 以后再解释科学的观点。
- 肯定他的好奇与愉悦。
- 让他知道你也会好奇。
- 乐于接受他的回答，因为那是通往他的灵魂的窗子！

谨记，你说的话也会被模仿

你也可以运用自己对模仿的理解，来掌握你和孩子说话的方式。年幼孩子模仿得惟妙惟肖，因为他们尚未与模仿的对象分离开来。所以当你对孩子说话的时候，可以挥动“我们”这枝神奇的黄金魔杖。你的孩子在意识上仍然属于“我们”的阶段，还不是“我”。你会惊讶地发现完全站在孩子的立场来与他 / 她说话的神奇力量。通常我们不知不觉就会用“我们”来对婴儿说话，例如：“我们来换尿布啰！”而当孩子脱离了婴儿期，你就会忘了要这么说，因为他看起来像是个独立的个体。我们必须知道，对于刚满五六岁的孩子来说（是的，这么大！），他的内心状态仍然是“我们”。每当你发出“命令”，比如“过来吃晚餐”时，试着去换成神奇的“我们”，你就会发现事情容易多了。这虽然只是个小改变，却是很好的魔法棒！

我们也可以运用模仿的原理，来回答孩子所提出的问题。幼儿正在融入这个世界，对于他们来说，这个世界充满秘密；而大人已经意识到自己是独立的个体，已经有能力知道怎样去“认识”这个世界。我们通过思考来了解这个世界；而孩子却是透过行动以及身体的经验去了解。当孩子的身体和事物接触的时候，意义就产生了。所以，当孩子提出令人惊讶的问题时，我们必须练习不要用概念来回答他，而是要用画面或图像这些能使他融入其中的方式来回答。

我的班上曾发生过这种典型的例子：某个秋天的早晨，有个三岁的小男孩问了我一个问题：“南瓜会长在月球上吗？”我在开心之余，想找个充满图像的回答却找不到。我的助手前来解围，说：“南瓜是圆的，就像月亮也是圆的！”孩子完全满意这样的回答，边跳边唱地离开了：“南瓜和月亮！南瓜和月亮！”他所想要的只是证实他自己的发现，并从中获得喜悦。千万别把这扇门关上，去开始说教，谈论氧气、水和阳光之类，我的助理容许他陶醉在那个圆形物的体验之中。

当我最小的儿子只有三岁的时候，他最常问的事情是：“马桶的水从哪里来，要流到哪里去？”我总是回答说：“看！水在流下去之前总是转啊转的。”然后他就会把我拉进“地下的水世界与住在那里的动物”的故事里，让我得以窥见他日渐丰富的想象力。**如果我们忍住不要去“回答”这类的问题，而只是提供图像来肯定他们所观察到的现象，我们就可以看见孩子的内心世界。**

还有一个回答孩子的锦囊妙计，就是“嗯……我也觉得很神奇。”当我们这样说时，就能永远敞开孩子通往好奇的大门，甚至到长大以后都还能感觉到这个伟大的奥秘。

在西方思维概念的训练下，我们觉得应该教给孩子“正确答案”，并乐于向孩子提供科学的解释；但是，**新的科学与物理学研**

究却指出，我们应当回到根本，回到伟大的奥秘之中，让孩子拥有这种天生的好奇心和自由。

压力与孩子的学习

压力与学习
面临压力时，肾上腺素、可体松还有其他的神经传导素，为身体做好应对危险的准备，这是爬虫类大脑的工作。
- 肾上腺素负面地影响着我们的专注与控制想法的能力。
- 可体松会降低学习和记忆能力，也会损害注意力。

在此之前，我们讨论了怀孕期母亲承受的压力对于胚胎发展的影响。现在让我们更深入地探讨压力。人在面临压力时，肾上腺素、可体松以及其他的神经传导素，将会为身体所面临的危险做好准备，帮助我们逃跑或转身去战斗。这种活动最初从低层次的大脑及脑干开始，随后扩散到全身。研究显示，释放出来的肾上腺素在经过了复杂的生化反应以后，会负面地影响我们专注及控制念头的能力。这是因为身心复合体已经将专注力导向身体的周围，并让我们的肌肉、视觉以及血管做好应对威胁的准备。从另一方面来说，生命的能量被用在自我保护上，而不是聚焦在思考上。可体松会升高血糖值，去面对即将来临的考验，并且让身体表面的血管收缩（以减少伤口的出血），而这将会促使身体的中心部位血压升高。你可曾想过，当我们面对压力时，为什么你会感到就好像是在压力锅中？毫不奇怪，可体松的增加与学习和记忆能力以及专注力的降低有关。

我们知道压力会危害健康，现今很多内科医生会劝告病人，要通过运动、营养学和娱乐活动来减少压力。现在我们还发现压力并不利于学习。在研究压力的危害时，最初的研究对象是在工作中的男人，因为他们的身体出现症状。当女人也开始加入工作时，她们也开始出现同样的症状；现在我们看到这些疾病也蔓延到孩子身上。学校里也有压力，考试考不好、言行举止被纠正都会产生压力。这到底是怎么回事？我们该怎样应对呢？

压力是身体觉察到危险以后所做出的反应。我们每个人都是独特的，而且我们对环境的感知也各不相同。在我们生活的世界中，压力不再仅仅限于老虎的咆哮和狩猎的危险；被某个人认为是“朋友”的人，对其他人来说可能是“敌人”。作为成年人，我们可以透过有意识地使用大脑前额叶并有意识地作抉择，学会重新调整爬虫类脑所引发的身体反应。我们可以讨论问题，或者是透过言语来表达情绪；在面对压力时，我们可以放慢呼吸，也可做冥想的练习。

但是如何让尚未完全使用大脑前额叶的孩子保持无忧无虑？无忧无虑的生活有利于活跃的大脑不断发展，而充分发展的大脑能让生活无忧无虑。就像生活中的许多事情，**我们可以选择活得越来越充实，也可以选择活得越来越精疲力竭。那么，我们要怎样开始呢？**

大脑发育的最佳环境

作为大人，我们可以透过使用更高的理性，再去重新训练“原始大脑的回应模式”。但是我们要如何帮助我们的小孩呢？

· 喝很多的水。
· 摄入足够的蛋白质。
· 有规律的家庭节奏。
· 有很多游戏时间。
· 有很多活动时间。
· 有很多讲故事的时间。
· 有很多对话时间。

大脑功能发育不全会产生压力

活跃的脑部功能让孩子以正面而乐观的方式感知世界并与世界进行互动，这会让孩子建立强大的自信心；强大的自信心是消除压力的主要办法。当孩子的大脑功能没有充分发育的时候，他的互动就会缺乏技巧和协调性，这会负面地影响他的自我认知。在幼儿时期，影响脑部发展的常见因素有很多，其中包括受到很好的呵护，这样就会促进强健的大脑不断发展，从而帮助孩子免于压力。

读到以下的章节时，也许你需要拿出笔记本来做笔记。计划出具体的行动：允许孩子去玩水，在镜子上贴上标语“游戏”提醒自己；也许还可以设定手表，让它每小时发出提醒的铃声，确认你和你的孩子是不是都安排了活动。接下来的章节将会详细地解说这些方法，现在就让我们开始吧！

活跃脑部功能的作法

喝足够的水：大脑的功能主要是电波活动。水能发电，脑部——事实上我们的整个身体——的主要成分是水。确保你的孩子每天都喝足够的水来避免压力。花草茶可以“算得上”水，但牛奶或果汁不是，含糖的汽水当然更不是。建议的饮水量比例大约是：每磅（约 0.45 kg）体重需要 1/3 盎司的水（约 10 mL）。咖啡因是利尿剂，不会增加身体的体液，相反会耗尽身体所需要的水分。巧克力和许多不含酒精的饮料都含有咖啡因。将水放在孩子够得到的地方，例如将茶壶和小杯子放在低矮的桌子上，他们也可以借此练习手眼协调能力，并去体验重量、容积和水的流动。

蛋白质支持着大脑的运转

自己做酸奶：

- 在一升左右的大瓶子中，放入牛奶、奶粉、蜂蜜、乳酸菌还有原味奶酪，充分摇匀。
- 用加热垫盖起来，等到 24~36 个小时以后食用。绝对是美味！

摄取足够的蛋白质：蛋白质和脂类是整个身体的基本组成部分，对于脑部来说尤其如此。孕妇和小孩（包括整个童年期，尤其是在五岁前）需要摄取更多的蛋白质，以便让孩子的大脑充分发育。有学习困难的孩子，通常蛋白质摄取不足。吃点心时，可以考虑奶酪、花生、蛋和牛奶。要小心商店里贩卖的酸奶，通常味道太重并且太甜了，而糖不利于大脑的发育。

你可以在家中亲手做有营养的酸奶！在一夸脱（约 0.95 升）的瓶子中，放入三杯室温下的牛奶、半杯奶粉（为了形成浓稠的口感）、一汤匙蜂蜜、一汤匙来自有机食品店的乳酸菌，还有半杯原味的奶酪。摇均匀，再用加热垫包起来，温度先设为 4 小时高温，然后 24~36 个小时中温，就大功告成啦！加点水果调味，你的家人将宛如置身天堂般。如果还不够稠，就当做是水果牛奶吧！下次记得多加些奶粉。如果加热垫发热，最后可以加入软质奶酪，再加上一些蒜头和韭葱，用饼干沾着吃。可以多练练，以便调到适当的温度。

建立有规律的家庭节奏：所有的学习都是非常缓慢的过程。我们每个人，特别是孩子，在学习时都是先了解熟悉的东西，然后再转向新的事物。新的经验建立在熟悉的基础之上。给孩子提供有规律的、有节奏的家庭生活，这样就能形成最佳的学习环境。不要把它看成僵化的时间作息表，而要看成一种柔和的能量流动。每天不同活动之间的衔接，应该像是从早上到中午般不知不觉地度过。在《有节奏的生活》这章中，我们提供了规划每天和每周生活的简单而有趣的办法。《一起过节日》一章则有利于形成整年的节奏模式。

提供足够的游戏时间：游戏对于孩子的认知发展是非常重要的。透过游戏，孩子获得了感官体验，并将它组织到智力和情感模式当中。当孩子长大时，这些模式会变得更加复杂。三岁的孩子会用玩具炉子玩“煮饭”的游戏，你也可能会再三接到孩子递过来的同样的碗和汤。在这个游戏中，我们看到孩子发展了运动技能、手眼协调能力，以及初露端倪的照顾与养育能力。当然，这里提到的只是其中几种。五岁孩子的游戏变得更复杂了，她和她的妹妹也许会在“医院”中忙活一个小时以上，用婴儿爽身粉和卫生纸包扎所有填充动物玩具的伤口，而且现在，她们不仅扮演医生，还会扮演餐厅的老板；她会站在玩具炉前，做比萨给所有的病人吃。用椅子和枕头做比萨的速递车，当妹妹准备好了，她便发出嗡嗡声开走了。在诸如此类的成熟而充满想象力的场景中，这种学习效果非常令人吃惊。在这个“扮家家”的世界中，如下能力都得到了锻炼：手眼协调，大/小肌肉运动技能、平衡、运动、运送计划、社会协作、情绪的自我监控、演说、听力以及语言发展，除此之外，还有极其灵活的想象和思考能力。阅读《室内游戏》那章，可以更多地了解童年游戏的重要性，以及如何创造出最佳的游戏空间。

很多现代幼儿园中的孩子，都被安排去从事设计好的活动（比如才艺课）或被动的活动（例如坐在电视、计算机前）。年幼孩子最需要的东西就是通过游戏来活动。我们有责任尽可能多花些时间，玩想象力丰富的游戏。

安排大量的活动时间：我们已经看到运动对于大脑的发展多么重要，因而在孩子生活的方方面面都要特别重视。你可以在书中所提供的许多点子中进行挑选，开始用它来丰富孩子的活动和游戏环境。只挑一个点子去实行，感受它的魔力，并将它融入家庭生活当中，然后再换下一个点子！现在我们来看看那些能够促进大脑平衡发展的部分活动。准备好你的笔记啰！

户外活动：

◎ 玩“弹跳球”：这种球可以让孩子抓着把手跨坐在上面，也可以在地上铺上帆布，避免球被戳破。

◎ 玩沙和玩水：把水放在距离沙子较远的地方，鼓励孩子跑，平衡身体（可以试着让孩子端满满一碗水！），锻炼力气，在游戏中合作。也可以用碗和汤匙来和泥沙。

◎ 玩泥巴：泥巴和沙是不同的，我认识的每个孩子们都更喜欢玩泥巴，而不是玩沙，或者喜欢将泥巴和沙混合起来。

◎ 荡秋千：玩秋千或双人秋千（这种秋千可以让两个孩子背对背坐在上面）、吊床和荡绳。

◎ 在天然建筑物中玩富有想象力的游戏，比如，干草屋、竹竿搭起的帐篷、醉鱼草房子等等。

◎ 户外的建筑活动：有许多可使用的建筑材料，例如木板、木柴、树桩、树枝、球果、砖头、石头、花盆、石板或是竹节、绳子等等。

◎ 工具的使用：弄些便宜的工具，找适合让孩子拿着的轻巧小铁锤、扳手、钳子、油漆刷等等。不要选太尖锐的螺丝起子。

◎ 玩跷跷板：这能够很好地训练平衡感、力量控制与协调能力，让孩子亲自感受到重量、平衡和社交合作。

◎ 推和拉的训练：找辆四轮小推车，放点建筑材料让孩子推！

◎ 和昆虫的互动：找个容器装点昆虫，让孩子作近距离的观察。

◎ “滚滚乐（roly-poly）”时间：在草地上或在小山坡上翻滚，或是双手抱住身体滚下山。

室内活动：

◎ 艺术体验：湿水彩画、玩面团、手指画、黏土、剪刀和旧杂志、胶水、纸巾创意、彩色蜡笔。你家中应该多收藏些创意书籍。

◎ 玩水：地点可以是厨房的水槽或浴缸，甚至“喝下午茶”时都可以玩水。还可以请孩子帮忙清洁浴室和厨房，清洗布娃娃的衣服。

◎ 在厨房中玩沙：看看《室内游戏》那一章，有关于室内沙箱的好点子，可以在沙箱中加入小人儿、车子、动物来玩富有想象力的游戏。有些儿童心理师，会使用沙盘来进行治疗，因为这种游戏可以让孩子们保持情绪稳定。

◎ 想象力游戏：《室内游戏》那一章会介绍如何创造开放的游戏空间，培养孩子的想象力，因为这些游戏需要孩子动脑筋。

◎ 一起煮饭：切菜、搅拌、拍打、揉捏、折叠、磨碎，都非常适合培养孩子对微细动作的协调能力以及视觉的专注能力。

◎ 一起打扫：扫地、擦灰尘、洗洗刷刷。每个活动都会使不同的感官变得更加敏锐，激发不同的大脑功能。

◎ 打打闹闹：孩子喜欢与他们的父母打闹，因为很有挑战性，父母也不怕痛，而且非常安全。但搔痒时要小心，因为那会抑制呼吸。我跟小儿子的玩法就是，我假装要去搔痒他，他就会疯狂地笑个不停。另一种有趣的游戏是压路机：把孩子夹在两个枕头中当三明治，滚动你的身体“碾”过他。

◎ 装扮游戏：把要捐出去的旧衣物保留下来玩游戏，旧帽子、手套、鞋子、领带和围巾都是些非常理想的道具。

◎ 摇椅：给自己找张大摇椅，并给小孩找一张小摇椅，这样，你们就可以坐在同一张摇椅或各自的摇椅上玩，也可以让孩子摇你的大摇椅。也可以在玩的时候将摇椅倒翻过来，用来……嗯，做任何事情！

◎ “滚滚乐”游戏：在午餐以后，去玩户外游戏之前，让你的孩子在客厅的毯子上打滚，你也可以滚几下。那是极其美妙的体验，而你将会了解，为什么你的孩子会喜欢这种游戏。

◎ 紧紧的拥抱：这是一种全身的刺激，从头到脚趾都紧紧地挨在一起。它牵涉到所有的感官，是非常好的“大脑粮食”，并且也会让你们感到非常舒服。“夹心抱”（sandwich hug）是最好的姿势。

◎ 洗澡：洗澡水要温暖而且有泡泡，然后弄些水中玩具，灌水或挤水。

足够的讲故事时间：运用语言会促进左脑皮质的发育，该区域涉及触觉、视觉、听觉、语言运动（motor speech）和其他能力。倾听是语言的基础，听故事会强化这种能力。语言是表达独特自我的主要方法，而且这对于自信非常重要。当用故事作为运用语言的例子时，你需要选择适合孩子年龄的素材。翻阅《奇妙的故事》一章，了解孩子成长中每个发展阶段的需求。

足够的对话时间：每天都要与你的孩子对话，注意要使用完整的句子。这能让孩子听到，并能模仿完整的想法。不完整的说话模式会导致不完整的思考模式。阅读《有节奏的生活》一章，里面有在就餐时如何对话的完整讨论。

父母们如果能够兼顾上面谈到的每个方面，就能为孩子的感官经验提供平衡的“饮食”，并为认知功能奠定良好的基础，能让孩子体验到成长中的正向互动，建立起强大的自信心。而强大的自信心将能帮助孩子免受各种生活压力。

媒体与幼儿的学习

媒体——不管是电视、电影、电动玩具还是计算机——都能够以多种方式对孩子的发展带来负面的影响。我们将简短讨论媒体如何影响到对孩子们非常重要的活动、模仿能力、社交能力培养、语言和想象力的发展。我们也将讨论媒体经历的替代品。

98% 的美国人家中至少都有一台电视机，平均每天看七个小时以上。美国孩子平均每周花 40 小时来看各种各样的电子媒体，花的时间比清醒时间内的任何其他活动（包括玩耍）都多。6 个月大的婴儿，平均每天花 1.5 小时在看电视，而学龄前儿童每天在屏幕前面花的时间平均超过 4 小时。

媒体的真相与学习

* 通常在家中每天看电视 7 小时。
* 平均每个孩子每周看 40 小时的电子媒体。何时会有时间来做：
  · 想象性游戏？
  · 良好与精力充沛的活动？
  · 聆听与创作故事？
  · 学习对话的艺术即语言学习能力？
* 据美国幼教协会说："低智商的孩子通常会看比较多的电视……"我想知道究竟是鸡生蛋，还是蛋生鸡？
* 你的孩子将会模仿他所看到的任何东西，包括媒体中的内容。

身体长时间静止不动，这对需要很多活动的孩子将会有什么影响呢？有些父母相信，控制孩子们观看的电视内容就能避免危害。我们来讨论下这个问题。我们知道，对感官摄入的反应构建了大脑中的神经网络。而活动越少，就意味着神经网络的沟通就越少。神经网络的沟通越少，则意味着不同大脑区域之间的交流就越少。交流越少，就会缺乏感官的整合。感官的整合越少，就意味着学习新技能的适应能力就越低。在《电视与好斗的儿童》（*Television and the Aggressive Child*）这本书中，浩斯曼和埃伦（Huesmann & Eron）写道："智力成就较低的孩子通常会看太多的电视、太多的暴力节目……行为上也变得更好斗。"花时间坐在屏幕前面，就会占用身体活动与健康发展的时间。

媒体给孩子提供了什么样的行为模范呢？我们在媒体上看到的身体姿势通常过于戏剧化，因为要把行动在屏幕上体现出来，细微之处通常都被牺牲掉了。行动也通常太仓促，声音很嘈杂，而且反应也太快。在跟父母谈话时，我通常会说："在电视上绝对看不到有人在下雨的时候望着窗外的画面。"然而，专注地凝望远处的大雨和树林，然后，将目光落在玻璃上汇聚的涓涓细流上，这是多么美好的事情呀！**对于孩子来说，这么简单的景色，就富有很大的想象空间。这种深刻的经验从来不可能被转移到电子媒体中。**孩子感受的敏锐度会不会因为电子媒体的过分夸张化要求而变得迟钝呢？

语言发展是认知学习与情绪智能的重要基础。正如前面所提到的，为了让孩子学习全面地思考，他必须听到这种语言表达。在媒体中很多语言是简略的，而且会为了戏剧效果而使用俚语。即使是在儿童节目中，也通常会有种愤世嫉俗的幽默，而这是孩子无法了解的。这种情况不但剥夺了孩子倾听到完整语言的机会，而且，因为孩子看电视的时候父母大多不在身边，所以当他们不了解的时候，他们也没有机会问问题。这与对话是不同的，看电视时，我们只运用了聆听的被动技能，没有与对方进行积极地交流。孩子学习语言不仅要依赖倾听，还要通过积极的表达。过度接触媒体会对孩子的语言学习产生负面的影响。

当然，说话只是一种在现实生活中表达意义的方式。与孩子合拍的父母会通过全面的多重感官模式来对孩子做出响应。所以当父母在与孩子互动时，所有的感官都会同时运作。**在对话中意味深长地停顿片刻，孩子就会觉知到细微的脸部活动，或是自己心跳的平静节奏。他或许会听到时钟的滴答声，或者是窗外的鸟叫声。**这种多元化的感官感受，始终让孩子有机会去发现意义和想法。可是媒体主要依赖视力，其次是听力，排斥了其他的感官。特别是对于幼儿来说，这会造成缺乏行动感及体验。因为眼睛会

媒体的真相与学习（续上表）

* 媒体注重视觉与听觉刺激，而排斥了其他的感官刺激，特别是运动感。
- 孩子对刺激的反应模式是不自然的：孩子接受到视觉的刺激，但没有做出适当的反应。孩子不能伸出手去触碰，或与他看到的东西互动。
- 孩子通常不了解屏幕上所出现的互动。
- 节目节奏太快，以至于孩子无法寻求帮助。
- 父母往往会用媒体当做临时保姆，所以通常没有大人在场可以回答孩子的问题。

电子视觉媒体会对孩子产生压力。

* 媒体暴力有违物种生存的本能。
* 过多噪音与缺少连贯性，除此之外，生气、惊恐和冷淡的表情在儿童媒体节目中屡见不鲜，这产生了压力。

对运动做出反应，但在媒体节目中几乎没有停顿，而孩子会按照模仿的原则，模仿他们观察到的忙乱而不连贯的节奏。

幼儿随时可能会对环境中的某些刺激感到紧张。在这些刺激中，主要是脸部所流露出来的警告、生气或是不关心。媒体里充斥着这些“卖点”，反之，平静的愉悦和专心致志不能让电视节目赚钱。其他令人紧张的刺激显得过度嘈杂，而且缺乏连贯性。有多少儿童节目体现出这些特点呢？还有，就模仿而言这有什么影响？对成人观众来说，屏幕上所显现的内容也许是连贯的，但孩子正在利用多种感官学习人们的连贯性是怎么回事。当某种交流发生在真实生活中，而孩子不能了解这种连贯性时，这就是探究（我们熟悉的“为什么”）的机会。然而，大部分孩子看电视时没有父母陪伴；当父母要处理家务的时候，也许就会用媒体去将孩子打发走。在这种情况下，孩子对刺激的反应模式就受到了影响。当在屏幕上看到某个事件时，孩子遇到了视觉上的刺激，却没有机会做出合适的反应。孩子不能伸出手去触碰、嗅或尝，与他所看见的事物进行互动。不仅如此，很多电视节目的仓促节拍，意味着人们可以在两个电视广告之间的短暂时间内就体验、应付与解决生活中的遭遇，这没有给孩子留下理解它们的时间。剧本都非常公式化，每个“行动”都是固定的模式，连时间安排、行动和结局也是。但其实生活充满了意外以及不可预期的事件。父母需要让幼儿模仿人类适应新情况的能力，而不是模仿那些既定的模式。

谈到媒体暴力，令人担心的不仅是模仿。在斯坦福大学的一项行为研究中，电视观看者的脑部会对屏幕上的行动做出反应，就好像它们是实际发生的事情，而神经系统也会做好准备，以便让身体做出反应。当孩子和大人观看着电视上的暴力行为时，他们的身体会把它想成是真实的事件，并因此做出反应。

我们从前面的讨论中得知，当大脑受刺激，形成“决斗”或“逃走”的机制时，这会降低高层次的认知能力。当准备战斗时，我们几乎不可能做出理性的思考。爱因斯坦告诉我们：“我们不可能同时准备战争和避免战争。”当人类在屏幕上看到侵略或胁迫的行为时，那古老的脑就会将它解读成现实，而这会反复地启动防卫机制，而减少了年幼孩子高级大脑中心的活动。这减少了更高功能发展所必要的“生命能量”。他们的对话及理性思考能力就受到了制约。

美国儿科学会（American Academy of Pediatrics）的研究显示：“经常暴露在媒体暴力之下，这与很多孩子和青少年的身心健康问题有关，包含侵略性行为、对暴力的逐渐麻木、恐惧、沮丧、噩梦和睡眠障碍。”在超过三千五百多份调查媒体暴力与暴力行为之间的关联度的研究报告中，他们宣称，除了 18 份报告以外，其他研究成果都显示出两者之间存在着联系，而且有些研究还指出，受到媒体影响的侵略性行为能够持续几十年。他们接着举出了“国家电视暴力研究”，该研究评估了 1995~1997 年之间 10 000 个小时的播放节目，发现其中 61% 的节目包含人与人之间的暴力行为，80% 的节目将这些暴力美化。最高比例的暴力行为出现在儿童节目中，而且，其中的暴力事件也在逐年增加。

记住，大脑在解释屏幕上出现的行动时，就仿佛它们是真实的事情。这意味着暴露于媒体暴力之下的孩子相信，他们生活在暴力行为日益增加的世界中。这会培育出什么样的人呢？他们的社会行为又会怎么样？

因为模仿对心智的发展具有重要的作用，孩子们会通过媒体暴力认识到，为了达成目标和解决问题，侵略行为是可取之道。

美国幼教协会（NAEYC）对媒体暴力表达了如下担忧：

◎ 孩子会对别人的痛苦视而不见；

◎ 他们会倾向于采取侵略性的方式对待他人；

◎ 他们会变得更加恐惧周围的环境，并认为世界是邪恶的。

第三项也许最难被察觉到。幼教协会警告说："研究显示，电视暴力的影响不可小觑，它展现出社会秩序，并引导大众认为世界是邪恶而危险的。"我们再次让斗争或逃跑的原始防卫机制开始发挥作用，这并不利于高层次认知功能的发展。值得注意的是，不仅暴力节目会引发侵略性行为，忙乱的情节设计会让孩子处于高度兴奋状态，从而也有可能产生同样的后果。

媒体暴力

记住，孩子会模仿任何东西！

- 通常一个18岁的孩子已经目睹了20万次的电视暴力行为。
- 人类的大脑把媒体暴力当成真实的事件，并且让身体处于防御状态。
- 3500份研究已经显示出看电视与暴力行为之间存在着联系。
- 不只是媒体暴力刺激了侵略性行为，狂乱、忙碌和诱使人变得高度兴奋的节目也是如此。
- 孩子透过媒体暴力学习到，世界是个"残忍和恐怖的地方"。

我个人的"研究"

以我担任主班老师的经验来看，孩子如果观看了太多电视，他们在游戏中合作的能力、想象力、创造力、模仿和行动能力都会受到阻碍。在过去三十年中，我观察到那些小电视迷会不断地扮演电视上出现的动作。正如我们所知道的，孩子通过"有样学样"的模仿活动来表达自己。由于媒体的节奏过快，通常远远超过孩子的理解能力，这些混乱情节会留给孩子太多的疑问。在教室中，团体游戏也会因为孩子们迫切想要仿效电视镜头和急于求成而无法进行。由于"合作"在屏幕上不容易表现出来，所以，孩子们在努力理解那些混乱的、通常"反物种生存"（即暴力）的、情绪过度强烈的节目内容时，没有模范可以让他们学习合作。相反，孩子的大脑防卫系统会受到这些充满悬念、令人紧张的情节的刺激；所有这些都不利于发展协作式创造性游戏所需要的微妙而复杂的能力。幼教协会说：“电视儿童比较死板，也无法自然地表达情感、克服愤怒和控制自我。”

这些孩子的想象力也很有限。概念思维来自于能够产生和回忆心理意象的天生能力；如果没有记忆影像的能力，每件事物看起来就会是新的，每次都像是第一次。例如，如果我们要讨论一匹马，唯一的方法就是先让孩子的脑海中有马的图像。当孩子小的时候，这种“形成图像”的工作非常关键。如果经常这样做的话，大脑就会发展神经网络，强化这种必不可少的能力；每次体验都会增加其成长。然而，当孩子摄入外在事物的既定图像之时，培养自己创造图像的能力的机会就会减少。如果美国孩子平均每周看 40 小时的电子媒体，那么，这对于我们共同的智力基础将会有什么影响呢？

我曾观察过，当观看电视的时间大大减少以后，孩子就会开出丰美的想象力之花。孩子天然的生理倾向就是创造性地想象他 / 她自己的世界。只要给他机会，这种本能就会再度成长。从古时候开始，孩子就用树枝、树皮、石头、水或手头的任何东西，在户外创造着复杂而具体的现象世界。在我的教室里（或在家中也一样），我尽量提供开放式玩具和游戏材料。受到媒体过度影响的孩子，无法充满想象力地去使用这些非常简单而开放的创意道具；如果玩游戏需要用到电话这个道具，他们很难将贝壳当成手机，他们只会想到玩具电话！然而只要我们让孩子少接触媒体，他们就会有很多机会去创造属于自己的生活。

以下有个例子：在我们的幼儿园里，提供这样的玩具，就是篮子里面有剪成各种形状的闪亮金纸。因此，孩子们可以利用它来玩很多种游戏。有一天，有个孩子在玩“商店”游戏，商店的小主人将卖货所得的全部“金币”聚集起来，然后藏好。这让其他的孩子觉得自己很穷，所以来找我帮忙。我叫商店主人把篮子拿来，并宣称银行开始营业了，我假装成银行老板，很开心地要来发钱。那个小小的被告者，知道自己的权力已被剥夺，于是安静地思考起来。他虽然不愿意跟其他人平分钱财，还是将金币篮子给了我。之后，他捡起了一支玉米棒插在腰带上，慢悠悠地离开了，走时说：“我只好用信用卡了！”这是对传统玩具的创新运用。

但是，日常生活中必不可少的“琐碎活动”怎么与比生活还要巨大的媒体图像抗衡呢？这些图像让我很担心，它们旨在吸引孩子们的注意力，扼杀孩子们通过模仿日常生活中的常见景象来创造自己的内在图像的能力。当我通过活动、歌曲、故事、姿势、韵律及诗来为孩子们学习知识打基础时，我经常发现——在“晨圈活动”中尤其如此——那些“媒体儿童”很难遵循复杂的程序、动作模式，言语表达也很困难。他们丧失了脑部发展的巨大潜力，因为他们的模仿能力被媒体图像给淹没了。在需要作出手势动作的歌曲中，小马穿越秋天原野的场景将会激发他们的想象力；但是，如果他们早上看卡通电视，脑中充斥着媒体过分夸张的图像，那么，他们的想象力怎么被激发出来呢？

现在，我们引用布朗大学玛丽·伯克（Mary G. Burke）对视觉电子媒体所表达的担忧来作总结：

“媒体儿童”

在30年的幼儿教育经验里，我遇见的电视儿童：

- 在玩团体游戏时会有困难。
- 再三地模仿混乱的媒体镜头，想象力变得十分贫乏。
- 他们很难理解创造力的黄金法则：“任何事都有无限的可能性”。
- 他们天生的模仿能力被扼杀了，更难找到融入这个世界的方法。
- 他们的行动缺少目的性与优雅，而是比较偏向生硬笨拙的样子。

◎ 它们以牺牲其他的感官系统为代价，过度刺激视觉。

◎ 影像媒体剥夺了孩子与他人互动的必要机会，让孩子无法建立自我约束的机制；也否定了孩子察言观色的天生能力。

◎ 它们会让孩子感到兴奋，但孩子们缺乏方式和方法恰当地控制兴奋。

◎ 妨碍孩子们生成符号和思考解决问题的能力。

◎ 妨碍了孩子自主能力的发展。

我们能做什么？

往好的方面想，就像先前所提到的："人类的大脑有强大的自我修复能力。"你可以用以下两种方式降低电子媒体的使用率：控制使用的时间和从事家庭活动。父母必须帮孩子调整时间，并且以身作则；同时也要安排很多的活动，尤其是让孩子拥有主控权的活动。如《布朗大学快报》（*The Brown University Letter*）所述：**"最方便有效的药方，就是关掉电视机，与孩子一起玩游戏。"**

关掉电视机，与孩子一起玩游戏！

你也许会说："但是我们不知道如何下手。"你手上拿的这本书就能提供这种秘诀，继续读就可以发现好点子。包括如何帮助幼儿准时上床睡觉；怎样制作印第安人的圆锥形帐篷或户外的沙箱；如何去筹备难忘的家庭纪念日；如何安排家庭的劳动日；如何用爱来包容失控局面；如何创作绝妙的睡前故事。**这本书广泛而深入地研究了家庭生活，它在很长时间里都能够帮助你和你的家人。**

放轻松，来创造并享受吧！

怎么办？

翻到本书后面的章节，找出想做的事：

- 关掉电视。
- 一起与孩子创造、设计、游戏，享受家庭生活！

对于电子媒体最后的想法

你也许会想："那我怎么会有自己的时间呢？没有电视机，我要怎么做晚餐呢？我还有办法好好地打电话吗？"我是职业妇女并且是三个孩子的母亲，每天还要处理生活中各种繁杂的事务，因此，我来谈谈我的经验吧。

在我们的生活中，电视根本没有任何位置！我忙碌不堪，没有时间来应付孩子们因为电视而发出的嘀嘀咕咕的抱怨声。由于我全心信赖孩子与生俱来的创造力、想象力、行动力，他们也确实没让我失望。他们从来不会故意要引起我的注意力，要我去逗弄他们。他们才不会找我这个沉闷无聊的大人玩，他们自由飞翔的想象世界更有趣呢！

最终，我的儿子还是学会了"无聊"这个字眼。我想他应该是从朋友那儿学到的，并意识到了它具有的力量。他们不时就会讲讲这个字眼，看看有什么威力。我的标准回答都是："嗯……你知道，当你无聊的时候是件好事！那意味着，你内心里有个小小的空间，就等着你去想个好点子，想个很棒的游戏呢。你去外面走走，当你有了新点子时，再回来告诉我。"

我要表达的意思就是：这就是很简单的办法！你当然在乎自己的幸福，也希望能有个人的空间和时间。关掉电视，将开放性玩具给你的孩子，或者给他讲很多故事，以此来滋养他们的想象力，你将会拥有你所需要的时间！**这是教子良方的秘诀：相信你孩子与生俱来的创造力，勇敢地跨出这一步！你将不会后悔。**

第二章
有节奏的生活

运动建议
跟孩子共同做事的时候，留意自己的动作，尽量伴随优雅自然的韵律。

对幼儿的父母及教育者来说，“节奏”是个神奇的字眼。幼儿在周而复始而且简单灵活的节奏中成长茁壮。节奏为生命奠定了坚实的根基，这不仅对孩子是这样，对我们成人也是如此。数千年以来，地球有规律的自转和日夜交替塑造着人类。黎明时玫瑰色的光晕，以及从紫红色沉入漆黑色的夜晚也塑造着我们。在地球缓慢绕着太阳旋转的过程中，我们不断地成长和转变。世界每天悄然发生着变化，从百花初放的春天不可阻挡地迈向银装素裹的冬天。而我们的心灵也会感受到喜悦与艰苦的交替循环。虽然我们的现代生活已经远离了泥土意识，但是，我们仍然被按照有节奏的模式塑造成形。孩子比我们更贴近这种节奏，我们制定的生活规律，深深地影响着他们。只要制定简单的日常生活节奏，让他们的需求及时得到满足，我们和孩子感受到的许多问题就能得到解决。

孩子每周的家务活

* 星期一：擦木头玩具（每周选一部分）
* 星期二：扫地
* 星期三：擦亮餐桌
* 星期四：扫其他房间
* 星期五：用手擦洗小桌垫

活动的节奏？

孩子比大人需要更多的身体活动。我们可以透过日常工作让孩子感受到节奏。早晨醒来以后，可以让孩子帮忙摆好碗并舀好燕麦粥，餐后也可以让他们拿小扫把来帮忙打扫。我们在日常生活中要留意自己的动作，因为孩子都会跟着我们学，通过模仿来发展身体的每个部分。当我们早上清洗碟子、打扫地板、清扫家具的灰尘时，让我们问问自己，孩子在我们的动作中看到了什么。他看到的是我们专注工作时的身体节奏，或者只是我们在匆忙地工作？他看到的是我们工作中的喜悦，或者是抱怨？**因为孩子在通过模仿来学习的过程中，他所模仿的不只是我们的外在动态，还有我们的“内在状态”**。如果我们自觉地乐于照顾家庭，我们就能教会孩子经常照料他的玩具。当我们有意维持这些家庭事务的节奏感之时，它将带给孩子两种益处：感受到日常生活的规律性以及完成任务的重要性。

矫正忙乱生活节奏的“偏方”：

* 耙落叶
* 铲雪
* 翻花园的土
* 洗窗户
* 用鸡毛掸子掸灰尘
* 擦亮家具
* 用扫把扫地
* 手洗杯子

如今，很多日常工作已被机器取代：吸尘器、洗衣机、咖啡研磨机、柳橙汁机、面包机，此外还有更多的机器！让我们扪心自问，哪些工作必须得靠机器，而哪些是可以靠双手完成的。那些我们与孩子共同动手做的工作，他们在将来长大之后会仍然记在心中。如果觉得盘子必须用洗碗机洗，那杯子可以留下来用手洗吗？我们可以给孩子一盆温暖的肥皂水，让他感到自己在做有益的工作吗？可以每周用手洗一次厨房的小桌垫吗？可以每周用吸尘器将地面清扫一次，但可以每天都用扫把来扫地，并让孩子用小扫把跟着做。或者让孩子使用不插电的老式地毯清理器，四到六岁的孩子都很热衷于这个工作！当然，我们的生活中充斥着工作、财务等等方面的压力，但是，如果仔细审视每天是怎样度过的，并梳理出每周的事情，我们将会发现，有些小事是可以跟孩子共同动手完成的。

如果在每日和每周的活动中都安插这种需要动手做的工作，就不会忘记它们。洗杯子之类的事情需要每天都做。但擦拭木质家具和孩子的木头玩具之类的其他事情，能够以周为周期来安排。

态度建议

你喜欢做的事，孩子也会喜欢。

通过动手整理家务，能让孩子通过有节奏的、有形的方式，爱

孩子的每日家务

* 早上：
· 拌匀茶或果汁
· 洗碗和汤匙
* 午睡时间之后：
· 折好午睡的毯子
· 把毯子放入柜子
· 再选某件很小的“每周例行家务活”来做
* 晚上：
· 在晚餐煮好前，与父母一起打扫厨房。

惜地球上的资源。当我们与孩子共同做这些身体劳动时，我们就是在用完整的、以身作则的方式在给孩子们做示范。孩子通过模仿我们学会了有益的活动，或者，学会如何有效而灵活地运用身体。我们可以耙落叶、铲雪、在花园中翻土、清洗窗户、用鸡毛掸子掸灰尘、擦亮木质家具……这是消除电视中反复无常的、接二连三的、忙碌的动作画面的毒害的好“偏方”。我们只要用心观察，随时寻找小小的机会，让孩子在生活中体验到有形的节奏感。

也可以利用我们喜爱的、让我们感觉到节奏感和幸福的体能运动，来帮助孩子养成有规律地从事有益活动的习惯。如果你喜欢走路或是骑脚踏车，那就可以让孩子也飞快地跟着你；或者，如果喜欢做木刻或木雕，那就可以让孩子花上几小时来玩木头碎屑。也有许多室内手工游戏可以让孩子参与，在你打毛线时，可以给三四岁的孩子一段纱线，看他有什么有创意的玩法！对于五六岁的孩子，可以向他示范如何打出活结；不久他就可能会给你许多打着结的长绳，可以用来当跳绳、钓线或是编成隔热垫与杯垫。手纺羊毛或用羊毛来织冬天的帽子要更复杂些（请见《幼儿的艺术体验》那章），但是，让你的想象力去尽情发挥吧！找个活动让孩子跟你一起动手做吧！记住，**孩子通过模仿来学习，而如果我们能通过有节奏的身体活动来展现我们深深的喜悦，那就是给予他们的最佳礼物。**

每天的节奏

我们也可以通过精心的安排，将节奏感带入孩子的生活中。我们不仅希望他们能够和大人共同做有节奏的身体活动，也希望他们能将这些有节奏的活动贯穿在整天的生活中。孩子每天的生活始于晚上就寝以前，所以我们就从那时说起。从此处提供的许多建议中，你可以仅仅挑选一个来试试，看看会产生什么魔力——千万要做笔记。一年后再回头来看，就会非常开心地看到进展！

关于睡觉时间

当我三个活泼好动的儿子还很小时，每天晚上都有简单而固定的活动流程。下面的这个活动安排对我们的家庭很有效，也许你也可以试试。因为我要求孩子必须在晚上七点半上床睡觉，所以大概在六点半吃过晚餐之后，我们就开始晚上的例行活动。幸运的是，我家的浴室离厨房不远，因此，在将餐桌清理干净之后，我就立刻让他们三个都进浴缸里去洗澡。当他们在边洗边玩的时候，我就去清洗碗盘。我从不担心浴室地板会被弄湿，因为旁边就有拖把可以顺手拖干。让他们开心地去睡觉，我就可以享受夜晚的宁静，这比地板的干湿更重要。当我洗好盘子，他们也洗好澡，换好了睡衣。

然后，就给他们吃睡前的点心。是的，就在晚餐之后！在孩子的幼年时期，每个晚上，我都会准备加有蜂蜜的全麦吐司，以及加有肉桂粉的温牛奶。温牛奶和蜂蜜，甚至面包里的淀粉，都有温和的镇定效果。温牛奶和吐司对于烦躁失眠的成人也很有用！这些年来，我将这套睡前点心的“配方”教给了很多父母，他们也惊讶地发现，孩子在吃过以后会开开心心地入睡。我的孩子都很喜欢这个睡前点心，吃完以后就开始打哈欠；然后我们就会去刷牙，并准备好明天要穿的衣服。

晚上的例行活动

6:00 吃晚餐
6:30 洗澡时间
6:50 洗好澡，穿好睡衣
7:00 睡前点心
7:10 刷牙，准备明天要穿的衣服
7:15 说故事时间
7:30 烛光时刻
拥抱和亲吻
关灯

可靠而纯正的睡前点心

加有蜂蜜的奶油吐司，以及加有蜂蜜和肉桂粉的温牛奶——它们具有催眠的魔力。

建议：

你也可以跟孩子们享用，对你也会有神奇的作用。

哦！我还有个不再为穿哪件衣服争吵的秘诀：丢掉或送走你们都不喜欢的衣物。所以，那件可爱却穿上发痒的毛衣没有了，此外还有化学纤维制造的“超级英雄”宽松运动衫。(关于衣服，在《父母关心的其他主题》那章会谈得更多)

接着，我们都会挤在同一张床上，一起听故事。适合睡前听的故事将在孩子的脑中播下想象的种子，并被带入梦中的世界。睡前故事是每天最重要的故事。可以通过手指和脚趾游戏，简单歌曲和有节奏地摇晃，哄婴儿和幼儿上床。《鹅妈妈》始终是经典之作，你也可以加上动作，去碰触孩子的脸、肚子和脚趾头，看着他们咯咯笑！学步儿童想要认识房子内的东西，也想认识院子中的树、其他植物、松鼠、鸟、昆虫和家中的宠物。当孩子到了四岁时，自然界的简单故事，以及熟悉的地方、人们和动物的简明的故事都非常合适。他们想了解居住其中的这个世界，并将这个世界慢慢扩大。五至七岁的孩子喜欢童话故事中的虚幻世界，那里有国王、皇后、小精灵和仙女……八岁和八岁以上的孩子喜欢冒险故事。即使我的孩子可以自己阅读冒险故事，他们仍然会要我在他们睡觉时朗读！闭上眼睛躺下，聆听着慈爱的声音讲述故事，这对孩子来说是何等美妙的礼物！你可以在《奇妙的故事》一章看到完整的讨论，但我们在这里只简单说几句。

家长也可以借此增进自己的想象力，开始自己编故事，替孩子打造丰富的内心世界。自创的生动故事具有特殊的意义，此时不需顾虑故事情节或角色够不够完整。对于幼儿来说，简单就是最好的。在大部分情况下，我们要把握的原则就是：“简单，简单，还是简单”。也可以根据孩子白天发生的事来编造故事的情节。对两三岁的孩子来说，你可以在故事中将他/她当成主角，并将她

着装建议

送走你和孩子都不喜欢的衣服！包括那些穿起来感到痒痒的旧式毛衣和化纤T恤。

白天做过的事情编进故事中，例如："从前有个小女孩叫做玛德莲。现在，玛德莲每天早上醒来，她喜欢做的第一件事情就是看看窗外，看看鸟巢中醒来的鸟儿。"或者，"她早餐最爱吃法式吐司，今天她会很幸运。"当孩子长大以后，可以用更微妙的方式继续编造关于她的冒险故事。

记住

* 每次只讲一个故事
* 自己编故事
* 仔细挑选图书：
  · 每幅插图都有重点；
  · 可以当做榜样；
  · 有鲜明的人物角色。

《爷爷的故事》是我跟孩子们持续讲了很多年的故事，它讲的是居住在森林中的一个老人和三个小男孩。随着真实生活中的季节转变，故事也会因不同的季节而发展出不同的情节。这些故事就开始有了自己的生命，有时候孩子也会希望你将现实生活可能遇到的困难编进故事里。有了这样的故事架构，你就可以在故事中给予暗示或建议。当孩子长大以后，他也许就会在讲故事的时候配合你，或是你讲得较慢的时候提示你。自己编的故事是我们所能给予的美妙礼物，我鼓励所有的父母去试着做做看，记住，高潮迭起的冒险故事要等孩子七八岁的时候才适合讲。

当然还有很多优秀的绘本。找些插图清晰、生动多彩但并不令人眼花缭乱的绘本，每幅插图都有一个光明的核心形象，可以透过它带着孩子去想象。我们也可以在故事中描绘某种有利于孩子生活的特定品质。传统的童话故事充满了具有各种特征的人物形象，在传统社会里，故事总是被用来塑造合理的社会行为，并纠正不当的行为。我们可以稍稍花些时间去搜索，找到适合特定时间的主题故事。例如，如果你的孩子有恐惧感觉，可以找安抚他们心灵的书（三四岁）或是教他们要勇敢（五六岁）的故事，这些书可以带来潜移默化的效果。给孩子看的书选择要慎重，睡前读物尤其如此。

睡前故事的建议

* 婴幼儿：
  · 手指、脚趾游戏
  · 摇篮曲和有节奏地晃动
* 二到四岁：
  · 家、庭院和动物的故事
  · 关于他们生活的故事
* 五到七岁：
  · 童话故事
  · 具有人类优良品质的形象
* 八岁及以上：
  · 刺激的冒险故事

现在来谈论很关键的问题。睡前只能读一个故事，所以要精你知道吗？
看电视会改变孩子的睡觉模式，也与睡眠失调有关。

选。如果他们还想再听，就重复那个故事或是重新仔细看那张图画，确定今天所讲的主题能让他们留下印象。如果他们还想要你多陪陪他们，可以唱歌或抚摸他们的背。睡前的例行活动越是简单、重复，很少做出变化，孩子就能越快进入梦乡。当孩子说“我很饿”或“再讲一个故事就好”时，如果我们让步的话，孩子就很难放松并入睡。

讲完故事之后，就该点蜡烛了；神奇的火焰将会点亮孩子的内在世界。从太古以来，人类就是在温暖光亮的火焰或炉火旁边入睡的，农居或穴居时代都是如此。虽然现代生活忘记了那些习性，但是，在我们古老回忆的某个地方，明火的生命力仍然会让我们着迷不已。大人也是如此，我们会渴望火焰，渴望在小木屋度过假日的夜晚，凝视着壁炉，随着火焰越来越微弱，我们在温暖和细微的炸裂声昏昏欲睡……讲完故事时，你可以把灯熄掉，并点亮一根特别的“睡觉蜡烛”，让孩子在睡前的单调时刻，看到生动的火焰。这支蜡烛可以是在生日时所收到的礼物，也可以是与孩子共同挑选的蜡烛。此刻，你可以看到孩子的脸上散发出某种光芒，你也许想要在日记中记录下这种感受。随着烛光的燃烧，你可以为孩子念一段短短的祈祷词或诗歌。我们要唤起平静感，宁静的愉悦感和保护感。然后，你的孩子或许会吹熄烛光，钻进被窝里去。

睡觉时的祝福
我们深爱的守护天使，
你在高处照耀着我们。
现在我躺下睡觉，
我向天主祈祷，
祈求祂保守我的心魂。
当我在早晨醒来时，
将爱的道路展示给我。
阿门！
请赐予我们甜美的梦境。

当然，我们必须了解自己孩子的需求。我最小的孩子会选择在这个时刻，而非此前的时间，跟我分享他今天最重要的事；不管是有点伤心的小事还是关于人生的哲学问题，他都需要在睡前倾诉。因此，我在开始睡前的例行活动时会给这件最后的大事情预留足够的时间，并仍然能够在七点半熄掉蜡烛。如果你的孩子需要你抚摸他的背部，或者唱某首特别的歌，就做好计划并提早开始。我们睡前的例行公事包含洗澡、洗盘子、吃点心、讲故事、点蜡烛还有祈祷，大概用了一个小时的时间，而最后的十五到二十分钟其实是在床上跟我共同度过的。如果我们专注于这个例行活动而不另生枝节，孩子就可以轻松地进入梦乡。

父母也需要考虑离开房间的合适时机。我们在完成例行活动之后，对于不同年龄段的孩子来说，父母离开房间（如果他们尚未睡着）的时间也各不相同。刚学走路的孩子也许会想要你躺下来陪他入睡；但是，到了某个时间点，你就可以坐在床边，将他的背轻轻拍几分钟。这是个渐进的过程：最先是让孩子坐在你的腿上听故事并依偎着他入睡（当孩子还在学走时），接着是坐在孩子身旁的床上讲故事并哄他入睡（在孩子大概四岁时）。在五岁时，你可以坐在床边讲故事，然后在她慢慢入睡时，坐在旁边的椅子上打毛衣。直到那个神奇的日子来临：说完故事、吹熄蜡烛、抱抱并亲吻他 / 她，然后走出房间。也许你的孩子还太小，你还无法想象这一天的来临。记住，就像我们在养育孩子时所做的每件事那样，我们需要在平静和确信中度过每天。我们内在的信念比起行动上的细节，更容易深深地影响孩子的心灵。

早点照顾孩子上床后，就可以有

睡前建议
看着他们闪闪发亮的眼睛，在烛光点亮时说出祝福。

点自己的清闲时间了！这是大人们沟通或放松的时间。**我们要谨记在心的是，对孩子来说最重要的，就是有个快乐并充分休息的父母；他们的幸福要靠我们。**早点上床睡觉不仅能让他们睡眠充足，也能让我们稍稍恢复活力。现代人都睡眠不足，我们不知道睡眠足够的孩子是什么样子的，甚至也不知道自己休息充分以后是什么样子的。睡眠很好的孩子可以有效处理白天遇到的困难。孩子在七岁之前，十一或十二小时的睡眠是最理想的。如果你的孩子午睡两小时，那么在晚上睡十个小时也行。但是，如果你的孩子今天没有午睡，那他可能就需要早点上床睡觉。

关于早晨时光

好好休息之后，你的孩子会迫不及待地迎接新的一天。对于幼儿来说，每一天都像是一场体验和冒险的盛宴。如果我们自己能够在恰当的时候上床睡觉，我们就能够响应他们的期待。大部分的幼儿在起床以后最先做的事情，就是跑进我们的卧房，钻进被窝等我们醒来。这是个充满活力的完美早晨，可以感受到孩子的精力充沛。孩子每天都在成长，就像青草或春天的花朵，他们自身就让人感到愉悦、新奇和充满希望，就像早晨的露珠。我们可以汲取他们的欢乐与朝气，在感恩中醒来。

早餐的食谱
* 星期一：燕麦粥和新鲜水果
* 星期二：麦芽牛奶和干莓果
* 星期三：米和葡萄干
* 星期四：小米粥和葵花籽
* 星期五：奶油燕麦（煮好的燕麦麸）和香蕉
* 星期六：法式吐司
* 星期日：薄煎饼和莓果

孩子用拥抱和亲吻问候我们，并吵着说饿了——我们每天的生活就这样开始了。早餐吃什么呢？在盛行快餐的今天，我们要记住的是，温热的早餐会让身体感到舒畅，简单易煮的燕麦粥也很受孩子们喜爱。燕麦粥、麦乳、小米粥，或重新加热过的昨天晚餐的剩饭，都能很快轻松而迅速地准备好，如果配上牛奶和水果，早餐就很美味了。加有蜂蜜的温热花果茶能够安心宁神。要避免喝太多果汁，那会使孩子吃不下那些能够慢慢消化的复杂碳水化合物。记住，古谚说：燕麦粥能“填饱你的肚子”。

> **早餐提示**
> 周末时再做美味、费时的早餐。

只要设计出每周的早餐菜单，吃饭这件事就很简单了。我们知道，父母在准备餐点时最困难的地方，就是决定要煮什么，并得考虑到每个人的喜好。制作每周的餐点表就会更有效率，每天都可以变换不同口味的早餐。在设计每周的食谱时，记得早餐要温热，糖分要少，并要有热花草茶。你需要知道家人的喜好，并保证每顿饭都有每个人爱吃的食物。例如：如果你有个孩子不喜欢米饭，可以给他加点热海苔酱，他就会喜欢吃了。将吃起来更费劲的松饼和法国煎面包，留待时间充裕的周末时光享用。

如果你喜欢某种历史悠久并仍旧存在于世的仪式，可以利用它在就餐前进行短暂的感恩。这可以是传统的祝福形式、短歌或短暂的静默。你觉得最好的仪式将会对孩子产生最好的效果。这个时刻让我们有机会和更广阔的世界联系起来，将我们和食物的来源，以及共享食物的人联系起来，并暂时停止嘈杂的生活，和我们自身联系起来。太小的孩子可能最喜欢唱歌，当他长大以后，他可能会喜欢片刻的静默。

> **餐前感恩**
> 祝福花，
> 祝福果实，
> 祝福茎与叶，
> 祝福根。
> 也可以是：
> 大地赐给我们食物，
> 太阳让它成熟而美好，
> 亲爱的大地，亲爱的太阳，
> 我们不会忘记你所做的一切。
> （摘自华德福学校教材）

最近我的朋友跟我说了个故事。她的好友在星期天来访并过夜，准备在隔日参加很早的会议。早上的时候，她们的家人起床并依照平日的惯例行事；他们在家庭生活中始终会共进早餐；在各自去为当天的生活忙碌之前，大家会聚集起来用餐。大女儿离家念大学以后，他们仍旧与念高中的女儿维持着这个习惯。他们跟客人坐下来享用早餐、喝茶，并享受着彼此的陪伴，就跟往常那样。那天稍晚，那个客人来电说他如何感动，这是他长久以来有过的最美好的经验，那种家人相互关怀的感觉，影响了他一整天。在我们忙乱的生活中，我们忘记了这些小事情的力量，不知道它可以坚定我们的爱与联系感。透过这些小活动，如分享食物或是扫落叶、种花，我们就能滋养彼此的灵魂。

当然，我们想要天然的食物，而非经过再加工的食品。很多研究显示加工食物有更高的营养价值，但是我不知道研究能否测量出爱、归属感与联系感的营养价值。也许我们不能测量到我们所吃的食物之中的爱，但是我们确实可以品尝到！你记得你妈妈最拿手的菜，吃起来是什么味道吗？或者祖母在圣诞节时做的糖果？在早餐桌上的难忘时光不仅能够让孩子保持良好的进食习惯，还能很好地滋养他的灵魂并让它在未来也可以去滋养其他人。

关于每日的活动

早餐吃完后，就要开始每天的活动了。很多父母早上不是开车去工作，就是驾车送小孩去学校，或者两者都有。如果可以安排的话，最好不要让幼儿坐车，那会是最好的。在以后的养育过程中，我们将会发现在车上与孩子相处的时间是最珍贵的生活；等到他们长大以后，我们就可以和他们沟通，分享每日生活的细节。而现在，对于孩子来说，在车上的时间越少越好。但如果你想尽各种办法以后，还是不得不把幼儿带上车，那就尽量不要开收音机。在每天当中仍有很多其他时间可以来听新闻，你无须让这些太过暴力的印象来充斥着孩子的想象空间。你可以准备些适合和孩子在车上共同唱的歌曲，或者传统的车上游戏，例如“我发现”。有时候安静地坐在一起也很美好。

如果你的孩子在托儿所或幼儿园，可以参阅《父母关心的其他主题》一章，里面有些选择儿童照管机构的注意事项。在他不用上学或周末的时候，你可以规划室内活动、室外活动、点心时间、小睡时间以及和其他小孩玩耍时间的灵活节奏。在今天的社会里，我们感到有必要给孩子提供“丰富的资源”，会将清单排得满满的：舞蹈课、音乐课和幼儿体操……要知道，对小孩来说，没有任何事物比探索自己家里的世界更加“丰富”，因为家中有各种天然的玩具和照料家庭的工作——家务活、洗衣服、煮菜——此外还能在院子中探险。可以参阅《室内游戏》《户外活动》以及《幼儿的艺术体验》那几章。

简单的午睡程序

* 在户外奔跑、玩
* 上厕所和清洗
* 把午睡地方的光线调暗
* 准备好“毯子”
* 电风扇的白噪音可以帮助催眠。
* 故事书（不是图画书）
* 平稳的语调
* 坐在摇椅里，利用有节奏的声响催眠。

这里有个范例可供参考：

9:00~10:30　户外游戏。（在新鲜的空气中开始每天的生活！这决定了整天的气氛）

10:30　点心。（食物要简单，量少易消化，如水果、葡萄干、饼干等，以及剩余的茶）

11:00~12:00　室内游戏，打扫。

12:30　午餐，洗碟子，做少量的户外活动。

1:00~3:00　午睡，让稍大些的孩子安静下来。

3:30　点心。下文会更多地介绍午后点心的重要性。

4:00　愉快的散步时间或户外游戏时间。

5:00　准备晚餐，要小孩也来帮忙！

关于小睡时间

现在来简单谈谈睡眠。孩子很容易进入深沉的睡眠之中，在梦与清醒的这两个世界之间，睡眠这种简单的活动必不可少。这边是地球的世界，有它的形状、形式、意义和目的。我们迟早会

不想午睡的孩子？
试试以下的方法：
· 在房内放些花朵
· 小的熏衣草枕头
· 午餐不要吃甜食
· 拍拍孩子的背
· 轻声地哼歌
· 让他侧躺着

用双手捧住这个世界，去滋养和保护它。但是我们也创造了另一个世界——光明与和谐的世界，神秘与美好原型的世界。睡眠是连接这两个世界的桥梁，是人类与生俱来的能力。当我们的文化为了生产力而牺牲了睡眠之时，我们就关闭了通向梦中的滋养与智慧的大门。

午睡对养育孩子很重要，是个重启大门的机会。你记得小时候从午睡中醒来的时刻吗？那是个全新的日子，有着全新的能量去进行新的冒险；就像享用喜欢的点心或与家中的猫咪玩耍。如果孩子玩得很累了，只要按照午睡的几个步骤，孩子就可以很容易地入睡。以下提供几个方法：

午餐收拾完毕，孩子可以去户外跑、跳或翻跟斗，利用半小时的户外游戏让他的内脏来消化食物。再回到屋内梳洗，然后去睡午觉。我要强调，在午睡时要把房间的光线调暗，并准备好特别的毯子，或者是柔软的大抱枕；当孩子进入房内时就会感到舒适。或是开着电风扇，在任何气温下都可以用。它发出的“白噪音”[①] 来掩盖下午时的其他噪音。此外，它也能制造出微风，让孩子钻进柔软且有点重量的毯子里，用毯子围着颈部和头部，制造出仿佛在钻洞的感觉。也可以帮婴儿穿合身的暖和衣物，并让他们平躺在空婴儿床上，以便制造出同样的效果；直到孩子能够自己抬头及翻身为止。只要这么做，婴儿猝死的概率就会减低。

当孩子已有睡意时，你可以坐在床边给他念故事。选择简

---

① 白噪音，是指功率频谱密度为常数的随机信号或随机过程，有非常固定的频率和音调。

单、没有图画的系列书，例如《西风母亲》系列（*Old Mother West Wind*）。这个经典童书系列是1910年出版的，描绘世界形成之初，故事中的动物是如何变成现在这样的。《草原上的小木屋》（*The Little House on the Prairie*）系列，呈现了西部拓荒生活的美好和艰辛。而《野蔷薇村的故事》（*Brambly Hedge*）系列，主要是描述一群老鼠在不同季节里的活动。这类书充满了自然的图像，对帮助入睡很有用，但也有足够多的情节可以吸引年龄稍大些的孩子。记住，说故事的目的是要让孩子进入梦乡。所以尽量用温和平稳的声音念，挑选不会打消睡意的故事书。如果你刚好坐在附近的摇椅上，你可以摇动椅子，发出有节奏的、催人入睡的声音。把这些步骤养成习惯，孩子就会愉悦地睡着。

午睡建议
在她睡着之后你也可以小睡片刻。二十分钟将会为你带来神奇的效果。

如果你也累了，也可以顺便躺下来休息，把脚抬高，闭上眼睛。即使是休息二十分钟，你也会感到明显不同。试着把身体平躺后，把脚抬到比头稍高的地方（可以将枕头放在膝盖下面），躺几分钟以后，你将会觉得不可思议！然后转身侧躺，这会让你停止思考，慢慢沉入梦境。作为幼儿的父母，我们常常想要利用每个空档，二十分钟的午休将能让你重新振作。

关于午后点心

孩子午睡醒来，就又迫不及待地想去玩了。你也休息了二十分钟，还花了一个小时处理完事情，现在也可以轻松下。

要特别重视午后的点心。我们的生理时钟到下午四点就会降到低点，吃点丰盛健康的点心可以防止哭闹。我的孩子总是在这个时候感到饥饿，传统的观念都认为吃点心会破坏晚餐的胃口，我还是让他们吃点心；只要控制好食量及种类，即便晚餐时他们不

简单的晚餐表

* 星期一：墨西哥食物
* 星期二：鸡肉
* 星期三：炒菜和米饭
* 星期四：汤和面包
* 星期五：意大利面
* 星期六：乳蛋饼或馅饼
* 星期日：烤肉和蔬菜

饿，我也不担心。所以我都让他们补充蛋白质——花生酱或是奶酪，或者是煮熟的蛋再加点蔬菜，再淋上优质酸奶酱。我尽量不让他们吃淀粉类食物，这会让他们太饱；我也不给孩子吃市面上贩卖的儿童零食，那往往会太咸或太甜。我会尽量将点心安排得像是简易的晚餐。

这套方法在我家很管用。这会使我的儿子有体力继续玩，到了晚餐时仍然会感到饥饿。晚餐必须要是孩子喜欢的，如千层面、墨西哥食物、意大利面、奶油浓汤等等。因为他们已经吃过蔬菜，此刻也就不需要吃下整份的芦笋或是球茎类蔬菜了。

关于晚餐时间

晚餐已经不像从前那样受人重视了，但我们无论如何应保留这个传统。晚餐时间是传承文化、智慧、语言、交流的艺术、微妙的人际关系，以及其他重要人类活动的重要时刻。这是每天把家人分散的能量再度聚集起来的时间，也是加强家庭向心力的时机。

在以前，日常工作都围绕着家庭和附近地方，父母比较容易有机会实现家庭教育。孩子跟在父母身边学习生活中的大小事情，跟着父母纺纱或耕田。甚至在75年以前，农夫的孩子仍然必须学习管理家务的复杂技能，包括家庭的经济、动物养殖、投资。一整天下来，就是在晚餐时，孩子也要和父亲讨论如何料理各种繁忙的农活，各种问题都会谈到。这种家庭教育也延伸到社交聚餐与周日礼拜。而在现代生活中，当我们出门去忙各自的事情时，和孩子共进晚餐的时间就变得珍贵而必不可少了。

购物的提示

站在冰箱前面，查看你那美丽的图表，确定采购清单。别忘了配料。

如果先喂饱孩子，给他们爱吃的通心面、奶酪或热狗，然后父母就可以安静地吃完晚餐，这听起来真不错呢！这可以偶尔为之，但变成常态就会失去与孩子共进晚餐的机会；全家围在桌子旁，餐桌上摆放着精心料理的食物，这样的精神食粮将是无上的享受。

当孩子还小的时候，如果我们可以养成在每天结束时相聚聊天的习惯，这就会奠定孩子成长的基础。有些家庭在用餐时会轮流谈论各自当天生活中最喜欢的事情。这对于我家来说太正式了，都会被我三个儿子的笑声给打断。我采用的方式是从某个小趣闻开始，看看是否能巧妙地将谈话引到有创意的方向上来。当孩子稍大些的时候，在餐桌上，就可以让孩子表达生活意见，或者聆听大人们对生活的各个方面的观点。我们还要谨慎处理的是，对于大一点的孩子尽量不要训话。训话对于未满十三岁的孩子来说肯定毫无效果；我们只需简单地分享我们的观点并认真地聆听他们说话。也许就像许多人一样，他们需要大声地说出自己的想法，只是为了想知道别人会有什么样的反应。青少年喜欢有个舞台可以让他们发表对每件事情的想法，包括宗教、音乐、财政、乌托邦社会等等。与幼儿互动时，我们可以重点关注家庭四周熟悉的环境、家庭生活，后花园正在发生的事情，以及天气和它对我们的生活产生的直接影响——不论是今天要穿雨鞋，还是今晚会下雪。

就像早餐那样，可以以周为单位规划、采购和准备，这样，晚餐的准备工作就变得简单了。尽量考虑七顿不同的晚餐，比如这个晚上是意大利面，第二个晚上是墨西哥食物、炒菜，第三天是汤和吐司等等。如果可供选择的种类够多，各个星期之间应该做出大量的变化，但是，整个办法仍然需要简单而易于操作。你可以在冰箱门上放一张装饰精美的图表，在每天工作结束以后，当每个人在晚上感到又累又饿的时候，规划晚餐的苦差事早已完成。如果你以周为计划来采购食品，所有的配料就在手头，这样，晚餐就会很快地上桌。记住，在规划工作日的饭菜时，要选择那些可以很快准备好的食品，将比较复杂和费时的食物留到周末再做，那时的时间比较悠闲。数年以后，当孩子的口味发生改变，就要制作新的就餐图表。如果你将旧图表收录在笔记里，就会是后世子孙很爱的传家宝呢！

身为父母，我们并不知道自己为孩子选择生活方式、学校教育和心灵引导的决定是否正确。我们只能不断学习如何做出决定，并为这个决定而不断努力。多年以后，我们才能看见这种影响是多么深远。只要我们对此有信心，日复一日年复一年地尽力而为，对孩子持续不变的爱会引领我们发现每个孩子独特的需求。

我在他们高中毕业时领悟到了这点，我两个较小的孩子有个冬天要去滑雪胜地太浩湖（Lake Tahoe）去工作和滑雪。这是他们首次有机会去建立他们自己的家，当我去看他们时，我对他们的所作所为感到非常震惊与高兴：每天在雪地中工作和游戏了很久之后，他们回到了干净的家！并开始准备很丰盛的晚餐。其他同龄的男生朋友，在结束工作后就跑来我儿子的房间，很快就挤满了整个房间。他们用布将电视盖住，玩象棋、听音乐并共同做菜。房间里气氛很好，大家说着很多绝妙的俏皮话，欢笑和嬉闹个不停。当晚餐做好时，他们围在一张大餐桌旁，坐下来享用这顿丰盛的晚餐。这是他们每晚都会做的事，现在看来已经养成习惯。我在那时意识到，只要我们带着信心与孩子一起出发，我们不久就能看见成效。

每周的节奏

也可以按照每周安排食物的方式，来安排每周的活动。知道孩子的喜好以后，就可以定期安排活动了。也许家庭的附近有很多登山步行道，或是公园里有起伏不平的地形与小径。我们可以规划好简单的每周例行活动。也许可以是个“星期二面包圈日”，那我们就走路去面包店，买一些硬面包圈当午餐，剩下不新鲜的可以在星期三带去公园喂鸟。

还可以看看小区里有什么活动。做决定的时候要注意，因为孩子还小，还无法将自己和环境区分开来。要让孩子参与活动时，得考虑环境的感官刺激：这地方是否太吵？音乐声音太大？或者会有突如其来的噪音？选择的环境应该能够产生内心的平静感，这让孩子们得以融入体验中去。还要观察视觉的刺激；现今很多孩子的活动都接触到太多绚丽夺目的色彩。要看的东西是否太多，让人目不暇接？选择环境的要领是要让孩子能仔细观看。当声音太大，颜色太亮，眼睛与耳朵就会自动关闭。我们关注的不只是孩子的感官，还有其心灵的反应。我们要孩子敞开自己，来体验他见到的事物，而不是将心灵封闭或退缩，不论这种封闭或退缩是多么微弱。如果你选错活动，你的孩子就会表现出来，也许之后就会哭闹，或者做出些小动作。很少孩子会说：“我不喜欢这个，这太大声了。”但是大部分的孩子都会用另一种方式与你沟通。

在安排每周的活动时，要记住的原则是：简单，简单，还是简单！对于四岁的孩子来说，如果在每周中间的某天去公园走走，另外某天去图书馆读故事，再安排某天跟伙伴游戏，这样对他/她来说就很充实了。如果你的孩子已经念幼儿园，就不需安排太多活动，可以等他 / 她念了小学，再去参加小区中心的才艺班；因为幼儿是通过模仿周围的全部事情来学习的，而大部分的小区中心才艺班是以教导的方式来上课的，比较适合念小学的孩子。幼儿最需要的是一个良好的环境，以便发展与生俱来的模仿能力；而户外活动就是最佳的“感官教育”。

关于节奏的絮语

在本章里，我提供了很多点子、建议以及值得考虑的想法。你可能会觉得毫无头绪，不知从何下手。我的建议是，看看是否有某个想法或方面让你乐意做出些微小的改变；也许是更早上床睡觉，从提早十五分钟开始，选好故事、带孩子去买支“睡觉蜡烛”。或者是从食谱入手，在周末开始作出调整。这些节奏不需要太严格执行，让生活渐渐有规律就可以了，太突然的剧烈改变反而不会成功。你可以先从调整一件事开始，在你和你的孩子都适应以后，再换下一个目标。**最重要的是要乐在其中**！

第三章
一起过节日

人类依循着四季交替来欢庆节日，这已经是根深蒂固的生活习俗。在任何文化或时代中，人们都会聚集起来庆祝各个节日，借此确认我们与地球的关系。虽然西方社会很久以来就脱离了这些农业时代的渊源，但通过庆祝家庭节日，我们可以意识到我们仍然遵守着这些节奏。我们可以在家里使用有季节代表性的图案、故事、食物还有活动，来欢庆季节的转换。很多具有宗教性的农业活动，已经因过度的商业化宣传而失去了原有的精神。但是，如果我们愿意用自己独特的方式去庆祝，节日就会变得有意义并且成为家人的共同记忆。

借着庆祝节日，我们在岁月的无情流逝中攫住了片刻的光阴。可以说，我们在此时让时光停止下来。这样，我们就能够估量自己现在的处境，回顾过去这年的生活，去过哪里，做过什么事，去年此时谁也在场。我们可以暂停片刻，浏览去年有哪些事让我们个人和家庭有所改变与成长。我们也可以展望未来，看看我们的家庭在明年将会有什么改变，以及会有什么需求。

在每年的节日庆祝中保有相同的元素是非常重要的，但也需要有成长与变化的空间。为了让节日持续举办下去，它需要具有某些比较稳定的、我们可以再三运用的因素，与此同时，它又需要新的元素表达出我们不断变化的意识和成长。节日需要向每个家庭成员传递出与其相应的信息。要让家庭举办的节庆能够持续下去，并能继续具有稳定性和成长所要求的灵活性，这既是一门艺术，也是一种冒险。看看每个季节的节庆，我们会发现有许多的元素能帮助我们更有创意地庆贺节日，而这会让大家都爱上节庆。

家庭节日的要素

筹备家庭节日的时候，需要考虑节日的准备活动、特殊的节日食物、与时节相应的歌曲，以及特定的节日故事。节日不只是为了当天几个小时的活动而已，更是要让大家在温暖的家庭气氛中共度佳节，而这是可以事先预备的。对于幼儿而言，准备、期望的过程就像庆祝本身那样重要。当节日来临时，我们会注意到在准备的过程中会有某种能量的波动。如果在节日几周前就开始准备，我们就能够从容不迫：反复地讲述故事与回忆，并制订出计划。大概在一周以前，我们就会开始做打扫、购物等等。在节日前几天，就开始烹饪、装饰、唱歌。所有的准备都是为了能在节日当天产生正向的能量。

作为大人，我们也许能从中看到大家在欢声笑语中开心用餐的时刻，也许会感受到片刻的静谧。在那样的时刻，我们会感受到亲情的美好以及奉献的喜悦，在餐桌上分享充满爱心的食物。过不了多久，在孩子成为父母时，就会感受到我们的苦心，肯定会的。

准备过节时，全家可以共同讨论。也许可以在吃晚餐的时候回想去年最爱吃的食物，并考虑我们是否应该做些改变。我们可以共同拟订采购清单，也许还可以带着孩子去采购；也许可以让五六岁的孩子帮忙在箱子里挑出地瓜，或是挑选用来做沙拉的水

节庆的要素

准备活动

* 讨论布置及装饰品
* 搜集天然的材料
* 制作花环等等
* 打扫房子与布置
* 准备节日食物
  · 讨论
  · 采购
  · 提前准备
* 你小时候听过的故事，或从图书馆找来的故事。
* 你小时候听过的歌曲，或从图书馆找来的歌曲。

节庆建议

要确保每年的节庆中都有些不变的元素，同时也要具备随着孩子的成长而不断变化的元素。

果。可以让三四岁的孩子在你身边帮忙推推车，或是坐在推车里看着琳琅满目的蔬菜。

准备布置房子。搜集材料和装饰房子是很有趣的事情，而且要花点时间，所以得提前开始！如果你家有上小学或十三岁以下的孩子，你可以让哥哥姐姐帮助弟弟妹妹，或为弟弟妹妹做些特别的布置。若孩子与大人能密切合作，共同为较小的孩子准备充满惊喜的活动，随着年纪的增长，他们就会对过节更有感情。在公园或是在自然区域散步的时候，通常可以找到天然的装饰物。秋天时，可以为秋天的节日找到很美丽的树叶和干草。冬天时，可以找到松果和光秃秃的树枝、红冬莓，还有常绿树的树枝。春天时，可以在开满花朵的树枝上采摘花束。也可以在工艺品店买到葡萄藤花环，并依照季节来为每个节日装饰房间，也可以用来当做餐桌中央的摆设。

随着每个节日到来，你要在笔记本中记下大家喜爱的食谱、孩子喜欢的故事，或是能找到完美鲜红枫叶的地方。你也可以为往后几年记录下好的点子。你的笔记会变成全家的参考书。

你可以在数天或数周前，就开始唱歌、讲故事来强调季节即将来临。查看章末附录所附的参考书目，有一些季节歌曲与故事参考书籍。或是和孩子去一趟图书馆，亲自挑选书籍。你可以挑每年都可用的故事，或是只适合今年的歌曲与故事。精心策划节日是非常有趣的，根据孩子的成长阶段，逐年挑选适合他的图画、歌曲、食物和活动！

另一项准备工作，是为即将来临的节日作大扫除。两三岁或四岁的孩子会乐意帮忙；这肯定会花掉很多时间，所以要尽早开始。五六岁的孩子，会很高兴用自己的方式去完成你给他的任务。

过节的食物可以预先作准备。因为孩子会来帮忙，你可以将工作分解成许多小环节。过节前一天，把孩子帮忙切好的马铃薯用水浸泡，然后放在密封盒里，再放入冰箱。孩子会很喜欢帮忙敲破蛋壳和打蛋，甜点也可以在前一天先做好；并在必要时冷藏起来。很多蔬菜都可以洗好、切好，放入冷藏室，为次日的烹调做好准备。让孩子参与愈多的准备工作，他们就会愈投入，并会由衷地爱上节日庆典。

节日餐桌

摘自我的幼儿园日志：

“大餐桌上摆着玻璃器皿、碗和整篮的食物，这在21世纪真是种享受。早晨时，餐桌都准备好了，只等着孩子上桌。桌子上不仅摆放着满桌佳肴，还洋溢着孩子交流和分享时的笑声。”

桌子是团聚、分享、庆祝与交流的象征！让我们想想如何以简单、优雅且自然的方式来布置节日餐桌。在桌上铺设一块漂亮的布，只要这样做，就可以让整个空间洋溢着期待的气氛；将桌巾展开，铺上，就像是在说“开始变魔术吧！”你也许会想为每个节日都准备特别的桌巾；这样一来，从桌布就可以知道哪个节日快到了。你可以去布匹店剪裁适合你家桌子大小的长布，挑选适合不同季节的颜色和素净的图案；桌布的好处是能遮掩污渍且易于清洗。把两端的布边缝好，就可当桌巾了！我们家就有好几块布，有金黄色叶片图案的布可以在秋天用，有绿色松树枝图案的布可以在冬天用，而鲜亮的春花就适合复活节了！我不会选儿童布匹，因为那些设计通常太可爱；我会依照自己的品位作选择。因为桌布和装饰品已经五颜六色了，且图案丰富，我会选择朴素且带有

节日的桌子

* 季节性的桌布：
  · 选用当季的颜色
  · 可以掩盖斑点的图案
  · 不要选用太过可爱的图样
  · 容易清洗的布料
* 季节性的中心装饰物：
  · 葡萄藤圈
  · 找来的装饰物品
  · 适合当季颜色的蜡烛
* 配有图案和装饰品的简单瓷器

浮雕的白色瓷器，这可以与任何背景作搭配，你也可以这样试试。在桌布上面，可以放上简单优雅的装饰花朵来作为中心装饰品。根据节日的需要，可以买些与季节相应的彩色蜡烛来与花朵搭配，这样就能在烛光中庆祝节日了。

这样，餐桌上就有美丽的布料和简单的瓷器，而中央则摆着亲手采来的天然饰品，此外还有蜡烛、盘子以及盛满了节日食物的椭圆形浅盘。对幼儿来说，这些具体的形式都是节日不可或缺的。渐渐地，你的孩子将会开始知道节日的概念是团聚、分享、庆祝与交流。但现在，意义只存在于现实的事件里，我们只需快快乐乐地准备就好。

苹果节活动

* 果园的旅行
  · 选择不拥挤的日子
  · 穿长裤、长袜（为了防止有毒常春藤）。
  · 带个能装苹果的大篮子！
  · 携带水，可以洗手和洗苹果。
  · 走一段远路
  · 带上野餐的用具和食品。
  · 邀请其他的家庭。
* 食物
  （买手工操作的苹果处理器将会很有趣！）
  · 苹果酱：冰起来在冬天食用
  · 苹果干
  · 南瓜、洋葱和苹果汤
  · 糊状的甜苹果和马铃薯
  · 苹果派和其他的苹果甜点

秋天的节日

秋天是大自然的丰收时节，我们可以用节日庆典来强调丰饶的秋收。如果你幸运地居住在乡下，你就能非常容易地找到当地的收成物。此外，你所居住的城镇若有庆祝丰收的独特方式，你也可以去参加庆典，并筹划自己家中的庆祝方式，这可以加深孩子的印象。如果你居住在繁华的城市里，你可以寻找对外开放的农场或果园，全家一起去造访南瓜园、果园、葡萄园等类似的地点，以此作为家庭庆祝的开端；尽量发挥创意来想些点子，例如苹果节可以像这样：

打电话给果园，找个人不多的日子，可以选在某个重大假日的次日。采摘苹果的时间也许会比你想象的早，所以得提早联系。要询问树枝是否够低，可以让小孩也摘得到；你也许不会介意抱着孩子摘取树顶上闪亮美丽的红苹果，但你不会想要整个早上都抱着孩子吧？果园可能会提供装苹果的袋子，不过装满自己带去的大篮子，就会有丰收的感觉。记得带上水去洗手和苹果。可供顾客自己采摘的有机果园很难找到，但值得花点心思寻找。常春藤之类的有毒植物喜爱生长在苹果树的根部，记着穿长裤和长袜。

在前往果园的路上，可以唱些在图书馆里的歌曲书中所找到的歌。或者，如果要开很久的车，你可以讲个星星如何住进苹果里面的故事。你知道，如果你把苹果对切成片，可以看到围绕着果核的星星图案。用点想象力，这个图案就会给孩子带来许多惊喜！幽默和机智不太适合太小的孩子。故事可以这样开始：有位星星小孩望着一个天天在苹果树下嬉戏的地球小小孩，想要靠过来，听这个小小孩唱歌。也可以这样讲：有位年轻的女孩看着星星，渴望让这闪烁的光芒照耀在自己的身上。于是，有一颗星星住进了苹果里，想要被烤成她的生日派……

在果园中，除开采摘之外，还有其他的乐趣。你可以整个上午在成排的苹果树间开心地散步。如果你是与其他家庭一起出游的，也许可以玩追踪或捉迷藏的游戏，同时也可以享受秋日的晨曦，吃个野餐，然后再唱歌和讲故事。

回到家，你可以开始加工苹果。询问店家，有没有能够同时给苹果去核、去皮并切片的神奇工具。你可以把这个工具固定在厨房桌子上，通过旋转的把手，你很快就可以将整篮的苹果加工好。孩子们很喜欢把苹果插到叉子上，转动把手，并见到神奇的事情发生。在炉子上的大锅里做苹果酱是很容易的事情，用小火加少量水并加蜂蜜调味即可。放上少许肉桂粉就可以增添特殊的风味。如果装罐保存不适合你忙碌的生活，可以装进方便取用的冷冻罐中，在寒冷的冬天早上解冻以后加热食用。或者你可以将

苹果节的更多信息

歌曲

* 美国经典谢饭歌（Johnny Appleseed）
* 玩“走到面前掉手帕”游戏，并且哼支小曲子，讲述某个迷路的苹果的故事。
* 其他方式，比如去图书馆找。

故事

* 图书馆是你的好朋友！
* 你自己的想象力是你最好的朋友：
  · 在苹果中出生的星星
  · 苹果家族的冒险
  · 苹果树上起风的夜晚
  · 小苹果被摘下来并放进篮子中的那天
  · 类似这样的故事！

苹果炖上几个小时，但是记着在睡前放在烤盘上，之后放入烤箱里用低温（250 ℉）烤上整晚。到了早上，你就有苹果酱了！

你也可以用针和红线把苹果串起来晒成苹果干；如果你用的是手转的苹果削皮器，你就会有一整碗螺旋状的苹果片。把苹果从头到底对切，之后切成新月形状的薄片，用针线穿过苹果弧形面的顶端，给每片苹果之间留点距离，就可以拿去晾干。可以对幼小的孩子说“我要把针穿进去，你可以把针抽出来”，让他们动手来帮忙做。放进低温烤箱烤上整晚（用烤箱最小的火力），就能把苹果串挂在窗上，绑上红丝带，这样就会有过节的气氛。

你也可以这样布置：将秋天的叶子间隔插入葡萄藤的花环间，将红蜡烛放在花环中央，然后在蜡烛四周放上新鲜苹果。窗上的干苹果片和缎带，为孩子们创造出简洁优雅的印象。节日的餐点可以包含混有南瓜、洋葱和苹果的浓汤（加入调味的迷迭香，是这道简单营养汤品的关键），以苹果酱汁调味的烤鸡、地瓜泥、以蜂蜜奶油调味的苹果，以及作为点心的苹果派或脆蛋糕（cobbler）。

南瓜和苹果汤

* 在华氏350度的温度下，将中型南瓜烤大约一个小时，或直到变软为止。
* 冷却时，舀出里面的瓜瓤，加入一杯鸡汤。
* 搁在旁边。
* 用黄油炒到非常柔软为止。
  · 1 个切好的大洋葱
  · 4 个切好的大苹果
  · 2 茶匙干迷迭香
* 将这些原料和一杯鸡汤加入平底锅中。
* 加入一升左右鸡汤，并将南瓜调匀。
* 加盐调味。
* 这会煮出非常浓的汤，加入鸡汤稀释。就像久炖的菜那样美味。

随着孩子长大，再换些适合他们年纪的故事书，或是自己创作的。等他们十几岁时，可以让他们到镇上的公园里帮忙种苹果树，或采摘苹果送给当地的救济中心。这样，当孩子年幼时，我们仅仅和他共同准备、装点和庆贺节日；等到孩子上中班时，我们可以和他讨论节日的各个方面；而等到孩子成为青少年时，我们可以让他在节日中参与社会服务。你可以用笔记逐年记录出他们的成长，并将它变成传家之宝。

最近有位朋友带我去参加当地的“大蒜节”。有很多小吃摊展示着各式各样的大蒜做法，从烤大蒜、大蒜色拉到大蒜冰淇淋。整天都有现场表演，也有些关于大蒜的歌曲。还选出了大蒜国王与皇后。艺术家和手工艺人展示了手工艺品与艺术品，此外还有赞美大蒜的诗歌。这个活动证明了人类有能力去庆祝让我们感动的事物，而我们也渴望这种兼具创意与乐趣的活动。如果活动可以做到寓教于乐，我们就在节日中保持了基本的平衡，让这个节日能够持续举办下去。

冬天的节日

在温带气候国家里，大部分的冬天节庆，都在以各种形式庆祝阳光重新照耀大地。在我们的文化中，三个被广泛庆祝的节日是光明节①、宽扎节②和圣诞节。虽然是庆祝外在的光明，但实际上则是指点燃内心的光明与温暖。这里我们要讨论的是圣诞节，这是我熟悉的传统。如果在你的文化中有其他值得庆祝的节日，你可以根据自己的童年回忆与那些流传已久的故事，去为自己的家创造这个美妙的时刻！

光明从黑暗之中诞生的图像，将会令孩子永生难忘。大人可以把“冬至”加以概念化，告诉孩子在每年最长的夜晚，光明的种子就会诞生。可以用这样的概念向孩子解释，在苍穹最深处的黑暗中存在着光明。大人可以理解这种对立存在的本质，但对幼儿来说，对立是不存在的。如果我们和他 / 她讨论黑暗与光明，讨论构成时光的这两者之间的反向关系，这会错失其意义。在幼

---

① 光明节（Hanukkah），犹太节日，又名修殿节、烛光节，通常在每年公历 12 月举行。

② 宽扎节（Kwanzaa），即果实初收节，是非裔美国人的节日，庆祝活动共七天，从 12 月 26 日至 1 月 1 日。

儿看来，关于婴儿在黑暗的冬夜里诞生的故事，就能完美呈现出这种神秘感，是简单易懂的图像；此外，耶稣诞生在马厩并且借着动物的呼吸来给婴儿取暖的画面，也隐含了对立，并能够以浅显易懂的方式来讲给孩子听。

圣诞节的角落

这种做法可以在自然的生命秩序中体现对人类的地位的尊重。

* 第一周：
  - 将布覆盖在孩子能够够得到的矮桌子上。
  - 创造矿石王国：特别的石头、水晶、贝壳，也可以是孩子的牙齿。
  - 点亮一支蜡烛！
* 第二周：
  - 加入小的松树枝，创造绿色植物的世界。
  - 搭起圣诞树，用绿色植物来装点房子。
  - 点亮两支蜡烛。
* 第三周：
  - 创造动物王国：马厩和动物。
  - 为家庭宠物穿上袜子。
  - 唱颂歌“动物的圣诞节”。
  - 点亮三支蜡烛。

由于自身的生活经验，幼儿会对圣诞节很感兴趣。他们刚刚来到这个地球，在非常特殊的情况下，来到特别的爸爸和妈妈身边。在初生的纯真中，每个孩子都光芒四射；也可以说，圣诞节故事就是孩子自己的故事。很明显，这个节日的由来已经被商业行为模糊了。我们必须扭转媒体所造成的印象，来拯救这个深刻并影响甚广的节日。

如果对宗教方面的故事不感兴趣，我们可以忽略其历史环境，但画面仍然可以是完整并富含意义的。我们可以讲一个老人与一个年轻妇女[①]的故事，他们踏上了冬天的漫漫旅途。但是，他们到达目的地之后却没有地方可以停留。讲述的内容可以包含马厩、牧羊人和天使，以及“光明之子”的诞生；我们的孩子仍然闪耀着内在的光芒，很容易了解这样的图像。他们才刚到世上，对他们来说，降生的经历仍然充满神秘感。

在我们家，是从客厅的茶几开始庆祝圣诞节的。我会用深蓝色的布盖住茶几，随着时间一周周过去，我们会慢慢庆贺这个石头、植物、动物和人类的“王国”。通过承认与尊崇这些传统的“王国”，我们让孩子看到人类所处的位置。这就像我们编织家庭的布匹那样，可以通过这种方法，让孩子感到他们属于更大的整体。

---

① 据圣经记载，耶稣的父亲约瑟比母亲玛利亚大很多岁，故此处有老人和少妇之说。下文中的智者，指的是耶稣诞生以后来朝拜他的东方三博士，见《新约·马太福音》。

经过几周以后，随着新的要素被加入到布景之中，孩子们就会充满了期待，并越来越盼望着这个节日。在第一周，我会在茶几中心放些美丽的石头和水晶。第二周，我加上了绿叶和小植物，我们将茁壮的小松树枝插在松软的泥土中，让它像树那样笔直地挺立着。我们也在这周布置好了圣诞树。直到第三周的时候，我们才拿出马厩，并将动物放在里面。最后，在圣诞节的前几天，我们把老人、少妇和牧羊人放进马厩。与此同时，智者们也慢慢穿过每个窗台，朝向客厅移动。最后，直到平安夜时，光明之子才进入马槽中。每天晚上我们点亮烛光，并在每周增加一支蜡烛，直到平安夜的晚上，我们点亮四支蜡烛，再加上大大的“圣诞蜡烛”。借着烛光，我们唱歌并讲述着这趟旅程、老人和少女、牧羊人和动物。

圣诞节的角落（续上表）

* 第四周：
  - 加入人类的元素。
  - 把老人、年轻女人、牧羊人放进马槽。
  - 把智者放在远处的窗台上。
  - 点亮四支蜡烛。
* 圣诞夜：
  - 把光明之子放入马槽。
  - 把智者放进马槽。
  - 点亮四支蜡烛还有华丽的圣诞蜡烛。
  - 歌唱与赞美！

与此同时，为庆贺圣婴诞生而做的缓慢的准备活动，也能缓解成人所承受的社会压力。记住，我们所营造出的家庭气氛对幼儿影响最大。当孩子们长大进入社会时，深植在他们内心深处的，正是我们在家中所营造的文化。创造这种小小的角落，让它充满宁静和温柔的期盼，充满感激和美。如此在面对商业巨兽时，我们或许就有点像面对歌利亚的大卫[①]，如果我们瞄得很准，这种小小的行动就会对孩子的生命产生很大的影响。

关于圣诞老人呢？你还记得在你小时候，圣诞老公公所带来的惊奇吗？这就是我想要给孩子的、没有经过任何媒体大肆宣传的传统。我想要给他们留下的印象是：圣诞老公公是个很好的老人，就像舅舅那样善良，他最爱的就是孩子。所以我们写给圣诞老公

---

① 《圣经》中的著名巨人，被牧童大卫用投石弹弓打死。

公的信是非常口语化的，就像是在跟深爱的舅舅说话那样。我们总是在圣诞夜时一起写信，并且问许多关于他与圣诞老太太、麋鹿、小精灵一起生活的问题。我们也会告诉圣诞老公公每位孩子今年最了不起的事情，还有其他的小趣事，这样他就会对我们更加熟悉。偶尔会有个儿子想要告诉圣诞老人，他想要什么圣诞节礼物，但索求礼物显然不是我们写信的目的，因此很多年来都根本没有人提起这件事。我们在一张大纸上用彩色铅笔来写信，儿子们在每封信上画上插图。我们把信和点心留在圣诞树下，以便款待圣诞老人和麋鹿。圣诞老人总是会回信给我们，仔细地回答问题，并会说些格言警句或鼓励的话语，或任何必要的话。

当儿子们长大以后，他们终究会发现圣诞老人的真面目，但这个传统已经有了意义，并会长存在孩子心中。我们会保留每年与圣诞老人来往的书信，卷起来并系上缎带收好。当孩子升上初中时，写的信就会很幽默，而圣诞老人的回信也会变得更风趣；但圣诞老人通常会给些充满哲理或睿智的建议。当他们十几岁时，还会写些故意和我开玩笑的话。与此同时，圣诞老人在回信中就开始沉思人生问题了。

收到太多礼物真是个大问题！以下是我们家的处理方式：在圣诞节前一周的每晚，孩子们可以打开一个我指定的礼物，这可以让他们兴奋好几天，并让礼物得以“大白于天下”；同时，我会留部分礼物在平安夜时打开；在圣诞节的早上他们会打开最大、最特殊的圣诞礼物。有些孩子对于堆积如山的礼物，会兴奋到无法克制自己，不知道该怎么办。每晚打开一件礼物可以释放压力，也会让孩子们掰着指头数日子的等待变得不再那么难熬。我也得知有些家庭赠送礼物的方式仍然很简单，每个家人都会在圣诞节早上收到一份美好的大礼，就这样简单。这的确可以让圣诞节不要过度商业化！

春天的节日

春天的节庆

* 活动：
  · 挑选可以挂复活节彩蛋的树枝。
  · 把树“种”在低的盘子上。
  · 播种小麦的种子。
  · 将蛋黄掏空，并使它干燥。
  · 给水煮蛋染色。
  · 为寻蛋活动作准备。
* 食物：
  · 蛋奶糕
  · 小兔子面包
  ·“蛋篮”面包
  · 鸡蛋沙拉和魔鬼蛋
* 歌曲：
  · 参考附录
  · 去图书馆找
* 图像：
  · 不超过四岁的婴儿：毛毛虫／蝴蝶。
  · 五岁以上的孩子：《跳跳鼠的故事》与其他蜕变的故事。

春天的欢笑歌舞，以及它四处洋溢的欢悦和活力几乎是无法形容的；我们只满心渴望在春天的草地上奔跑，从山丘上翻筋斗；每朵刚刚绽放的花儿也庆祝着春天的到来。如何用节庆来表现这种悦目而欢腾的喜悦呢？

鸡蛋就是这场生命盛宴的完美象征。每颗蛋里面都有光芒四射的太阳——中央的蛋黄，以及它射出的光线——蛋白。虽然孩子可能不爱吃蛋，但我们不应该放弃。在我的家庭中，我们会给真正的水煮蛋染色、将它装饰以后藏起来。我认为，如果这样做的话，鸡蛋的原始象征意义仍然是完好无损的。“复活节兔子”并没有给孩子们装满糖果的塑料蛋，而是给他们巧克力兔子和彩色软糖。我甚至还去有机食品店找过这些美味！

在复活节的前几天或几周，你可以和孩子一起动手做彩蛋树，并挂上五颜六色的蛋壳。去树林或是后院找一段结实并有分枝的小树枝，树枝上最好有些刚刚成形的嫩芽，而且长得很直。看看能否找到形状像是迷你树的树枝。

回到室内，把树枝固定在松软的泥土里，放在那种适合在上面放花盆的大陶盘中。在托盘上面放满泥土，这样看上去就像是一棵光秃秃的冬天小树，挺立在贫瘠的土地上。在接下来的几天，你可以让这种景观变得越来越逼真。

在当地的有机食品店里，应该可以买到小麦种子（还可以留下部分小麦在节日时做甜面包)。取大约一杯种子的量，浸泡一两晚。每十二小时冲洗一次；直到冒出小小的白芽，便可以种植了。再洗一次，然后把种子密集地撒在那盆泥土上，并覆盖一层薄薄的土。你可以用洒水器来帮种子浇水，但请注意浇水量，要是浇太多的水，种子可是会发霉。洒水器也可以让孩子快乐地浇水，而不至于造成水流成河。此外，陶盆和塑料盆的效果是不同的，陶盆会吸收多余的水分。只要几天，你就可以看到绿色的小尖芽冒出来，并开始长出根须。对孩子来说，这是多么令人兴奋的时刻啊！小麦长得如此之快，每天都会出现明显的变化。因为这是小麦，所以你可以和孩子用剪刀来“割”草，并且和孩子试着尝几口。小麦具有绿色植物的清香口感，而且很有营养。

快到过节的时候，你可以制作复活节彩蛋，挂在树枝上。用粗针在生鸡蛋的底部戳个稍大的洞，并在顶端开个小孔。对年龄更大的孩子来说，在鸡蛋的两端戳两个小洞就足够了，但对于年纪尚小的孩子来说，我们要把洞戳得大一点。将嘴巴凑近洞口，嘴唇紧贴着鸡蛋，将蛋黄和蛋白吹到下方的碗内。孩子也可以过来帮忙，大约五岁的孩子就可以自己将所有的蛋黄蛋白吹出来！把那碗蛋保存到节日时再品尝。你可以用食用染料来给蛋壳涂上彩绘（不要太用力)，之后用彩带在蛋壳上绕成圈，并小心地把彩带两端塞进底部的大洞，用牙签把胶水涂在蛋壳里面以固定彩带，这样就做出了可以挂起来的彩色蛋壳。在手工艺店买可以悬挂起来的小型彩色木头鸡蛋，将它们和彩色的自制蛋挂在“树”上。这些大小参差不等的鸡蛋在晨光中的树上闪耀着光芒，看上去会显得非常美妙。随着下方的绿草旺盛地生长，你就将冬天萧条的景色变成生机勃勃的角落。如果你的树枝有花苞，随着室内日渐

超级简单的免发酵面包食谱

* 在一杯热水中加入：
  · 四汤匙奶油
  · 1.5 杯蜂蜜
* 搅拌直到它冷却为止。
* 再另外找个碗，倒入 1.5 杯微温的水，并掺入 2 汤匙干的烘焙酵母
* 加入蜂蜜奶油并搅拌。
* 加入 6~7 杯全麦面粉，在面粉板上搓揉。
* 揉捏成卷形、小兔子、面包篮形等等。
* 在华氏 350 度的温度下烘烤 40 到 45 分钟。(视炉子的情况而定。)
* 拍打面团，听到中空的声音就代表成功了。

好好享受吧！

温暖，花苞也许会绽放出花朵。

在节日的前一天，可以烤一种简单的全麦面包（见本页的食谱），捏出“小兔子面包”，然后在吃的时候加上去年秋季的苹果酱。或者你可以试着烤出装彩蛋的篮子：先将面团绞成麻花状，然后揉捏成小碗状，并镶上小麦种子，放一颗生鸡蛋（带壳的）在中间，再用面团做个把手。按照正常程序烘烤，烤好的面包篮里就会出现水煮蛋喔！

水蒸鸡蛋布丁是可口而富有营养的美味，你可以在节日早上完成找彩蛋的活动以后来制作。用双层锅，采取隔水加热法，将鸡蛋与牛奶放在锅内搅拌，加上蜂蜜或糖调味，再加点豆蔻或肉桂。每两个鸡蛋加一杯牛奶。持续搅拌几分钟后，混合物应该会开始变浓。改为小火烹煮并持续搅拌，直到凝成小山堆的形状为止。将它放凉，如果不立即食用，就放到冰箱里。可以与加有小麦粒的甜面包一起享用。如果你的复活节彩蛋用的是真鸡蛋，剩下来的蛋白、蛋黄就可以在不久用来做魔鬼蛋[①]和鸡蛋沙拉。这样就会持续产生过节的感觉。

在我们家，我们会在复活节前一天将水煮蛋涂上彩绘，为了让复活节兔子容易找到彩蛋，我们会在厨房餐桌上留下满篮的鸡蛋。儿子们总是非常开心能够帮上复活节兔子的忙，好让它拿去藏起来。多年来，我的花园里都会有一捆干草，而儿子们会用它做成窝让兔子去寻找。有一年我留下了很多捆干草，我惊讶地发现那年这些干草没有被做成兔子窝，而是做成了城堡！发挥你的

简单雅致的生日派对

* 邀请孩子的朋友参加并玩游戏。
* 安排艺术活动，做出的艺术品可以让孩子带回家当小礼物。
* 围成圈玩活动和唱歌。
* 美丽的生日桌。
* 香草蛋糕（不要太甜）。
* 拆完礼物并道谢，很快地说再见。

① 魔鬼蛋（deviled egg），即把水煮蛋的蛋黄挖出，混合其他调料，再挤出来填充到蛋白里。而“魔鬼”指的是最后撒上的辣味粉。

想象力，兔子也许会像圣诞老人那样成为孩子的挚友，并在准备过节时写小卡片给它。

蜕变的故事很适合在春天阅读。低等毛虫转变为美丽蝴蝶的故事很适合讲给幼儿听。对于年纪稍大些的孩子来说，也许需要更深刻的画面，就像美洲原住民的蜕变故事《跳跳鼠的故事》。童书有很多这类蜕变的故事，你可以选择那些触动自己的，这样当你讲述的时候热情就会散发出力量。

生日庆典

每年当中，小孩最爱的节日当然就是自己的生日了。还记得当初看见孩子诞生以后的那种激动吗？我们可以用这种热情来庆祝这个美好的日子。我们可以回忆这些年来共同经历过的事情，以及这个小人儿在我们的共同成长中所遭受到的冲击。还要记得以团聚为目的来决定如何庆祝生日，这样喜悦之情就会从内心涌现出来，就像糖枫的树液在五月时冒出来那样。

在生日的前一两天，可以在睡前为孩子稍微描述他刚出生时的故事；说他的眼睛怎样特别，或他喜欢以什么姿势睡觉，或是形容他的哭声。每个孩子都喜欢听他在小婴儿时期的故事，所以准备好回答更多、更多的提问吧！跟他谈谈当你注视他的眼睛并开始认识他 / 她时的所有感受。

你还可以发明生日早晨的小仪式，在每个生日的早上都以亲吻来唤醒他，当天用亲吻来开始他愉快地的生活。也许可以摆份小小的生日礼物在桌子旁边，等着他打开。也许是一根特别的羽毛或贝壳，或是一根蜡烛。如果你能让早晨的礼物充满神奇——

小孩派对时喜爱的姜饼

* 炉子温度设定为华氏 350 度
* 搅入以下材料：
  · 1/2 杯奶油
  · 1/2 杯红糖
* 加入并充分混合：
  · 1 杯糖蜜
* 在另一个碗里混合以下材料：
  · 7 杯全麦面粉
  · 2 茶匙烘培苏打
  · 2 茶匙姜粉
  · 1/2 茶匙盐
  · 加上肉桂提味（我们喜欢加很多）
* 把干的材料加到湿的材料里，每次只加少许，并同时加入 1/4~1/2 杯水，慢慢加工成紧实的球状。
* 在面粉板上揉搓片刻。如果太黏，就加更多的面粉。如果太硬，就加几滴水。
* 做出姜饼屋家族。
* 如果你的孩子帮忙揉搓过面粉，你的姜饼人可能会圆又厚。加上水果干和坚果来做装饰。

通常可以用大自然“创作”出来的精美物品，这对于孩子来说就是最神奇的——这将会为当天创造出某种氛围。你可以用“生日礼物篮”来收藏孩子在每年生日早晨收到的礼物，几年之后它也许将会装满神奇的羽毛或是贝壳。如果有点蜡烛的习惯，你也可以在生日早餐时就点着，即使早餐只是一碗燕麦粥。

让你的家庭用你喜欢的方式去庆祝，也许对你来说，小型的家庭聚会就是让孩子感受到尊重的最好方式；如果你喜欢热闹的话，除了家庭庆祝之外，你也可以邀请其他孩子和家长来参加生日派对。不断地尝试以后，会找到你喜欢的方式。然而，不论选择哪种方式，家庭庆祝仍是献给孩子最诚挚的祝福的地方。

如果你选择举办生日派对，有几件事要注意。社会上的风气就是对孩子的生日进行大肆铺张，而我们都知道生日派对的场面，小寿星会因为太兴奋而大哭或乱发脾气。我们可以准备美妙而值得回忆的派对，以避免孩子太过激动或掉眼泪。

邀请客人的原则就是邀请与孩子的年龄数相等的人数。大家都习惯邀请十五至二十位客人，邀请这么少的客人会显得很奇怪，但只要你体验过温馨的小型生日派对，你就不会想要面对那种忙乱的场面。

你可以计划好适合你孩子年龄的活动，客人在抵达时可以先自由活动；户外总是最好的地点，但天气未必会凑趣。必要的话，最初可以去你那开放且有创意的游戏空间。（在下一章，你会读到该如何创造出这个空间）三四岁孩子的父母通常乐意留下来，如果你需要帮手，你也可以请他们留下。或者你也可以请友人过来帮忙。孩子都很喜欢无拘无束地玩耍，但最好有位大人能留在客厅或是游戏的地点帮忙照看，为孩子们玩游戏提供帮助。这样，在另一个房间（饭厅或是厨房），你和其他人就可以筹备接下来的艺术活动了。

对三四岁的孩子来说，这个活动不需要太过复杂。你可以做个简单的面团（查阅复活节食谱）让每位孩子揉捏一小块。把所有的面包卷放在盘子里，洒上肉桂和糖，烘烤后让他们当做小礼物带回家。对于幼儿来说，他们不懂得什么叫“生日派对”，还不能了解游戏的规则。倒不如让他们在这个日子穿上特别的衣服，感受到过节的气氛、桌布和美丽的餐巾，而且还有肉桂卷可以带回家。

对于五到八岁的孩子来说，生日派对的活动和游戏就很有趣了。你也许可以去图书馆借阅如何用天然材料制作手工艺品的书籍。选择简单而且能快速清理干净的活动。也许可以去熟食店要一张很长的白色防水纸。你可以让每位孩子躺在纸上，帮他画下身形轮廓，然后给他们很大的刷子和水彩颜料，让他们在纸上根据这个身体轮廓画出自己的相貌。事后还可以卷好并绑上装饰缎带，当做小礼物让每位孩子带回家。对于年纪稍大的五六岁孩子，还可以玩寻宝游戏。把一篮装饰得很精致的姜饼小人（参考食谱）用彩色糖果纸包好再绑上缎带，当成是宝藏，让孩子们找到以后带回家。你可以把藏宝的线索画在纸上。还有个艺术活动很适合五到七岁的孩子，但需要父母或是朋友的帮忙。这是个缝纫游戏，比如可以让孩子缝制用毛毡做成的宝物袋，并将擦亮的石头放在里面。

当艺术活动结束时，你可以聚集孩子玩个简单的游戏。对于幼儿来说就玩围成圈圈的“玫瑰花环”（*ring around the roses*）就行了，可以重复几次。对于年龄稍大点的孩子可以玩传统的“丢手帕”

小孩派对时喜爱的姜饼（续上表）

* 在华氏350度的温度下烘烤8分钟或更久，依姜饼的厚度来决定。
* 加上彩色的糖霜装饰。这样，姜饼就会很诱人，很结实，也不会太甜。

游戏，这就很刺激了。然而不要让被“抓到”的孩子“出去”；他们应该留在圆圈的中心。当家中来了成群的小孩时，在任何时间都可以卷起袖子玩这类游戏。

玩过这些游戏后，你可以将孩子集合到简单却布置得很美丽的桌子前，这是聚会的重头戏，在生日派对时尤其如此。布置生日派对的桌子时，要尽量避免买玩具店卖的现成装饰品，你可以铺上五颜六色的桌巾，中间摆上以花朵或水果装饰的蛋糕。要注意的是，蛋糕越甜，孩子就会越躁动。

只要在蛋糕上添加点香料，撒上点糖霜，这样就好了。多年以来，我将这份食谱提供给了上百位家长。其中有些人是制作糕点的高手，而有些人则从来没有做过。孩子们带到学校来的蛋糕有好几百种，有些是布丁蛋糕，有些是覆盆子黑森林蛋糕，这依烘焙者的手艺而定。并非所有的蛋糕看起来都垂涎欲滴，但尝起来都很可口。

在小寿星吹完蜡烛以后，你就可以切蛋糕了。如果你可以在孩子吃蛋糕的时候，先要点小花招，让每个孩子都说出祝福的话，那就会是个很温馨的时刻。你可以先带头示范，像“愿你的心灵总是快乐地歌唱”，或者是“希望你的眼睛能像今天这样，永远亮闪闪”。如果年纪稍大的孩子在祝福时说些不恰当的话，你可以笑着告诉他，只有在外面玩时才可以开玩笑，但坐在这里的时候要说句美好的祝福。

蛋糕吃完，就是打开礼物的时间了，说很多谢谢以后就互相道再见啦！切蛋糕和打开礼物将是派对的最高潮，但就像好的故事那样，该结束的时候就得结束。也许每个人都会再去外面玩个几分钟（或是开开玩笑，如果他们还记得的话），然后生日派对就

最好的生日蛋糕

* 炉温设定在华氏350度
* 将所有下列原料在碗中混合均匀：
  · 3.5 杯全麦面粉
  · 1/2 杯糖
  · 4 茶匙发酵粉
  · 2 茶匙盐
  · 2 茶匙肉桂（或更多）
* 用叉子或烘培刀切开软牛油。你和孩子也许会更喜欢用手指去切开它！
* 在另一个碗中混合：
  · 1 杯牛奶
  · 4 个蛋
  · 1 茶匙香草
  · 1/2 杯蜂蜜
* 将湿的原料分几次迅速地加入干的原料里面。形成稠密的乳霜状。如果太浓就加些牛奶，如果太稀就加些面粉。
* 倒入奶油蛋糕盘。
* 烤 20~25 分钟。

此结束了。

即便孩子还小，在准备孩子的生日派对时，父母难免会落入“跟风”的俗套，你可以有其他的选择来避免掉进这整个陷阱中。你可以创造出简单而美好的气氛，让孩子健康地参与其中，让家庭的布置显现出美感与格调，而非广告所创造出来的梦幻感受。让小寿星感受到尊重，并且以适合他年龄的方式来庆祝他的生日；不要让每个人因为摄入过多糖分，而在回家时兴奋不安。

记得要在笔记上记录生日派对的优缺点，以作为未来的参考！

最好的生日蛋糕（续上表）

* 冷却。将大的花边纸垫放在上面并洒少许糖粉。移开纸垫，你将会看到有白色的花纹出现！

节日就在当下

时间以自己的节奏往前推进，所有的想法、点子、活动、歌曲与故事都在这个节奏里发生。当我们越是迈入 21 世纪，时间就越给人带来压力。在各种社会压力中，我们要如何做出安排，才能让我们的家庭有时间来感受这些生命的节奏呢？是否有足够的时间享用早餐？或者是否有个安静的平安夜？我们是否能提供足够的时间，让孩子慢慢长大，使他们变得强壮有力？在我们度过每天每秒时，都需要自己去寻求答案。但我相信这些答案都有共同点。

就我们安排日子的外在方式而言，我们可以尽力做些改变。例如，立刻关掉电话。关机比开着应答机却不接电话要更好；不接电话时，电话铃声仍然会打断每天的生活流程。当你每次听到短信提示并决定是否回复时，你的注意力也被分散了。尽量都不要回复！只管关掉手机，让语音信箱记录下留言就行。你可以在稍晚的时候回电，比如在孩子午睡或户外活动的时候，或任何专门

孩子的生日礼物

* 在邀请他人时给出建议
* 你可以这样来巧妙地建议：“想知道她喜欢什么吗？你认为……如何？”
· 艺术材料
· 团体活动的玩具：
  球
  跳绳
· 想象游戏的玩具：
  披肩，皇冠
  魔法棒
· 书
· 工具（尺寸要适合孩子）：
  耙子
  铲子
  水桶

用来打电话的时候。这样，你就可以主导着如何分配家庭生活的时间了。尽量关掉收音机、电视和计算机。这些科技产品可能会丰富你的生活，但也有可能剥夺我们与家人共处的宝贵时光，而使我们沦为科技的奴隶。你要仔细分辨它们何时有利，何时有弊。关掉手机，重视你和家人走出去放松和喘口气的时间吧！

如果我们选择得当并有决心贯彻下去，我们就可以决定何时加快生活步调，何时放松下来，让孩子感受到童年时期必不可少的缓慢而漫长的节奏了。

在向内探究时，我发现当我带着好奇心将自己全心全意投入当下的时候，时间就会延长，而我会被当下的喜乐所环绕着。在那些真心感受到感恩与惊喜的时刻，从某种角度来说我们就活在永恒之中；也许感恩是迈向永恒的门槛。幼儿仍有一只脚在永恒之中，在天堂之中。只要我们给自己留下足够的时间，我们也可以加入他们。

第四章

室内游戏

当我们长大……
保持赤子之心。
幽默、开放的心灵是健康与高雅的衡量尺度，即使是进入老年期。

玩耍是童年生活的核心，同时也是人性的基础。在长大以后，我们仍然可以保留这种爱玩的能力，而且保持幽默与灵活的心理可以活得更健康多彩，即便是进入老年期以后也是如此。人类有着很长的婴儿期与童年期。在这段期间，为了适应将来的生活，大脑为了能有效率地学习和运作而将所有的“线路”连接起来。当我们仅仅旁观孩子玩乐的时候，他们那充满精灵和神祇王国的纯真世界观就能使我们的心灵变得柔软。如果我们深入探究童年时期的大脑发展，每个孩子都令人惊叹不已。

运动与游戏

孩子的游戏是必不可少的

* 活动与游戏能促进健康的大脑发育。
* 活动与意义是同时发生的。
* 孩子们透过游戏去体会情绪。
* 孩子的游戏会转变成为思维。

我们常说孩子在不断地尝试与错误中学习，意思就是这种学习过程是整个身体的奇妙安排和写作，是由上万个微小的粒子逐渐形成的。孩子透过行动和游戏来思考，在此期间，大脑经历了许多复杂的成长与学习过程。孩子感知这个世界的最主要方式，就是透过感官。通过游戏中自然而然的感官摄入，孩子主动地创造出他自己的世界，而不是被动地观察。脑神经学家卡拉·汉纳福德博士是《灵巧活动》（*Smart Moves*）的作者，他说：“我们的感官环境越丰富，我们越能自由地探索，我们学习、思考和创造力的模式就越复杂……我们的感官经验，不论是外在或内在的，都塑造了我们想象的方式，因而也塑造了思考的方式。生活会促使孩子在玩耍之中学会这些。”

在观察幼儿玩耍的时候，可以发现他不断用感官、身体来与环境互动，他会得到某些经验，并了解自己的情况，以及两者的相互关系。他开始认识自己、世界还有这两者之间的互动。婴儿看见明亮的圆形物体时，会想伸手去摸，然后就会想去推那个球，而且看到了球上的颜色在移动。最后他学习到，当他用某种方式去推球时，他就会看到色彩变化的好玩现象。他透过感官的自由探索来学习，换言之，就是透过游戏来学习，这样他 / 她不仅影响了世界，也影响着自己的内在体验。伸出手去摸球，或是任何充满目的的行动，会激发一连串的神经交流，并奠定平生所需的学习基础。

透过活动来学习
观察幼儿玩游戏，会看到他透过感官 / 身体与环境的互动来认识自己、世界，还有这两者之间的相互关系。

这种充分运用感官的游戏会让孩子学会了解自己的身体与世界，同时也了解内在的情感世界。重要的是，通过游戏，大脑当中支配思维和情感的各个部分开始进行交流。汉纳福德博士说：“脑前额叶能够将思考与情感结合起来……透过边缘系统来让我们产生同情心、对生命的热爱，无条件的爱，以及重要的游戏。”

当孩子有个弟弟或妹妹诞生时，可以让他 / 她借着玩布娃娃、帮布娃娃洗澡、喂养娃娃等活动让他 / 她自己去体验养育这件事。或者他会产生激烈的反应，想要“把弟弟塞回妈妈肚子去”，把娃娃塞在角落里。孩子会逐渐体验到内心的感受并知道应该怎么办。在幼儿的生命中，如果受到新事物的影响，通常都会反映在游戏中。花点时间静静地观察这个过程，用爱紧紧“拥抱”你的孩子，你将会看到那些感受会变得和谐。你的孩子将会发展出崭新但必要的能力；正如神经通路是在大脑中形成的，那些重要的品质也会在内心成长。

有目标的活动
我们要认识到，具有目标性的活动对于孩子是非常必要的，应该反对现今缺乏运动的社会通常孕育的奇怪多变的运动模式。

透过游戏交流
不同大脑区域所控制的思考与情感是通过游戏来进行交流的。

孩子总是动个不停，做这做那。运动会刺激脑内的神经通路，使得全身的每个部分都成为学习的工具。作为父母与教育工作者，我们需要让孩子做些有意义的活动。特别是在这个时代，媒体、科技以及我们忙碌的生活步调都越来越过度刺激感官，我们必须去建立游戏的环境，让孩子按照自己的步调，通过有目的的活动和创造性的想象去发现世界。我们必须用适合孩子们的创造性冲动的方式，让他们无拘无束地运用身体去探索。

但对孩子来说，什么是有意义的活动呢？当孩子接受到感官的摄入以后，他 / 她就会做出反应。看到了球，他 / 她就会伸手去摸。根据其目的，他 / 她可能会抱住布娃娃并喂它，也可能会把它推开。当孩子在电视机前面静静地坐着，或者太早就学习各种知识，坐在椅子上不动的时候，这就限制了必要的活动。此时，只要允许他 / 她去活动，他 / 她就会像水坝决堤那样，举动变得过于活跃或奇怪。限制孩子的活动还可能造成孩子对活动充满恐惧，或者缺乏有效的运动方式。

我们可以在游戏场中看到这两种极端。孩子们像无头苍蝇，玩玩这个又玩玩那个，不能在挖掘、攀爬、摆动等等的活动上集中注意力；另一类孩子则站着不敢动，因为害怕跌倒而不愿意去奔跑，或是害怕接触沙子而不愿意去挖掘。

让我们来看看游戏的发展阶段，记住，我们想要创造的游戏环境，要能激发孩子们对有益运动游戏的渴望。

游戏的阶段

在孩子成长的过程中会经过几个典型的游戏阶段。父母如果能对这些阶段有所了解，将会大有好处。看看每个阶段是如何成为下个阶段的基础的，这些过程对未来又会有什么影响。

当大脑中形成神经传导路线时……就是在培养内在的特质。

对于婴幼儿来说，游戏经历就是熟悉周围环境的身体体验。婴儿会到处爬，开心地爬到每个角落，并且躲在每样东西下面，伸手四处摸索，并想吃他面前的任何东西。学步儿童会做同样的事情，但他也会呀呀咿咿地说话，甚至开始对他的经验形成了概念。学步儿童会指着炉子说："烫！"这个阶段的游戏包括：将玩具篮翻得乱七八糟，摸、尝、闻，用身体去感受周围的环境……这时的儿童可能会在室内四处走动，用刚刚找到的玩具敲打任何东西。他 / 她只想让他 / 她的身体自我熟悉世界的物理性质。

很快地，借由父母或哥哥姐姐的帮助，玩具开始被分类。"放"与"拿"有了意义；现在他们会把玩具放进或拿出篮子。该堆叠的玩具开始被堆叠好，该套上的玩具也会被套上，他们不再为了视觉上的喜悦而将玩具散落在地上。孩子也许会开始把娃娃放回它们的床上，或者在玩具炉上"煮"东西。

当孩子开始通过游戏来模仿他生活中见到的事物时，这就进入全新且令人兴奋的新阶段了。他在周遭所见到的重复性动作奠定了新能力——创造性想象力——的基础。现在，在为他 / 她的玩具娃娃做了许多次燕麦粥早餐以后，他也许会发现，也可以在早餐时改成做生日蛋糕。他开始用自己喜欢的方式去管理自己的宇宙。这样的能力逐渐发展，让他 / 她能够富于想象力地实现自己的愿望，并开启内心的自由。

游戏的阶段

* 对环境的感官探索
* 管理环境
* 模仿日常生活事件
* 产生创造性想象力
* 发展出错综复杂的"系列"游戏
* 发展概念性的游戏：利用心理意象，几乎不需要道具。

我们通常发现，根据孩子在兄弟姐妹中的排行以及哥哥姐姐的教导，这种创造性想象力大约在三岁或三岁半时就开始露出端倪。经过缓慢的成长，它将会开出惊人的创意之花：只要用餐厅

创造性想象力
以周遭所见的重复性动作来作为基础，发展出创造性想象力。
因此他会发现，他不只要为娃娃的早餐提供燕麦粥，还要有生日蛋糕！

的椅子、长椅上的垫子、床单和衣夹，它就能建造出搜救潜水艇，并去寻找受难的海洋哺乳动物；或者他会变成马戏团中的狮子驯兽师，指挥所有的填充动物娃娃环绕在他周围，向它们发出复杂的指令并给予丰厚的奖赏。对五六岁的孩子来说，这些游戏还会持续下去，游戏的内容也会不断地发展与变化。

有种游戏被我的儿子们玩了很多年，这种游戏的名字被简称为Game。通常在他们醒来时，他们互相问好的方式就是“要玩Game吗”。这个游戏能够让他们尽情发挥他们逐渐增长的想象力，同时也具有许多他们生活中的常见特征。午餐、户外游戏或安静的时间都在这个游戏中体现出来了。现在，他们珍藏着这些尽情驰骋创造力的回忆。

系列游戏
对于五到六岁的孩子，这些广泛的想象力会变成“系列游戏”，持续些时日，而且会无限变化下去。

这种广阔的想象力令人惊奇，让我意识到自然界的无比伟大。孩子是大自然皇冠上的珍珠，体现了自然母亲对未来地球的丰富想象力。我们可否不要怕他们在游戏时会弄脏身体，以便让他们能够从他们的世界爬向更深入的生活？

孩子在六七岁的时候，就会进入新的发展阶段。对这一阶段的孩子来说，游戏会变得很少依赖于周遭环境，而且很少使用精巧的道具。客厅开始恢复正常，虽然仍然可能会有些凌乱。因为现在，他自己的想象力可以产生这些丰富的图像，他用心灵的眼睛去“看”，不需要在真实的世界中创造它们，因为那些都存在于他们的心中。也许将椅子倒翻过来就能变成潜水艇，当他坐在潜水艇“里面”时，他已经用心灵之眼看到了这个游戏的精妙之处。所有外在真实世界的丰富宝藏，都在他的内心找到了家园，无论他到哪里，都可以带着这个宝藏。在这个年龄段，可以完全通过语言来进行游戏。就像精彩的故事那样，他们可以透过脑海中的

孩子是大自然皇冠上的宝石
令人惊讶的想象力就像自然世界般宽广无边。

影像，立刻进入故事高潮迭起的冒险阶段。

让孩子全面而逐步地发展游戏能力是至关重要的事情。这整个过程会为他们所有的知识学习奠定稳固而灵活的基础。游戏的高潮、创造和把握内在意象的能力，这些都是学习的先决条件。事实上，有了创造性的想象力，自然就会有思考的能力。

我们不仅要让孩子在游戏中自觉地发展，也要创造出游戏的环境，以便培养这种广泛的、多样化的创造性想象力，同样我们会强化他们未来最基本的人类能力——思考。当我们让孩子在游戏中充分运用身体的各种感官，去深入人类的各种经验之时，我们就送给了他们很好的礼物。我们就提供了可能性，让他们在未来的思考中带着情感，而且有能力化真诚为行动。这整合了心灵的力量、思考的能力以及充满自信的行动能力。当我们逐渐朝新的世纪迈进并创造新世界之时，这是不可或缺的。

六七岁的孩子……
孩子现在可以用心灵之眼看到游戏的复杂之处。
所有外在丰富的物理世界，已经在他心中找到了归宿；不论到哪里，他都会带着这份丰富的宝藏。
这种创造性想象力迟早会演变成概念思考的能力。

我们该如何创造出游戏的环境，才能滋养并培养孩子正在成长的创造性想象力呢？在这个阶段中，孩子的大脑与整个生活经验，是通过感官经验而被塑造的。那么，就让我们来了解这些感官，并看看如何提供最好的感官教育。

去教育感官……
……让大自然做你的向导。

感官教育

想要为孩子奠定了解物质世界的稳固基础，感官摄入的影像就必须是简单、清楚而真实的。而大自然就是个完美的典范，具有所有的这些特质！即使是在高科技社会中，我们仍然可以让他们在感官上体验到自然世界的多样性。例如，我们可以在就寝的时间点上蜡烛，而不是点亮蜡烛形状的夜灯，此时尽量选择真实

提示

* 睡前时间，在点蜡烛与打开蜡烛状的电灯之间作取舍时。
* 要选择真实的、充满生命的蜡烛。

的、具有生命气息的蜡烛。让孩子沉浸在各种细微的感官印象中：闻到点火柴时的硫磺味，看到转眼之间就闪动的光，感受到很快上升的温度。当火柴快烧尽时，立刻有个疑问，蜡烛芯会点燃吗？火焰跳跃着，安静地燃烧，随着房间内的气流摇曳不定。也许在吹熄蜡烛后（又进入感官经验的新世界），我们需要打开夜灯，直到黎明降临。但是不要用电灯取代蜡烛，因为它无法提供丰富的感官教育所需要的环境。

为了更清楚地说明这个问题，此处再举些例子。当要做秋天的花环时，可以在秋高气爽的日子与孩子到落叶纷飞的地方去散步。此时，可能会有冷风拂过脸颊，双脚踩在落叶上会沙沙作响，当我们在穿越落满叶子的小丘之时，在落叶铺成的地毯上，我们可以闻到秋天的清香之气。与我们将人造叶子塞到花环中的体验相比，这可是各种各样的感官教育呢！到了准备晚餐的时间，不妨给孩子一把餐刀与木头砧板，让他把红萝卜切片，那随之而来的视觉、嗅觉和味觉的喜悦，又怎么是精密机器比得上的呢？比起在他们耳畔嗡嗡作响的食品加工器，这虽然需要花更多的时间，但这时间却是对孩子未来的投资。为了节省时间，我们也许偶尔必须使用食物加工器，但我们不要因此而牺牲孩子更广阔、多样化的感官经验。

视觉体验

提示

* 你可以检查玩具角落，挑出那些需要赠送给他人的玩具。
* 太多玩具会破坏游戏的魔力。
* 过量会造成忽略。

视觉教育的重点就是简单、清楚与美丽。在挑选适合孩子的视觉体验时，要尽量安排简单而整齐的环境。对于幼儿来说，视觉上的“少”即是“多”。可以将家中的空间布置得宽敞而简朴，使用大量的储藏柜与层板，让眼目所及之处尽是明亮而和谐的事物。也可以把杂物清理出来，看看哪些可以赠送他人，哪些可以丢掉；哪些完全相同的东西可以搬走，哪些必须保留下来。定期地整理房间，每次一个房间，也可以每星期整理一个房间，这样就可以慢慢地清理好整间房子；甚至每年清理一次也无妨。我们可以在春天给房子进行大扫除。

在安排孩子室内的游戏空间时，需要再次记住“少即是多”的原则。你可以仔细地检查玩具角落，送走许多玩具；当孩子拥有太多玩具时，它们的魔法就消失了；玩具过多反而会使孩子的注意力降低，以下章节将会有更多的讨论。我们也可以通过丰富而柔和的色彩来确保视觉的敏感度，让眼睛愿意看这些颜色。我们知道，当颜色太过明亮或鲜艳（孩子常接触到的颜色）时，眼睛就会保护自己，并会采取某种微妙的方式关闭自身。这在为孩子选择墙壁、床和衣服时要特别注意。

近年来，时尚的做法是将电影或玩具的图案印在童装上，将衣服的空白处印上文字或商标。天然材料做成的童装通常都不会印有广告图案，因此父母们可以花点时间去找找看。查阅第八章《父母关心的其他主题》谈衣服那段。

视觉体验

* 整洁的视野：
  简单的玩具柜
  简单的房子
* 丰富、温暖、多彩，而不会太刺眼或过于艳丽。
* 简单整齐的衣服

提示

* 看看孩子的衣服，衣服上不要到处是商标或图案。
* 试着去找具有美丽干净颜色的自然纤维衣服，而不会有卡通图案分散注意力。

听觉体验

在为孩子选择听觉体验时，我们再次应该让大自然来当向导。声音对人类的影响很大，我们在听到声音时就会受到影响。站在森林小溪旁或站在街上的电钻旁，影响是不同的。就像眼睛的功能那样，当环境太过嘈杂时，耳朵就会关闭自身；就像我们在听完演唱会上的扩音器所放出的音乐以后，我们会有些感到耳聋。噪音会破坏耳内的微小细胞（inner keyboard），而减低听觉上的敏锐度，高音尤其如此。这些较高分贝的声音对维持我们的警觉与活

听觉体验

* 声音会影响我们。
* 噪音污染会伤害高音域的听觉。
* 这影响了语言的学习，还有其他关键的领域。
* 保护孩子远离刺耳的机器声音。
* 让孩子感受天然的声音：人声、流水声、打扫声等等。

力起着很重要的作用，对幼儿来说尤其如此。他们仍在学习错综复杂的语言，耳朵的敏锐是必要的。查阅类似附录中的光谱中心（Spectrum Center）等相关信息，去了解“听觉体验”的重要本质。

让孩子时常感受到家庭生活中的自然声音：谈话的声音、哼唱声、窗外的鸟儿歌唱声、柔软的扫把扫过地板的刷刷声，还有孩子们的哭笑声。婴儿在胚胎中会受到母亲声音的影响，对幼儿来说，没有比这更美的声音了。当我们引进了机器——咖啡研磨机、吸尘器、收音机，或者是电视机、洗碗机——的声音之时，这些声音就会变得嘈杂、混乱。在某些家庭里，每个家庭成员似乎各自倾听着他们个人的电脑或手机，每种机器的声音都争先恐后地向我们涌来。我们居住在现代世界，机器提升了我们的生活质量，但是，我们可以利用孩子在户外玩耍的时候，或他们在晚上不受噪音干扰的时候再使用机器。在每次使用机器前，我们都可以自问：“现在是适当的时机吗？”让孩子感受声音的体验尽量变得简单、清楚而美妙。

触觉体验

* 选择触感丰富的玩具：木头或自然纤维。
* 选择木质而不是塑料的家具、碗和盘子等。
* 选择柔软、易透气的天然材质衣料。
* 选择天然材质的寝具用品，针织棉的床单。

触觉体验

触觉所接触的世界如此广阔，因此针对这个领域，我们要更仔细地做选择。当我们在挑选玩具时，要注意孩子所接触到的玩具是什么材质。在后面的章节中，将会用很大的篇幅来讨论玩具。但现在我们必须知道，给孩子玩的东西在触觉体验上有很大的差异。我们可以想想塑料娃娃和棉绒娃娃之间的差异。在为孩子选择衣物时也要注意，因为皮肤构成了我们大部分的触觉感官。天然纤维比较柔软，吸水性高且较透气。简单的棉织衣服宽松舒适，腰部具有弹性，没有钮扣、皮带、吊裤带或其他复杂的东西。这些是上上之选，这不仅是因为它们耐用、易于保养，也因为它们舒适、柔软与富有弹性。棉织的床单也很温暖并容易透气，会令人想要去拥抱。在我们家，每当需要在塑料或木头物品之间作出取舍之时，我会优先考虑触感；木碗和塑料碗都结实且易于清洗，但木碗的质感、重量、气味与韧性都更好。当孩子吃完燕麦粥，舔木碗比起舔塑料碗更能刺激他的触觉。同样，木头砧板、木头桌子也是如此，当他用海绵擦洗桌面并用双手制造出泡泡图案时，这都会为孩子提供各种不同的触觉体验。

嗅觉体验

气味与记忆有着强烈的联系，而且对早期的学习来说是非常关键的。我们已知，气味可以触动记忆的长河，想起被我们遗忘多年的事情。明白这个道理以后，我们就应该更谨慎地关注我们让孩子感受到的嗅觉体验。

如果我们在户外建了个花园，就像在《户外活动》那章所描述的，我们就已经为发展孩子的嗅觉体验做了大量有益的工作。当孩子在户外玩耍时，置身于阳光灿烂的花园之中，她所有的嗅觉都会被唤醒。在夏天，当夜晚来临时，我们可以关掉空调，并打开窗户让夜晚的空气进来。自然界的气味，从黑暗的大地上所升起的湿气、西红柿藤的酸甜味道，还有花园中的植物发出的浓烈而芬芳的气味，都会飘进敞开的房子中。孩子也需要感受深夜的气味，黑夜中的泥土气味是令人印象深刻的感官体验。除开很炎热的时候，每年中大约有六个月都可以在夜晚时敞开窗户。当空调关掉时，你可以打开老式的窗扇，这样的话，吹进来的不只是夜晚的气味，连夜晚的凉空气也会进入房子里。

嗅觉体验

* 花园提供了丰富的“感官体验。”
* 关掉电源，并打开窗口，品味浓郁的夜间气味。
* 选择天然的家庭清洁剂。

我们可以选择天然的清洁剂，避免使用那种常用的、刺鼻的人工清洁剂。天然的柑橘清洁剂，清洁效果是最好的，而且会有天然的水果味道。虽然它是自然的，毒性较低，但每次做清洁工作的时候，仍然要收藏好，以便保护孩子。这种清洁剂对我们的鼻子与地球来说都是健康的！

味觉体验

气味和味觉是密不可分的。天然食物所散发的芳香将会成为孩子生命中深刻的记忆。在有些文化里，食物甚至被当成药材，而某些食物的确具有疗效。甚至被当做药物烹煮的食物的味道也具有治疗的效果。我们无疑都知道，当我们感到难受的时候，一锅散发香味的热汤就会让我们舒心不少。最近我和某个女生聊天，她谈到小时候生病妈妈为她煮汤的记忆。她记得妈妈在切蒜头时的节奏，紧接着，平底锅的嘶嘶声伴随着爆蒜的芳香飘进了她的房间；味道和气味开启了疗愈的过程。

天然健康的食物兼具各种浓郁的气味与味道，加工过的食品不仅丧失了营养价值，也失去了许多“灵魂价值”。因为这些食品的味道和口感都是预先设计好的，以便吸引大众并便于保存。设计加工食品旨在将它在橱柜中放上几个月，由于很多的味道会在包装的过程中流失，所以必须添加人工香料。吃新鲜食物的奇妙之处就在于，让舌头习惯于品尝原汁原味的“生命力”。

在烹调时加入天然香草料是很让人兴奋的探索过程，不但可以借机丰富孩子的感官教育，也可以发挥你的创意。窗边种植的烹调用香草在做饭和分享食物对你俩都是丰富的感官体验。如果孩子从小就懂得品尝香料复杂的味道，这也将能为他 / 她享受生

味觉体验

* 有些文化把食物当做疗愈身心的药材。
* 天然食物具有复杂的感觉与营养。
* 探索奇妙的草木世界，甚至亲手来栽种。

命建立良好的基础。

我的儿子们在青春期时也会效仿同龄人，在那些已经很入味的食物上，再加上西红柿酱和芥末酱。然而，他们被训练得很好的味觉逐渐克服了青少年期的社交压力，他们开始喜欢烹调味道浓烈而辛辣的天然食物，甚至会邀请朋友来用餐！

创造室内的游戏空间

在楼上或房间的角落里，为孩子创造游戏空间是很诱人的事情。我们会看到五岁以下的孩子通常会带着玩具跟着我们到处跑，幼儿最想要的就是紧黏着父母。我们可以满足他们迫切需要的身体接触要求，并在同时仍然保留有我们的私人空间。这只需在家中公共区域的中央为他们安排出游戏空间就足够了！如果他说“和我一起玩”，你可以这样回答“我要当洗盘子（或你在做的任何事）的老奶奶，你可以当正在树林中采摘花朵的我的孙子（或者是降落在月球上的宇宙飞船的船长）”。孩子也许需要你做些想象力丰富的暗示，比如“你的宇宙飞船好像需要修理喔，修理工厂在哪里，修理工人呢”，他就会投入游戏之中，并持续地向你进行“实况报导”，而你只要偶尔发出赞同的“嗯、嗯”声就行。聚集家人最多的地方，家人最常活动的地方，就是他最想去的地方。如果厨房为家庭活动的中心，那么对孩子来说，最理想的游戏地点就是餐厅。如果起居室紧邻着餐厅，那更好不过。

室内的家具与设备

容易拿取物品的低架子是最必要的设备；要将它放在长沙发的

必要的装备

* 低的游戏架，并放在孩子就寝时看不见的地方。
* 小的木桌和椅子
* 小的摇椅

后面，或是在关起来的门后，或是在窗帘拉上以后不显眼的地方。在孩子们都睡着以后，这就能让你如愿以偿地拥有大人的空间。组合式的玩具架也许可以放到客厅的长沙发后面，或是角落里。有张既能玩游戏又能从事艺术活动的小木桌是很重要的。你可以买现成的木桌，也可以去二手商店买正方形的茶几并截短桌脚。也要有张小板凳，不必始终当椅子用，还可以当成很好的搭建材料。儿童摇椅是个美妙的地方，可以让他们在驰骋想象力的间隙，休息片刻，让自己恢复精力。

客厅和厨房中的家具，要挑选既美观又耐用的。将孩子的游戏空间安排在主要的活动空间有很多的好处。其中有个好处就是，我们会当心让孩子的玩具保持天然而美观，并被保管得很好。这样，不只是孩子的游戏融入我们的生活空间之中，我们也会置身于他们的玩具之中！

虽然大家都习惯利用玩具箱来装玩具，但我并不建议这样做。因为所有的玩具会堆放得很凌乱，并且很难找寻。买些坚固漂亮的开放式篮子来装玩具，并放在架子上，这样使用起来会更方便。我会找美观耐用的金属网篮，而具有不同触感的藤编篮子也很好。要确保篮子简单而耐用；如果篮子太漂亮，被弄坏时你就会很心疼，因此漂亮的篮子比较适合买给自己用。孩子用的篮子肯定会破损，而且偶尔需要更换。

必要的设备

* 各种不同尺寸的坚固篮子
* 可以让孩子提着的“手提篮”
* 1~2 个芦苇编织的洗衣篮
* 1 个漂亮篮子给布娃娃当床用

你至少需要有个大的藤编洗衣篮，能在清理的时候收集所有的玩具。在每天结束时，或是在午睡前收拾玩具时，你和你的孩子就可以把所有的玩具放到这个大篮子里，再拿到架子旁，分门别类地放到架子上的小篮子里。有个很大的分类篮，能够在清理时间发挥神奇的作用。你也可以买些有把手的结实小篮子，不是用来存放玩具，而是要保持空空如也，以便让孩子在使用时发挥想象力。也许可以用它来将木头运送到建筑地点，或者是小木船系在篮子的提手上，将小船变成拖船，或是变成老鼠家的床。在坚固耐用的篮子里放上柔软的毯子，它就会变成娃娃的床。在每天结束时，这比起娃娃床或是摇篮更容易收藏。务必弄个结实的大篮子，用来装所有的木船、卡车、车子，或其他类似的运输玩具。

玩具与游戏物品

我们现在已经布置好玩具架子了，虽不显眼却容易拿取。架子上还有结实而敞开的篮子，我们还有个装娃娃的篮子，以及为清理时准备的分类篮。小桌椅可以摆放在客厅或厨房的小角落里，这样会很吸引人，而且也很奇特。那玩具呢？架上的篮子要放什么东西呢？

选择玩具的提示

选择天然的、未定型的玩具。

如果我们没有忘记游戏对孩子成长的意义，我们就可以将此作为引导原则。孩子是通过游戏来思考的。这是他们创造自己世界的方式，也是他们为生活赋予意义的方式。而我们大人则是通过生命的历练和思索找到生活的意义的。换个角度来看，对于孩子来说，游戏持续贯穿在每个新的境况与新的发育阶段之中。

在思考幼儿的创意游戏材料时，我们要谨记这句格言，“每件事物都有无限的可能性”。但这意味着什么呢？孩子所需要的游戏材料必须是非常开放的，能适应每天的新需求，以满足他们的想象力。他们需要的是“未定型的”玩具，可以在不同情况下，被合理地当成各式各样的东西。例如，一辆红色的遥控救火车就受到了限制，仅仅是个救火车。但是一辆简单的敞篷木头车就可以成为救火车、农车、巴士、木材货车，甚至是浮在水上的卡车！

自然的玩具

* 玉米穗
* 结实的树枝
* 贝壳
* 羊皮纸片
* 松果
* 河里的石头

或者更美妙的是，空篮子可以变成床、手提箱、杂货袋、帽子，或者翻过来可以变成一座山、一座监狱、一个山洞、一个可以躲藏的地方……每件事物都有无限的可能性！

重新将大自然作为我们的向导吧。在剥下干玉米棒上的玉米粒并放进松鼠饲养箱以后，我们可以将玉米芯放在架子上。你会问“玉米芯能做什么呢？”“莫非玉米芯也能成为孩子的新玩具？”我会肯定地告诉你：“是的！”首先，玉米芯可以玩好几个月！将两根玉米芯相互摩擦，并用木碗接住被磨下的玉米屑，然后收集在罐子里，等到冬天时洒在外面的雪地上，看起来就会很像木屑。你的孩子将会花上几个小时，心满意足地去研磨，然后端来满碗令你惊叹不已的玉米屑，以备冬天之用。玉米芯是神奇的玩具，还有很多用途，例如可以作为布娃娃的钓鱼竿，或美容院的卷发筒，锯成两半还可以当成冬天游戏时的取暖木材，也可当成货车运载的圆木、晚餐的谷物、睡觉时间的牙刷……或者，怎样利用满篮子精心挑选的树枝呢？——可以将它们打磨得（可以让他们开心地劳作好几个小时呢）很光滑，变成围住小木马群的篱笆、造船时所需的栓、城堡守卫要过的桥，或是海盗需要的甲板。贝壳呢？可以当做移动电话、小精灵娃娃的床、布娃娃房子的路、汤匙、盘子、船的锚……每件事

物都有无限的可能性！

你可以去找最近修剪树木时所留下来的大树枝，削成不同的尺寸并且磨平，做成木块装满篮子。如果你能将它们削砍得很平整，它们就会变成传统的长方形积木，却具有可爱的形状和树枝的特质。完全可以用魔法——自然母亲的魔法——来将这些积木盖成城堡。当我们选择来自大自然的游戏材料时，可以发挥无限的想象力：一篮子碎羊皮片、一篮松果、野营时河中的石头……还有什么？运用你的想象力吧！

亲手制作天然积木

* 打电话给当地的修树人员；
* 搜集二至六英寸直径的木头，或你喜欢的木头；
* 锯成不同的长度；
* 与孩子一起用砂纸打磨；
* 做个精灵城堡。

现在是拿出笔记动脑筋的时候了：有什么点子？你想从哪里开始？你梦想怎样重新发明适合孩子的游戏？起初勾勒出粗线条，想象你想要什么。然后分成几个区块，逐步规划好步骤，以创造出迷人的游戏空间。

即便想在篮子里放些现成的玩具，也要考虑开放式的、富有想象力的玩具。一篮子针织的家畜如何？在孩子用木块建立了农家庭院以后，可以让他 / 她将动物以家族为单位摆放好，接下来可以让他花很多时间在农场里喂养各种动物。也许隔天他就会需要一篮木制的野生动物玩具，要住在他搭建的动物园中。弄些大小适中的木头卡车有利于任何游戏类型，包括运载野生动物。对四岁半大的孩子来说，一篮毛线或鞋带是必要的。当开始运送玩具时，可以用它们来拉木船或是卡车，或作为填充动物的链子，而且它们可以将很多东西奇妙地绑起来，包括餐厅的椅子、玩具还有其他的家具，谁知道这会创造出什么奇迹！那些毛线或鞋带必须粗而耐用，孩子将会打出这个年纪所能创造的不可思议的绳结，而你在解开这些结时，可以适当地给予孩子鼓励或表扬。

部分容易弄到的玩具

* 针织的农场动物
* 木头的野生动物
* 开放式车厢的木头卡车
* 开放式的平底船
* 小布娃娃们的家庭
* 小的填充动物

填充玩具好吗?

关于填充动物

* 大小需适合孩子双手的大小;
* 要选择自然的颜色;
* 观看比例是否匀称;
* 观看姿势是否正常;
* 检查脸部的特征;
* 要避免人工香气。

孩子可能喜欢带着祖母在圣诞节送给他的特大号柔软熊睡觉,但是,一个特大号填充动物就足够了。最好将它放在床上,让它时刻等着孩子去睡觉。这些巨大的玩具只是满足了大人赠送礼物的乐趣,但几乎不可能让孩子拿去玩,因为它们太庞大了。给孩子玩的玩具,操作起来应该很简单,而且能和其他玩具的尺寸配套,能够运用到故事情节之中,推动故事向前发展。选择填充玩具时有个诀窍,就是看看它是否适合孩子的双手。

还要观察颜色对于视觉的冲击。颜色看起来是否自然?比例是否协调?它的姿势要对孩子表达什么?面部的特征最好不要太明显。根据游戏的需要,孩子自然能让玩具微笑、咆哮或是哭泣。如果是玩“夜晚时独自在森林中迷路”的游戏,他并不需要微笑地填充小猫,或者如果孩子扮作兽医来给动物的爪子疗伤,他也不需要咆哮的狮子。也要注意观察布料的材质,以及孩子的触感。有些新推出的玩具会充满人造的香气。宁可让孩子好几个月沉浸在他小手的汗味中,也不要沉浸在香甜的化学气味里。如果你愿意,有机商店中就可买到熏衣草动物造型的眼罩。或者你也可以亲自动手做,只要稍有缝纫经验,就可做出可爱的动物玩具,然后塞进天然熏衣草,或是玫瑰的蓓蕾,或是任何有机商店中的天然草叶。

布娃娃

关于布娃娃的主题已经出版过很多书了,包括历史学、人类学、心理学以及装饰和艺术的视角。我们要尽可能去了解这个领域,并透过布娃娃为孩子带来更多的想象。

当孩子怀着母爱来照顾布娃娃之时，他们其实是在照顾自己。这并不是比喻，而是真实的情况。因此我们要提供与他们非常类似的布娃娃，这不是指外表相似，而是是大小相似。孩子对布娃娃的“感官体验”会持续地伴随着他。所以我们要找简单而且比例恰当的布娃娃，而且摸上去像真人似的。

关于布娃娃的看法

* 触感是关键；
* 看看比例是否匀称；
* 看看是否牢固而不坚硬；
* 看看是否是柔软的自然纤维；
* 看看面部特征是否很简单；
* 不要挑选做成青少年的布娃娃。

我见过的所有娃娃中，就属手工制作的“华德福”娃娃最符合这个标准。它们采用自然的材料，摸上去很柔软，却塞进了密密的羊毛。这使得娃娃柔软而又结实，就像我们的孩子。它们也是依照人体的正确比例而设计的，给婴儿的布娃娃会有很大的脑袋，圆滚滚的肚子，还有短短的四肢，就像人类的婴儿。而幼儿的布娃娃，脑袋往往相对于身体的比例较小，躯干与身体则较长。婴儿的娃娃通常穿着简单的睡衣；而幼儿的娃娃则穿着真衣服，这样它们的小主人就可以练习给她扣扣子、卷袖子和系腰带。这些娃娃的脸部表情很少，眼睛和嘴巴是用线缝出来的，而脸颊稍微有点红。这能够鼓励孩子通过布娃娃来练习人类的全部情感。

但是，如果你比较喜欢在玩具店中买娃娃，要记住下面这些挑选标准。要挑选适合的比例，结实而不坚硬，外面要用柔软的天然物质包起来。而且娃娃的面部表情要简单，以免将布娃娃固化下来，从而促使孩子拘囿于某种单一的感情体验。

在这里，我要简单地谈谈那些制作得貌似青少年或成人的娃娃。我很少说：“不可以这么做。”但我觉得，那些身体和容貌被弄得面目全非的布娃娃，对女孩造成的伤害是如此普遍而且难于察觉，因此我在这里应该予以批评。每个娃娃都能深深影响孩子建立自我形象，并且会持续好几年，也许直到青春期为止。在这之前，我们也许意识不到这种布娃娃给她造成的影响。如果真人的比例就像这些娃娃，那就会营养不良、不能走路、缺乏平衡感，还需要很多很多的脚部矫正手术！

所以当好心的邻居赠送了这种娃娃的时候，我们应该怎么办呢？我只有儿子，所以我们家不会有这种问题。但是我跟很多养育女儿的父母说过，假如是我的女儿在玩这种娃娃，我会说，“喔！我的天啊，看看这个可怜的小女孩，她饿坏了，让我们做个厨房并煮些好吃的食物，她要花很多时间好好吃饭，才能恢复过来！”换个日子，我还会说，“我们带她去医院，看看医生和护士能不能帮助她痊愈。你可以当医生吗？”你的女儿可能会笑，而且可能不会照着你说的游戏玩。但至少她会听进去，知道这种柔弱的形象是不健康的。每次当她拿这个娃娃出来玩时，我都会用同情的语气或暗示的方式来提醒她，这个布娃娃的形象是不好的。

有一年，我的班上有两个四岁的女生，她们是很要好的朋友，两人都甜美可人，就像成熟的桃子。当年，她们两个人都收到了这样的娃娃。几个月内，她们的妈妈都不约而同地跑来找我。她们都说在无意间听到敏感的女儿在玩或洗澡的时候，对自己说“我很胖”。我们要注意这个可能性，并用直接而勇敢的方式去处理它。

现在，我们放下这个问题，来谈谈更轻松的话题。

自己做玩具

在谈到如何创造孩子的游戏空间时，也许最让你不知所措的就是自己动手做玩具。如果是这样的话，那就跳到下个段落。但是，要向自己保证，当孩子的游戏活动已趋于稳定之时，当孩子最终玩腻了想象游戏之时，当你想要生活多点创意之时，你会再次回头看这个开心的话题。

但是，如果你已经很熟悉孩子的这种游戏方式，或者如果你喜欢冒险、愿意跃进河里游泳的话，那就读下去吧！

一些书籍会介绍如何利用羊毛毡、羊毛填充材料、针与线就来制作非常简单的手工玩具。这些玩具通常只需花一两个小时就能做好。你可以利用等待孩子入睡的时间，坐在床边拿出针线篮来。她会很高兴地看着你做玩具并想要参与其中，或者问些问题等等。在做玩具的时候，你可以跟她简单描述新玩具可以怎么玩。玩具做好以后，你和孩子可以运用想象力让它变得栩栩如生。关键在于刚开始时要挑选简单的、易于操作的样式，也许是一只老鼠、一个小精灵或是一条鱼。如果目标设定得太高，比如想要制作真人大小的布娃娃，而且要有柔软的身体、卷头发和羊毛外套，那你就可能会半途而废。正如谚语所说："没有金刚钻，别揽瓷器活。"记得刚开始时要量力而为。

自己制作玩具

- 技巧不如爱与专注重要。
- 刚开始时，选择简单的样式。
- 在孩子面前缝好。
- 自制的玩具是有形的爱。

当孩子看到你忙着为他们准备游戏的玩具时，他会觉得非常开心。因为他看到了你的付出，这些付出就在他的眼皮底下。我通常会将父母亲手制作的玩具称为"小可爱"，因为那充满了我们对孩子无限的爱。**这个玩具将你的心意传递给孩子，让我们和孩子心手相连**。相信我，你用爱所创造出来的玩具，即便你觉得不够完美，孩子仍将永难忘怀。所以，拿出你的爱心，拿起针线开始吧！

书末附录中有简单的娃娃模子以及步骤说明。当你成功地做出一个娃娃并充满成就感之时（这是个不会失败的模子），就可以试着制作娃娃家庭；把两个娃娃打扮成父母，然后缩小全身比例就可以是孩子了。把这个娃娃家庭放在铺着方形丝布的篮子里，这样就能度过玩偶游戏的欢乐时光啦！

建造材料

幼儿借着不停地运动来发展骨骼与肌肉，以适应将来生活的需要。我们可以利用很多玩具材料来呼应他们的这种成长需求。幸好，只要稍微用点想象力，我们客厅、餐厅和衣橱中的每件东西几乎都可以在此派上用场。**如果让孩子充满创意地尽情利用家中的生活空间及家具，同时我们再提供点小小的、充满想象力的帮助，我们就能得到天下父母所能得到的最美好礼物：一个快乐、勤劳、有创意的孩子。**只要我们能够忍受家具每天被“乾坤大挪移”几小时，就会换来十倍的欢乐时光。其实，只有在大人的眼中，家中才是混乱不堪的，但对孩子来说，这些创作是生命的“原料”，充满了意义与重要性，映现出他们自己。

你可以引导孩子开始玩建造的游戏，比如说“我小时候都会在餐桌下面建造堡垒”。或是“你舅舅和我都会用床单盖在餐厅的椅子上，帮我们的绒毛动物玩具做个窝，每次都玩上好几个小时”。你可以去衣橱里找一两条床单（用单层的，而不要用棉被套）放进玩具架的篮子里，可以让孩子拿来当做屋顶。你至少需要一条双人床单，尤其是在用桌子当房子的时候。向孩子示范如何摆放餐椅才能创造出更多的空间，然后用传统衣夹把床单夹在桌子上。买些小块的地毯来当作床垫……也可以将餐椅排成一排，变成去奶奶家玩时要搭乘的火车，而枕头套则是个完美的行李箱，可以携带所有的必需品。运用你与孩子的想象力去建造房子，将床单搭在两把椅子的椅背上，然后用夹子将两端夹起来，这就是房子啦！或者清空厨房橱柜，在孩子玩“狼来了”的游戏时可以躲藏。

建造房子的方式

* 用床单罩住餐桌，并用衣夹夹好；
* 排好餐椅并用床单盖住，夹起来；
* 将长沙发拖离墙壁 8–10 英寸远；
* 摆好垫子；
* 用晒衣夹夹好床单；
* 将椅子在窗边摆成直线；
* 把床单夹在窗口压条上，床单尾端夹在椅背上。

长沙发的垫子也可以利用，沙发和墙壁之间的空隙是建造村庄或公寓的好地点。除此之外，你还可以挂上传统蚊帐，穿个环挂在天花板的钩子上，就会变出大帐篷了！

一篮彩色的围巾也是搭建房子的奇妙道具。你可以买一条七彩的丝巾，或者是去百货公司找些朴素的纯色天然布料。这些都会被孩子变成别的东西："房子"窗户的窗帘、乘车的安全带、斗篷和外衣、围巾和裙子，以及更多东西。在清理的时候，你可以和孩子一起折这些围巾，这将会是很有趣的工作。

当你在帮忙布置游戏环境来培养孩子的创造性想象力时，无论你假装成孩子，还是根本就没有参与游戏，你都可能想到许多充满创意的游戏。

厨房中的游戏

厨房是个很好的游戏地点，孩子会自然而然地就在厨房玩起来，尤其是你待在厨房的时候。你可以明确告诉他哪个地方可以玩，这样他就不会在你煮东西的时候碍手碍脚。如果你的厨房够大，那就可以摆张小桌子和几张椅子。你可以配合他们的游戏，给他们安排些"任务"，例如："卡车司机愿意帮餐厅的厨师切马铃薯吗？卡车司机很喜欢马铃薯泥哦。"在篮子中准备好木头儿童餐具和平底锅，这样他就可以模仿你在厨房中的工作了。

对幼儿来说，玩水非常有助于稳定情绪，而且是非常单纯的乐趣。也许他们会记起不久前还在子宫里"活在水中"的那段时光！他们的身体（我们的也是！）仍然含有非常高比例的水分，所以我们不需要限制孩子玩水。让孩子站在小板凳上或坐在水槽旁边；当你在厨房工作的时候，可以准备一盆温水，让孩子在你身

在厨房玩

* 把你的工作与孩子的游戏融合起来。
* 在水槽中玩水是很好的做法。
* 在厨房玩沙也很好。

边玩，或者可以将盆放在他旁边的小桌子上。加点清洁剂让他洗杯子，这可以让他玩三十到四十分钟。如果洗好了，也可以再从壁橱中拿些杯子给他，请他帮忙洗。

室内沙箱

还有个好玩的东西就是室内沙箱，这个游戏最适合在厨房里玩。不要担心！即便是对于两岁或一岁半的孩子来说，这个游戏都能很轻松地玩起来。即便这会让厨房有些脏乱，但让孩子满足地玩几个小时是值得的。

玩室内沙箱的秘诀就是让孩子坐在箱外的地板上，然后把手伸进里面去玩耍。放块小地毯在沙箱旁边，帮助她找到最佳的位置，并保护她的膝盖不会磨到砂砾。刚开始时，孩子往往很自然地就会坐进沙箱里，但经过几次提醒后，他就学会了。

室内沙箱非常好

* 买个有盖子的、较低的塑料储存箱。
* 不要弄脏地板。
* 弄个可以坐的小地毯。
* 买两袋50磅的游戏沙。
* 弄些很好的沙玩具。
* 在附近放个喷水器
* 用小扫把和畚箕清理。
* 当不使用沙箱的时候，就合上沙箱并用彩色布匹盖住。

你可以到当地的百货公司买那种厚重的大储藏箱。要选择比较矮的箱子，不要超过五六英寸（18厘米），并且放在地板上刚好能够让孩子轻松地将手伸进去玩。你也可以找个长方形的大箱子（32英寸 ×12英寸 ×5英寸），这样就能让几个孩子同时玩。把长的那面靠着墙壁就不会占太多的空间。箱子颜色应该与厨房的布局相配，或者也可以选用素色的。你可以放块塑料布或是小地毯来保护地板。

在玩室内沙箱时，和在户外池边玩耍时不同，不能让孩子尽情地玩水。尽管湿沙比较容易塑造成型，也是修建城堡的好材料，但你需要事先准备喷水壶，在玩沙之前先喷点水。这些沙箱子要有可以扣上的盖子，可以只盖上部分侧面，这样就能有足够的空气流通，里面的沙子和玩具才不会有霉味。当游戏时间结束时，我会松松地盖上盖子并罩上块布，上面再放一个厨房的篮子。

你可以在园艺店中买到游戏沙；通常一两袋五十磅重的沙袋对中型的沙箱来说就够了。需要再度提醒你的是，选择玩沙的玩具时，要挑选摸上去感觉各不相同的玩具。拍卖品和二手店会有旧的厨房用具，例如金属碗和筛子，而且也许你可以找到某些宝物，如打蛋器、面粉筛、冰淇淋杓子等等。你也可以放些小物品，如汽车和动物玩具，让他们发挥想象力。记住，少即是多，不要放进太多的沙或玩具。

你可以教孩子只能在沙箱中玩这个游戏，不要把整碗沙拿到厨房桌子上。**引导孩子做任何事时，都要坚定而温柔。**在室内玩沙需要定好游戏规则，才不会让家里到处都是沙。所以要带着微笑说："宝贝，沙不能拿出箱子哦！"如果要警告他时，就可以把盖子盖上，并说："今天下午我们最好让沙待在箱子里。"请务必在那天坚持到底，你的话就如同金科玉律，不可以轻易动摇。孩子爱玩沙，所以他会很快地学会游戏规则。沙很容易弄得到处都是，但只要在旁边摆个畚箕和小刷子，就可以清理沙箱旁的沙。这可以变成孩子与你最喜爱的例行活动，就像折衣服或是洗盘子。**而当我们带着喜悦工作时，孩子学到的不只是必要的技能，也会学习到热爱生命。**

审视孩子现有的玩具架

如果你想要为孩子换些更开放、有创意性的玩具，玩具架上却充满了电池操作的塑料玩具，或是你不想保留的玩具，那该怎么办呢？只要你知道哪种做法最有利于孩子，那就可以依照孩子的个性多尝试几种方法。你可以把新玩具放在他面前，跟他说你要为新玩具找个家，然后让他把最喜爱的旧玩具也加进去。趁他睡着时，你就可以让这些旧玩具到地下室“退休”了。孩子往往喜欢跟你一起收集新玩具，但打包旧玩具这种事最好自己独自完成。

也可以问四五岁的孩子想不想要有个新的游戏空间和玩具，并对新游戏充满了期待。然后，趁他到祖母家或你好朋友家住几天时，留下那些他喜爱的玩具，但把其他的收到地下室，用新的游戏空间给孩子制造惊喜。有些孩子喜爱惊喜，但有些会被吓到。你需要知道你的孩子是属于哪种类型。

用新的玩具架及新玩具来吸引孩子，当孩子回到家时，就可以边玩边向他介绍这些新东西。“你看！我们可以在桌上架个屋顶！我们把这艘木船拿去外面，并带着家畜到你农场的附近住。”你还可以帮孩子在桌子下建造农舍。邀请孩子的朋友一起来玩，这有利于在最初几天就让游戏玩得生动有趣。

在刚开始的几天，孩子可能会找旧玩具。你可以提醒他，玩具现在正在地下室休息。他也许不是真的要玩，只是想问问，并确认它在哪里而已。因为有了新玩具，他很容易就会忘掉旧玩具，但如果他再三追问，就表示他对旧玩具有感情，你就把它放到玩具架上。等到时机成熟，他就会很快忘掉旧玩具，因为那与其他玩具有些格格不入。这时，你就可以悄悄地拿走它了。

帮家人和朋友挑选送给孩子的礼物

亲友们喜欢在生日或圣诞节时送礼物给你的孩子。你可以将孩子喜爱轮流玩的天然玩具列出清单，然后送给亲友，帮助他们挑选礼物。你可以跟大家说明你的用意，谈谈这些开放式玩具能够提供多么大的创意想象空间。让他们想到孩子玩耍的熟悉画面：孩子在收到遥控飞机之后，按了几下按键之后，然后就收集起盒子、包装纸和彩带，开心地玩起包装材料来。也许你需要花点时间才能说服他们，要不断地提醒他们，如果你能坚持下去，你的亲友将会在孩子身上看见你所坚持的成果；他们将会看到孩子的想象力就像河水般源源不绝地注入生活的每个层面，唱着轻快的歌，百转千回地向前流去。孩子的生活将证明你的选择是对的。

帮助家人和朋友挑选赠送给自己孩子的合适礼物

* 将天然材质的玩具目录提供给亲友；
* 把你希望孩子收到的玩具标记起来；
* 跟亲友说明，你想培养孩子的创造力，欢迎他们来协助你。

爱护玩具与游戏器材

创造孩子的游戏空间只是个开始。我们都知道，任何成功都取决于多种因素，维护只是必不可少的因素之一。在游戏时间结束时，我们可以跟孩子共同收拾所有的玩具，将每种玩具都归回原位。给每种类型的玩具都准备好特定的篮子，篮子每天都依照同样的次序放在柜子上。例如，将所有的玉米芯都放进椭圆形的篮子里，放在圆形的贝壳篮子旁，后者又紧挨着装满石头的金属篮。

当我们要开始收拾的时候，置身于孩子充满想象力的杰作之中，也许会让我们觉得仿佛处于原始的混沌状态。然而这些年来，我发现每当我感到不知所措时，感激就是一剂良药。不是感谢这些混乱，而是对孩子的感激，感激他丰富的想象力给我们的生活带来活力。这样，孩子就能像花朵般在温暖的爱中成长。

不要仅仅在每天结束时才去关心玩具，在整个游戏过程中也都要如此。当玩具坏掉或是篮子被拆散的时候，都可以叫孩子把它拿过来，让我们来料理它。我们得仔细地检查玩具，问问他是否知道这是怎么坏掉的。如果需要教孩子如何操作，就示范给他们看。如果我们能用个“修理篮”来继续照管所有坏掉的玩具，这样做会有益处。你也可以带着“修理篮”到他房间去，这样当他入睡的时候，我们就可以修理玩具；也可以在午睡的房间修理。妥善地照料孩子喜欢的玩具，能够帮助孩子爱惜每种生活物品，包括他的玩具。天然材料制成的玩具比较容易修复，也许只需要使用胶水、铁锤、铁钉或是针线即可。孩子将他们的爱的能量都倾注到了这些玩具里，对我们彼此来说，花时间来修理它们都是一份很美好的礼物！

无疑，身处现代社会，我们需要这样关注和爱护我们的生活和环境。修理孩子的玩具不只是“减少、再利用与回收”的基本功课，也是我们对爱与善意的具体体验。

鼓励孩子游戏

鼓励性游戏

* 创造美丽的空间。
* 建立房子的规则。
* 用新的游戏点子来排解纷争。
* 只要提供点子，不要加入游戏。
* 鼓励团体游戏。
* 协调争吵？要记得保持平静而且要缓慢。

当我们创造了美丽而诱人的游戏空间之时，这就已经是很大的进步了。游戏空间的结构、开放式的玩具架、装满你精心挑选的玩具的篮子，所有这些都创造了我们所说的“容器”，是个可以进行游戏的安全空间。但也需要制定部分规则，比如“我们不可以丢玩具”“在户外我们才可以奔跑”等。对于幼儿来说，使用“我们”这把金钥匙非常有效。孩子并未觉察到自己是个独立的个体，因此更能理解“我们”这种说法，这就意味着我们需要了解家庭所需要的规则。简单的游戏指导原则，就是要考虑到不要伤害别人、自己或任何东西。这些简单的基本规则也有助于建立游戏的界线。

我们对孩子游戏空间的善意关爱，以及我们通过规则划出的游戏界线，都创造了容器。**这个容器的内部是空的，里面有广阔的空间可以让孩子每天用想象力去填满**。我们心灵的无声关注就像容器内的“黏土”。我们的爱则成为其内部空间闪耀的火。

孩子在游戏中会发展出很多必要的技巧，而社交互动就是个关键的领域。在这个年龄，孩子在学习整个人生必不可少的基本社交能力时都是自发性的。我们可以通过敏锐地关注孩子们的游戏活动，在这个过程中帮助他们。很多时候，年幼的孩子可以通过游戏中互相让步的复杂过程来进行探索并成长。然而，他们有时需要我们的协助、了解与指导，有时候最需要的是我们的点子，以及让游戏顺利进行下去的方法，或者是新的出路。当我们的点子能够突破难关之时，我们就可以教孩子如何有创意地解决问题；他们很快就能汲取这种尊重他人的解决办法，将它们变成自己的东西。我们应该让自己提供的建议，像轻轻落在肩头的细雨，在我们“降下”这些建议以后，孩子们就会选择怎么办。也许他会完全忽略它，或者将它纳入游戏之中并加以改造，也或许他会受到激发，找到全新的点子。

虽然偶尔提供游戏的点子是有益的，但如果我们经常将大人的能量带入孩子的游戏当中，这就是有害的。因为大人的意识会妨碍孩子变化多端的想象力。在孩子邀请我们参加其游戏时，我们融入他们的最好方式就是说：“我要当厨师（或你现在正在做的事情），你要当什么？”与孩子共同创作故事的时候（也许是睡觉时），更是与孩子进行游戏的好机会。

我们可以鼓励孩子“独乐乐不如众乐乐”，和别人共同玩耍可以学到更多点子，也才能发现团体游戏的奥妙。通过创造丰富的游戏环境并关注他们的游戏，我们能帮助他们扩大视野，从学步儿童天生的自我导向型游戏迈向与伙伴共同玩耍的开心世界。遗憾的是，有些成年人没有在幼年时学会这些基本技巧，给自己和周围人的生活带来了许多麻烦。向孩子提供这样的机会会让他们受益终生。

偶尔当他们无法自己解决问题的时候，会来求助于我们，这时需要谨记，我们的态度要和缓而从容。无声地点头并倾听，并不时说“嗯”，可以帮助你争取到时间，让孩子们将注意力集中到你身上。在《创造你的家庭文化》一章，你将会找到调解纷争百试不爽的办法。你是孩子的全部生活的基础，当孩子闹情绪时，你应对的方式将成为他的桥梁，他可以借此了解到这些基本原则：尽管问题存在并具有挑战性，但我们可以用皆大欢喜的方式来解决它们。

可以玩枪吗？

我们可以推崇伟大的冒险精神（正是出于这种冲动和天不怕地不怕的活力，孩子们才会玩枪），但仍然不鼓励暴力。我相信，正是隐藏在玩枪游戏背后的兴奋和能量非常强烈地吸引着许多孩子，而不是其暴力。

我在学校处理这种情况时和在家处理的方式不同。在学校里有大群的孩子，我发现任何形式的玩枪游戏都会对所有孩子的健康造成不良的后果。所以我只是说：“不能玩武器。”当然，我们都知道，孩子如果真想玩的话，任何东西都可以变成枪。所以，当手指或棍子被当成武器时，我会说：“不能瞄准别人。”我尽量找出些点子来替代玩枪游戏，这些点子同样充满冒险与刺激，充满玩枪游戏所涉及的躲藏与诡计。我鼓励他们扮成北极探险者并遇到了大风雪，或是在小船上沿亚马孙河顺流而下并遇到了大蟒蛇，甚至让他们扮演成救火队员并救了很多人。这种建议通常会激发出他们自己的创意，从而停止玩枪游戏并跑去玩别的。

我发现在家里时情况非常不同，而且气氛也不同。因为我天生极度厌恶战争与暴力，本来想禁止在家中玩枪，但也担心这样达不到效果，却反而导致“禁果”综合症，让儿子更想玩。然而，想象力在玩枪游戏中受到了扼制，这并不是我所希望的，此外我也担心它会导致我的孩子们互相争斗或要强。我想找到某种折中办法来稍稍对他们进行“顺势治疗”，以便化解这个问题，并尽可能不要造成伤害。

所以我会让儿子在星期六早上玩木头的来复枪。规则是：1. 所有的人必须都是“我方”；2. 绝对禁止拿枪指着别人；3. 每个人都必须从中获得乐趣。如果有人犯规，游戏就结束，枪就会被收起来，直到下个星期六才能再玩。由于他们玩过许多惊险刺激的游戏都没有用到枪，所以很多个星期六，他们都没有来找来复枪玩，因为他们完全忘记了！如果他们碰巧在某个星期二想玩时，我会允许他们玩一个小时，然后就收起来。

我发现这是很好的中庸之道。当我保留自己的价值观并满怀希望地传递给他们之时，我也允许他们略略体验到这个在社会上如此流行的游戏。你也许会找到别的方式妥协，而这是非常值得去寻找的。

玩枪好不好?

* 提供充满勇敢的冒险精神却没有暴力的游戏点子（看下面）。
* 如果你决定让孩子玩枪，要做到下列几点：
  · 限制时间
  · 限制枪的形式
  · 建立规则：
    不分敌我
    不能指着其他人
    每个人都要开心
    如果违反了规则，就收起玩具枪。

没有战争的冒险游戏点子

与孩子共同做弓箭：

花点时间找些好的树枝。

五岁的孩子最爱在石头或水泥上削尖树枝。

打猎的游戏，美国原住民的游戏，抓野生小马等，都会用到弓与箭。

父母在旁边看着孩子生营火：

教导所需的技巧，给他们吃棉花糖点心。

神奇的药剂——用莓类（红色）、苜蓿（绿色）、泥（土灰色）来调色，用厨房拿来的醋和小苏打粉混合就会产生泡泡，这会令孩子感到惊喜。

废木料、锤子、钉子（油毡钉、大头钉），将又矮又粗的树桩当工作台。将几块木料和锤子堆起来（不需要堆得很好看），称呼它为“船”。看看你的孩子能够创造什么！五岁和以下的孩子需要监督。

六岁以上的孩子就可以用钝的小折刀，来削灌木树枝和被风吹落的树枝，削树皮。定下规则：要不要始终监督着？只能在门廊玩？只有在旁边没有其他孩子玩的时候？

在后院睡帐篷过夜。

事先要做很多的杂务：把石头清扫干净，运些叶子垫在下面，用石头砌成火盆，搜集树枝来烧，装满水罐等。

搜集野生食物。这需要监督，而且你需要相关知识。

做陷阱：真正的经典！需要一把好的小铲子，结实的树枝、草屑、叶子、线等。

建造堡垒：也许需要父母帮忙用树枝架好基本的结构。

此外，你可以自己想些充满灵感的点子！

第五章
户外活动

作为幼儿教育者及母亲，我发现孩子最喜欢的就是户外活动。幼儿与自然环境的关系仍是密不可分的，因为他们还保有纯真。也因为他们的意识还没有与环境分离开来，觉得自己和外界是一体的，所以他们仍然属于自然世界；当个体化过程完成的时候，他们才开始属于自己。但大约在出生以后的前七年，他们仍然生活在大自然的怀抱里。从七岁开始，他们才会与父母和环境分离开来。在那之前，孩子被生活推着向前走，就像在微风中舞动的树叶。他们回应大自然的方式是非常缺乏自我意识的，也是非常自然的，而户外开放、复杂而丰富多样的环境就提供了这样的机会。如果他看到蝴蝶以后很兴奋，他就会环绕着花园飞舞，没必要提醒他“小心撞到桌子”。在户外没有这种顾虑，他可以尽情地大叫或是伤心流泪。

如果家庭的附近有树林或自然的草原，那就太幸运啦！孩子就会有更丰富多彩的自然界体验。孩子在看到植物、昆虫、野生动物与人类之间的关系以后，就能和生命网络联系起来。这种完整的体验可以让孩子感觉到自己的存在。可以将自家的花园作为环境教育的基础，并作为全家的发现之旅。

在户外活动时，我们不仅需要考虑游戏的安排，还要考虑到户外游戏的环境：地形以及游戏设备。我们可以首先发挥游戏场地的自然特征，然后转向更广阔游戏环境中的人工建造物和设备。

你也许可以拿出笔记本，记下你觉得不错的想法。这是可以集思广益的时刻。之后可以将点子分类，分为“立刻玩”和“晚点再玩”的游戏，再规划出细节，采取行动去园艺店。现在就开始吧！

创造户外游戏环境

孩子喜欢宽广的平坦草地，它们可以在这里尽情奔跑、翻筋斗、玩跳青蛙游戏或是凝望天上飘过去的云彩。在照料草坪时，我们也许需要研究草的种类：哪些草是土生土长的，哪些草会自然枯萎掉，哪些草上面会有昆虫。专用的化学药剂能让草坪常保绿色，但对孩子是有害的，并会伤害昆虫的生命，尤其是我们想要保护的益虫。在庭院中洁净而柔软的草地中央搭好秋千，并在树下放个沙箱，就是开始游戏的理想场所了。但我们首先来看看其他的点子。

孩子喜爱那些可以躲起来说些小秘密的小空间，他们可以在那里幻想；在角落上巧妙地种植大量的观赏类花草就是个天然的屏障，可以提供孩子需要的隐秘感，父母也可透过草丛的间缝，从远处留意孩子的安全。在这些秘密的角落里，就会开始出现：树皮做的精灵小屋，树枝和棍子做的堡垒，还有扮家家酒。

你的孩子也许需要天然的材料，以便做出这些异想天开的作品。你可以和孩子在每次下雨或刮风之后，去收集棍子和树枝，堆放在孩子容易拿到的地方；或是在树林中散步时，你可以从倒下的树干上搜集大片的树皮，带回家当成孩子的建筑材料；从河里捡来的漂亮石头也是小建筑师和泥水匠们珍爱的收藏品。附近的建筑工地或奶奶家都是很好的挖宝地点，可以找到旧砖头、矿石。

平衡的户外游戏空间元素

* 平坦的草地，或是旁边有天然屏障的山丘。
* 长长的草
* 灌木丛

年龄大些的孩子可以利用棍子和光滑的石头来开“磨刀店”，或是做出箭。每年暑假都可以去捡贝壳，把搜集来的贝壳放在特别的地点，比如孩子喜欢去的草丛下面。

灌木丛是个藏身的好地点，也可以是秘密基地。你可以爬进灌木丛里，用修剪器打理出一块舒适的地方，并清掉枯死的树枝。你还可以在灌木丛下铺满几铲子的树皮，它们散发出来的芬芳香味会诱惑孩子到灌木丛屋子里玩。春天时，开花的灌木丛让人忍不住要玩小精灵和仙女游戏；秋天时，就可以在灌木丛下用落叶进行游戏，可以做成叶子床、叶子桌，还可以推着装满叶子的玩具车绕着院子跑。儿童尺寸的手推车或普通玩具车都是很好的生日礼物，它们日后将会具有意想不到的用途。

天然的游戏建筑物

只要用树枝搭建的奇特“游戏室”，就可以唤醒孩子无穷无尽的想象力。你可以利用下午的时光，花几个小时来搭建这种游戏室。如果你家附近就有竹子，那么刚砍下来的竹子就可以创造出完美的基本架构（有些园艺店也会卖整根的竹子)。你可以把竿子的顶端绑起来，架成印第安人的圆锥形帐篷，但要确保另外那端插进了地里；同样的方法也可做出爱斯基摩人的圆顶小屋。你也可以先做个长方形结构，再用“梁木”架顶。然后用二手店里买来的旧床单盖起来，用衣夹夹住床单，必要时可以拿下来清洗。这种开放式结构的美妙之处就在于，你的孩子将会逐步地用想象力继续修缮这个基础结构；也许他会用贝壳来装饰边缘，或者搜集松针叶来铺出柔软的地毯。

建筑材料：
* 树枝
* 树皮
* 石头
* 砖块
* 石板
* 贝壳

有时候（尤其是第一个孩子），我们需要给小小的暗示，激发他们的想象力。你可以这样提示：“当我还是小女孩时，我们会把松针叶放在地上当作地毯”，或者“不知道把贝壳贴在外面作装饰，会怎么样”。通常你提出的建议将会使孩子的想象力如泉水般涌出。我们可以用“当我还小的时候……”或“我想知道……”这种开头来表达，而通常他们会开心地接受，当然他们也可能会说，“不，我比较想要那样做……”

有些有趣的游戏建筑物的寿命很短。如果你要为后院找些理想的树枝，可以去弄些稳固的大树桩；偶尔会有老树被大风吹倒，此时你就可以去将很多不同尺寸的树干运回家。可以将它们当作平衡木，让孩子从这个树干跳到那个树干。如果尺寸够大，也可以当成“压路机”或建城堡的材料。你也可以用大树干剖面来当作台面，用大约 50 厘米高的小树干当桩脚，这样就能做出神奇的桌子和椅子。

干草捆可以用来建造游戏房或堡垒，但干草房子却让我受益匪浅！我曾带了十捆干草到学校的游戏场，并堆成半圆形，在其中布置出游戏时的厨房和餐厅。干草捆就放在沙箱旁，我每天都会在玩具桌上放碗、汤匙、壶和平底锅，等着孩子去玩。但孩子们完全拒绝了我那美丽的杰作，好像它根本就不存在！几个月以后，我意识到这显然不是个好主意，所以我就用小推车载着干草，越过小溪来到花园，并随意倾倒在草屑与杂草堆上面。次日，孩子们看到干草散乱地堆放在那里，开心得大叫起来！他们边笑边跑，跳进了柔软、气味清新的杂草堆之中。并开始去推拉那堆干草，将干草加工成它们自己的杰作，具有奇特的角度和缺口，有些地方还摇摇晃晃。日复一日，他们搬来板子、树枝、绳子和不知名

游戏中用树枝 / 竹子做的天然建筑物：

* 印第安人的圆锥形帐篷
* 爱斯基摩小屋
* 用草堆搭建的房子

常见的户外游戏：

* 荡秋千
* 跷跷板
* 吊床
* 玩沙游戏
* 玩水游戏
* 创造性地利用树桩

在游戏中搭建天然建筑物

* 去找些长的树枝。
* 去买竹竿。
* 把这些长形物品插进土里作为基石。
* 可以把顶端绑起来，做成“印第安人的圆锥形帐篷”或“爱斯基摩圆顶建筑”。
* 树皮可当做地板。
* 用大块的布匹来当屋顶。
* 大而坚固的树桩可做桌子和椅子。

搭建建议

* 让建筑物是开放式的。
* 这样你的孩子就可以随后继续创造。

的东西，创造出了跳床、鸟巢、平衡木，甚至是餐厅（我在刚开始时也曾这样想象过）。这再次让我学到要提供合适的“材料”和适合而止的帮助。我们成人定型的想法妨碍了孩子的创造。当我撤下干草的时候，我却能让孩子们自由地发挥其想象力。所以当你建造了完美的建筑物而孩子却不喜欢的时候，你就需要仔细检视，看看是不是你自己太限制它了，并是否有办法放松限制，让这个建筑物的形式变得更自由。

请注意，如果你想用干草堆建造干草屋，由于干草饱经日晒雨淋以后在秋天会变软，所以你可以将它们移到花园当覆盖物，让它在冬天里腐烂。如果你希望它们在花园里寿终正寝，要确保它们是干草，而不是带有种子的草。如果每年夏天你都留下几座干草屋，你不仅会让孩子获得快乐，还会让花园得到很好的护根肥料。

你可以将部分点子粗粗地记在笔记本上，并运用到你的户外游戏中去！

经典的游乐设施

让我们也来看看经典的游乐设施。没有任何东西像荡秋千那样，让每个孩子都心生向往。如果孩子渴望像小鸟那样飞翔，渴望触摸树梢，或者渴望在无边的大海上航行，时而在平静的水流中荡漾，时而在暴风雨之中颠簸……荡秋千都是最好的选择！但是，当你要为孩子做秋千的时候，要注意以下这些事项：

带有帆布或塑料带子的座位比老式的木板座位安全。而且孩子也喜欢绑带座位牢牢托住他的感觉。在绑带座位上，也比较容易学会怎样摆荡秋千。孩子能够被舒服地托住，和秋千融为一体。

秋千柱子的支点越高，秋千就越可以随着孩子的成长不断调整。要找粗大的高树干非常困难，所以我选择在两棵间距 12~15 英尺的又高又直的松树之间架设秋千。大约在 10 英尺高的地方，我把两根横梁用螺丝锁紧，再嵌入树干中。在这个非常坚固的横梁上，我挂上三个秋千，将链子穿过顶端的大圆孔钩，并在下方装上座位。这样，当孩子的腿变长时，可以通过调整链子将座位调高。因为支点很高，秋千可以随着他们的成长而不断调高，继续让他们获得快乐。当他们再大点时，男孩们会想要体验单绳式秋千的刺激。可以去找圆形的小塑料座椅，当孩子在单绳的秋千上晃荡的时候，这种椅子能给孩子们稳定感。

如果要买传统的秋千设备，要确保用力晃动不会让支柱松动。这些秋千可能会整个翻过去，所以要将脚架在地上牢牢地固定。

目前的大脑研究显示，轻微和剧烈的摆荡或摇动，都会刺激大脑的正常发育，并且使大脑中不同区域的“线路”能联结起来，这样就可以用快乐而自然的方式将所有感官协调起来。

吊床也是我大力推荐的摆荡装置，只要在户外都可以使用。吊床延伸出来的游戏与荡秋千是完全不同的。在吊床中，孩子有机会与其他人“交流”。不论是依偎在父（母）亲身旁，或是与其他小朋友嬉笑玩耍，这都会产生很美妙的交流。

关于秋千

* 荡秋千会帮助大脑的发育。
* 考虑亲手做秋千。
* 秋千要有高的支柱，可以随着孩子的成长而不断调整高度。
* 选用帆布或塑料的座位。
* 为了安全，要把秋千的支柱埋进土里。
* 记得也要有吊床。

跷跷板是种旧式的游戏设施，可以让孩子玩上几小时，甚至是几年。跷跷板也能随着你孩子的身高做出调整。跷跷板的木板平衡支点可以有两种高度。低的大约是 20 英寸（50 厘米），给三到五岁的孩子用。而高的大约是 22 英寸高（55 厘米），给六七岁及以上的孩子使用。如果在座位的下方钉上正方形的木板，这样可以避免小孩的脚趾头被压伤。跷跷板提供了感官动作（sensory-motor）的大好学习机会，它涉及重量、长度、平衡、速度等等。这几个小时的欢笑时光能够让孩子体会并了解，需要多少个孩子玩游戏而每个特定年龄和体重的孩子又应该确切地坐在跷跷板上的什么地方，才能把这个游戏玩起来或达到平衡。

以下这些东西是户外游戏所必备的：小的耙子、铲子和推车，这可以让孩子花上好几天的快乐时光来挖掘、耙土与搬运。在我幼儿园的游戏场中，我会让孩子将圆木、树桩和干草从这里搬到那里，再三地搭建消防站、动物园、圆木小屋等。我还让他们做了松针叶地毯、松果壁炉、干草厨房等等。各种长度和大小的旧木板在这些搭建活动上起到了重要的作用，推车都是必不可少的。孩子的合作与参与感是户外搭建活动的关键。

其他游戏设备

* 孩子用的耙子和铲子；
* 一辆结实的推车，或是小的花园推车；
* 各种长度的旧木板；
* 一篮子二手工具：
  · 各种尺寸的扳手
  · 宽的油漆刷
  · 钉子
  · 轻便铁锤
  · 小平头钉

装有合适工具的篮子也是户外搭建活动的必要配备。孩子爱用真正的工具，就像大人用的那种。但是，他们也需要在其想象力的引导下自由地运用这些工具。那该怎么做呢？我会将干草堆旁边的某张儿童桌子指定为“工作台”，把篮子及工具放在那里。孩子可以在桌上使用工具，或是在其作品旁边使用，但是不能把工具拿到太远的地方，以免在清理时无法找到。把搭建的材料运到这个地方以后，孩子们就可以做出很多作品。我发现最有用的工具是不同尺寸的扳手、便宜的油漆刷、钳子以及非常轻的铁锤，以及一满罐的短平头钉。使用铁锤的重要原则就是：每次每个树桩或每块木板上面只让一个孩子动手，这意味着他 / 她不会伤害到别人。如果需要用到铁钉，我就会上前去监督他们。如果孩子们要一起用锤子将几块木板钉成小船，我会去检查，看看有没有尖锐的铁钉突出木板。然而，当孩子们坐在矮粗的树桩旁将钉子接二连三地钉进去时，他们通常就会感到心满意足，有时候他们会将羊角锤掉个个儿，将树桩分开，这会让他们发现自己的力量，还有触摸到原木的新鲜感。油漆刷可以沾水画画或是涂泥巴。因为工具很贵，他们在户外又玩得很疯，所以我在二手店里买了些旧工具。这样，如果有扳手掉在松针叶里，就不会有人不安；也可能在之后又被找到，这对每个人来说都将会是个惊喜。

乐趣花园的建议
用孩子尺寸的稻草人来揭开园艺季节的序幕。从孩子的旧衣服中去找材料。

让花园成为游戏空间

就户外游戏空间来说，要是能有座花园就更妙不可言了。户外游戏的基本课题就是关心植物的生命。通过照顾小花园中的某个角落，学习拔草浇水，并在植物开花结果时感到喜悦，孩子将学习到人类与自然界之间的关系的初级课程。不管是都市阳台的花盆中，或是半亩蔬菜田里，甚或是邻近的花园中，所种的花果愈丰富，孩子的体验就愈多样化。

每年到了栽培花木的季节，可以用很美妙的方式来开启序幕！这就是制作稻草人！检出孩子穿不下的旧衣服，找一件给稻草人穿。用草屑、树皮或干草来填满这个稻草人，还可以用旧 T 恤来

如何丰富花园中的游戏

* 做个稻草人
* 以放牧的心态去种植：
  · 萝卜
  · 豌豆
  · 莴苣
  · 其他能快速成长的植物
* 种些可以用来作为讲故事素材的植物：
  · 甘蓝
  · 南瓜
  · 冬瓜
  · 哈密瓜
* 共同工作、游戏、跳跃：
  · 用豆棚架做堡垒
  · 用蝴蝶灌木丛做房子
  · 用干稻草来做苗圃的堆肥，用黑色树皮屑来划成较宽的通道。可以尽情在路上玩游戏。

做它的脑袋，充填些干草，并像气球那样将底部系起来。然后再把这颗脑袋缝在T恤的领口上，找顶旧帽子，这样稻草人就做好了！我放了个小稻草人在孩子常坐的椅子上，并在稻草人脚下放了一双鞋子。如果你觉得孩子有秘密要说，你可以假装稻草人是活的，孩子喜欢跑过去对他悄悄说些秘密。夏天的时候，你可以将水放在它的脚边，在秋天的时候，就可以将草耙放在它的旁边。当天气越来越冷的时候，它也许需要一顶毛线帽！在种植季节结束要关闭花园的时候，可以用这种方式跟孩子说："他已经在花园中，努力工作了一整年。我们让他在冬天睡觉去吧！"然后将稻草人里面的填塞物抖落到堆肥中，把衣服放到衣物回收处。

当你要规划花园时，要有"放牧"的概念。你创造出的花园能够及时满足小孩立刻吃东西的需求吗？选择种子时，要选些很快就能成熟的种子。小莴苣与青菜是很好的选择。如果你喜欢牛排西红柿，那也要种上一株樱桃西红柿去满足孩子的口味；人类曾经历过很长的打猎和采集时期，所以莓类、雪豆和莴苣都会是很好的选择。

你也可以种些生长周期很长的作物，可以教导孩子耐心照料、观察和等待。种植南瓜是很开心的事情，因为它的叶子很巨大，就像童话故事里的形象。当然，南瓜本身可以做秋天的南瓜灯，而孩子虽然看不到在地下成长的马铃薯，但天下最美味的食物，莫过于秋天的庭院中用营火烧烤的、包在锡箔中的、刚出土的马铃薯了。检查你的种子类别，看看在当地的气候下，什么植物在夏末和秋天的丰收时节长得最茂盛。

孩子也会喜爱参与每日的照料活动，浇水、施肥和拔草，如果你在做这些事情中充满欢乐感，那么情况更是如此。但是他们最喜欢的工作就是采摘丰收的果实，不管是带到桌子上，或是在去“城堡”的路上突然塞进嘴中。你也许可以让豆棚架变成孩子的“堡垒”，只要确保棚架够大，孩子的小脚不会践踏到藤蔓即可。在地面上覆盖满满几铲子的树皮，这有助于标出豆棚架的界线，保护藤蔓。你也可以制作专门用来玩游戏的豆棚架：深红色的红花菜豆可供欣赏，并开有鲜艳的花朵。可以将它变成孩子的豆棚架，并让孩子们不要踩到能结果实的豆子。幼儿的内心就像豆棚架里面那样，游戏与工作将交织起来，构成孩子的生活。

别忘了昆虫屋，孩子可以透过行动去学习爱。

* 捉虫子；
* 用几个小时去创造出屋子、水池、船和更多其他的东西；
* 在当天结束的时候，送小小昆虫朋友们回家。

如果你的庭院够大，里面有标准尺寸的花园，园中种植着成排的苗圃，你也许可以设计出宽广而界线清楚的小径。如果你使用金黄色稻秆作为植物苗圃的护根物，那么你就可以用深色的木屑土来铺成小路。这种视觉印象能帮助孩子更容易去辨认出界线。这样，三岁、三岁半或四岁的孩子就能快乐地在小径里来回奔跑和游戏，而不会常常踩到苗圃。

在花园中招来昆虫

* 蝴蝶喜欢蝴蝶灌木丛以及香蜂草。
* 蜜蜂喜欢三叶草和所有花园里的花。
* 蜂鸟喜欢细长的花。
* 在花园中挂个蜂鸟喂食器。
* 种植晚上开花的植物，可以吸引有花纹的飞蛾。

如果你的庭院很小，也不要在孩子的户外体验中忽略花园。查阅图书馆中关于盆景的书籍。这是从事园艺活动的流行方式，在都市中尤其如此。阳台或屋顶花园在很多城市中日益兴起，不要羞于去动手尝试。可以向园艺店咨询如何准备土壤，并投入其中。不论规模如何，茁壮的、日益生长繁茂的花园所具有的活力，对幼儿活泼的户外游戏来说是完美的助力。

花园里的昆虫

在自然界中，幼儿能学习如何爱护与我们共同生活在地球上的其他生物。一小间木制并有纱窗结构的昆虫屋能大大丰富庭院

吸引后院的野生动物

* 将防止松鼠偷食的喂鸟器放在金属杆上，或是挂在窗户上。
* 在窗户外建造鸟屋。
* 设置松鼠喂食点，要远离喂鸟器。
* 建造蝙蝠屋。
* 在窗户旁边挂个蜂鸟喂食器。
* 做个蟾蜍住的房子。

活动的时间。应该根据孩子双手的大小来挑选这些建造物，它们可以在园艺店或玩具店中找到。可以花上几个小时的时间，为昆虫屋中的昆虫忙碌地建造精巧的沙箱宫殿，建好游泳池、车道、运河等等。在白天结束时，我们务必要让这些小昆虫回到它们的家中，因为它的家人在等着它回来。把这个小生命送回它所属的环境，能够让孩子联想到等待它的昆虫家庭，这会让他对其他生物产生亲近感，而不是去主宰它们。

在你的庭院中，你可以种植些对益虫有利的植物。七月时身处蝴蝶翩翩起舞的花园是很奇妙的体验！在弗吉尼亚州，蝴蝶树只要花两个季度就可以长到6~8英尺高，绽放出成簇芳香的、吸引蝴蝶的花朵。孩子们喜欢在它弯曲的树枝下活动，等着不远处的蝴蝶落下来。香蜂草也是蝴蝶很喜欢的花草，而且很容易种植。在某些季节，你的花园中会到处都是美丽的、色彩斑斓的蝴蝶。而蜜蜂也喜爱飞来飞去，这时你可以教育孩子辨认并爱护蜜蜂。如果你有一小片田种着三叶草，你可以让孩子们坐在凉爽的绿地中制做“三叶草环”。而在他坐下来之前，仍要示范给他看如何寻找蜜蜂；假如他赤着脚，可以绕着三叶草田地奔跑，但不要从上面跑过去。蜂鸟也喜欢香蜂草和蝴蝶树，以及部分细长的花卉，如扶桑花，或是喜阴的玉簪花。对于任何孩子来说，看到小小的蜂鸟娴熟而忙碌地辛勤劳作的景象都是很美好的礼物。

提示

如果你的庭院没有山丘，就自己动手创造吧！要在适当的季节种草，让它变稳固。

你也可以种植夜间开花的植物，吸引美丽的大夜蛾。如果你开着门灯，蛾子就会飞来，可能等到早上时仍然停留在纱门上。你和家人将会欣喜地看到这些各种各样的、美丽的夜间生物。灯光下的所有这些飞蛾将会吸引蟾蜍，而你也许有些两栖类邻居就住在走廊下面呢。可以让孩子逮住它并为它建造城堡，然后将它放回走廊下的家中。

当你建造花园时，不管规模有多小，都要记得你的孩子、昆虫的生命，以及临近的野生动物，并远离花园除虫剂和草坪化学药品。园艺店中都很容易买到自然的有机肥料及除虫剂。

山丘上的“滚滚乐时间”

* 滚动是很好的“大脑运动”。
* 在午餐之后，即将午睡之前，适合去山丘玩。
* 两人互抱滚下来，是非常美妙的。

后院的野地生态

孩子喜欢多样化的自然体验。你可以给各种各样的鸟类以及庭院野生动物创造进食区，以便让它们进入孩子的生活之中，以此来培养这种体验。鸟的食槽、松鼠的喂食点，还有蜂鸟的喂食器，不仅可以让孩子观察几小时，而且还能围绕着关爱庭院野生生物的话题，通过想象游戏的方式来产生互动。你可以给鸟儿制作水槽或鸟笼，也可以挂上为蝙蝠准备的小房子。

要制作能够防止松鼠偷食的鸟类食槽，有个很简单的办法，那就是去买放置垂吊植物用的锻铁或金属花盆架，把食槽放在这里面。松鼠不能爬竿，所以你的食槽是安全的。将它放在接近树枝的地方，这样当鸟儿进食的时候，它们就能轻快地跳来跳去。你也可以买窗户型的鸟类食槽，挂在吸盘上，放在早餐的角落或是晚餐桌附近的窗户上，这样孩子吃饭时会更有兴致，美妙的户外景象仿佛就在咫尺之遥。对孩子来说，观看鸟儿的家庭也会为她/她提供养分。如果你能够在窗边挂个鸟笼，他也许就能观察到鸟儿筑巢、孵化、喂食和长羽毛的整个过程！如果你和他共同观察，这也许会激发你讲床边故事的灵感。孩子会对于你所讲的鸟类家庭故事很感兴趣。

在远处的角落里为松鼠安排好进食点，尽量远离鸟儿的食槽。

松鼠的进食点可以设计得很简单，比如在平坦的矮树桩上钉个锡盘，用铁钉在盘底打个洞，以便排出雨水。

你也许可以为蝙蝠搭建个住所，以便吸引这些蚊子的天敌。它们在夜晚会吃掉数倍于其体重的蚊子，让家庭的户外活动变得更加愉快。它们当然对杀虫剂非常敏感，但在自然环境中却会不断繁衍。蝙蝠已被各种宣传妖魔化，但它们并不是我们所想的可怕动物。部分厂家会提供如何制造蝙蝠窝的小册子，里面会详细介绍如何照顾蝙蝠，以及它们的生命周期是怎样的。

窗户旁的蜂鸟喂食器也是学习生命课程的机会。这些勤奋的小小工作者，会飞到喂食器前来，展开翅膀，停在小小的横木上啜饮着花蜜。如果观察到蜂鸟终于停下来，孩子会充满好奇地安静下来。

可以将破旧的罐子倒放在花园里，这样就能成为蟾蜍的旅馆。你也可以去园艺店买些古怪的陶器来给蟾蜍住宿。不管蟾蜍有没有移居进来，你的孩子都会天天去检查。

山丘、沙与水

不管山丘有多大，都非常有利于户外游戏。如果你家附近幸运地有自然山丘的话，你就可以帮助孩子找到很多的乐趣。如果你的庭院很平坦，你可以运来几卡车的土，堆放在后面的角落里。动手来创造山丘是很令人兴奋的冒险，尽管这可能会弄脏衣服或身体。你和孩子可以把耙子和铲子插进土里，将山丘堆砌成理想的形状。在当天活动结束时，你得多花些时间来填满孩子“勤劳”挖出的所有小洞。如果你塑造的山丘能有不同的倾斜面，较陡峭的那面给年龄大些的孩子玩，而年幼的孩子则在比较平缓的坡面上玩。但任何形状的山丘都是有益的。如果想在斜坡上种草，可以去园艺店买些适合生长的植物。当山丘准备好以后，就可以让孩子欢乐地玩上几个小时了。

如果创造山丘有些困难的话，那么在庭院角落中弄个土堆也能创造出极大的乐趣。每个孩子都知道，泥土和沙子能够以不同的方式满足他们的生活！在我幼儿园的游戏场里，孩子会在泥堆（那是我用推车运回来的）和沙地之间跑来跑去，叫嚷着："巧克力来了！"

任何年纪的孩子都会告诉你，山丘最棒的地方就是可以从上面滚下来。孩子们可以无数次翻滚，毫不厌倦。此外，滚动是孩子自然发育中健康而必要的内容，可以帮助孩子发现他身体的"界线"——皮肤，而且有助于建立健康而良好的心理和社会界线。在我幼儿园的游戏场中，我们有个"滚动山丘"。每天午餐以后，每个孩子自然都想蹦蹦跳跳，这时我们就会跑到外面，并欢乐地从山丘上滚下来。这是滚滚乐时间！孩子也喜欢被两个人紧紧抱着滚下来。考虑在家人中开始玩这个滚滚乐游戏。当户外太冷或太湿时，就在室内的地毯上玩。很快这就会变成孩子的最爱。

山丘也很适合滑雪，也适合于藏身，还可以跑上较陡的斜坡，再跑下来，然后调身再跑回来。有时候，当有人要扮演国王时，这些山丘都是必需的。可以考虑在山丘上种植些观赏性花草，以便划分出界线，用天然方式标示出堡垒和藏匿处。

没有沙和水的后院是不完整的。当我们考虑给孩子玩沙时，应该要提供很大的沙堆，有很多沙，理想的沙堆就像建筑工地的

沙箱的建议

* 在建造沙箱时考虑自然搭建材料：
  · 用木头围成
  · 石头与研钵
  · 旧的谷仓木板
* 要留意电线杆和铁道枕木，因为它们可能有毒。
* 新的材料也很棒。
* 考虑沙子的颜色；白色的沙最清洁。
* 选择盖子：
  · 木材
  · 防水布
  · 有机玻璃

记得水喔

* 造个小的浅水池，离沙地要远。
* 提水可以训练力气、平衡感和稳定度。
* 在沙箱中玩水很有趣：
  · 可以做汤和饼
  · 给蚂蚁修建运河
  · 游泳池
  · 河流系统和更多

沙堆。可惜的是，如果沙没有被妥善地围好，就会逐渐散去。所以我们要想个最好的自然方式来围住沙，让沙堆能够被孩子向下挖很深。

我们的家庭离森林不远，因此倒下来的树就能被用做天然材料。我们会把倒下的松树滚进庭院中，并把它锯成几截，组合成八角形的“盒子”。你可以寻找附近可以使用的天然材料，并尽情驰骋你的想象力。也许你能找到石头与研钵，或是从邻近的农舍中找来木材。使用旧的铁道枕木或旧的电线杆时要谨慎。当然我们要尽量使用回收的材料，但要注意木头上的保护剂，因为它们可能对身体非常有害。从木材工厂买来结实的好木材也很好，但你也许可以用容器形状的木材来玩，而不要用长方形的木板，前者的奇特形状更能够激发孩子的想象力。

你可以带孩子去参访沙地，看看不同特点的沙。仔细看看它的颜色，那些沙可能会被双脚带进家中并踩进地毯里。在需要清扫的地方，白色的“游戏沙”也许是最好的选择。记住，沙箱不需要有底部；否则的话，孩子怎么能够挖通道去中国呢？孩子最喜欢挖到沙子下面去，挖到泥土（他们将之戏称为“巧克力”）。加了底部的沙箱无法排出雨水，这会让沙子发出难闻的味道。当你在找适合玩的玩具时，要注意，普通的塑料玩具通常玩一两季就坏掉了。你也可以到二手店，找旧的罐子、平底锅还有各种盘子，这些物品在孩子玩沙的时候用得比较久。沙箱通常需要有盖子，为的是阻止邻居家的猫。如果你有个精致的大沙箱，木头的盖子可能不太容易操作。我很满意森林绿的建筑用防水帆布，可以简单地对折起来。我也听过有人制作过带铰链的有机玻璃盖子，可以在不用的时候折起来。

对于玩沙游戏来说，水是不可或缺的。如果你的沙箱够大，你的孩子就会去创造水道、运河、游泳池、湖，甚至是神奇的海洋！后院的小浅池就是玩创造性游戏的绝佳水源。把小水池布置在离沙箱很远的地方，这可以让孩子有更多的机会来跑步和从事大量身体运动。我们要让孩子有机会从事有目的性的活动，在有意义的体能运动中运用他们的整个身体。当孩子提着水桶来回奔跑创造河道系统之时，这对孩子来说充满了意义与目的。

提示
玩沙是很好的疗法。
沙的可塑性强、令人觉得舒畅，玩起来也很容易，是增进大脑半球创造力的极佳媒质。

最近，有些儿童心理学家开始运用“沙盘疗法”，观察孩子的游戏与想象力。通常来说，通过游戏，不仅治疗学家能够更好地了解孩子的困难，孩子自己也能理解和解决生活中所面临的挑战。这项事实启发我在户外沙箱中放入许多小的塑料家畜与野生动物。这些玩具不断被把玩、弄丢又再次找到，这对孩子都是充满兴奋和惊奇的经历。如果我们让孩子接触到沙、水并进行自由的创造性游戏，我们就给他们提供了广阔的舞台，在这个舞台上，他们可以安全地探索生命的重大问题：我是谁，我处于什么样的位置，我的需求是什么，我可以给予什么。所有的想象性游戏都提供了这个机会，但是形态多变的沙和水却具备特有的魔力。

玩沙的时候最适合教导孩子善待后院的小昆虫。你的孩子也许会跑来跟你说，他在沙箱角落里找到了巨大的长脚蜘蛛。这时可以将昆虫拿出来，轻手轻脚地放在那里，并建议为它建个很棒的沙城堡，并为它修好供水系统。你四岁的孩子也许几分钟之内就会忘记这个计划（也许需要提醒他，要记得放出巨大的长脚蜘蛛），但是你的五到九岁的孩子将会完成它，并作出许多的改善工作。

随时准备擦洗沙子的专用毛巾
* 将毛巾放在进门的篮子里。
* 在孩子进门前先擦洗沙子；也许需要先脱掉外衣。
* 白沙相对容易让室内保持清洁。

玩沙和水必要的附带物品，就是在放在后门附近的整篮旧毛

关于后院的池子

* 增加昆虫类生物
* 增加野生生物
* 丰富的背景声音
* 丰富了孩子的户外生活

巾。用微笑与毛巾来迎接你的孩子，并且将泥沙擦干净；如果需要的话，脱掉最外层的衣服。如果擦得很干净的话，通常并不需要立刻去洗澡。如果沙是白色的，也许地毯上只会有些许闪光的微尘。

水在户外游戏空间中丰富了孩子经历的各个方面。沙箱中的水只是其中的一种。你也许可以研究如何创造出庭院的池塘，并具有完整的水源、池子、水生植物等等。人造池塘会让游戏添色不少，而且池塘需要持续的照料。园艺店应该能告诉你如何建造池塘，这样你就可以做出很周全的决定。池塘周边的自然生命是多种多样的，也是很令人惊奇的。我的厨房门外面有条小河，其中的野生动物会带来整年的乐趣。鸟会来喝水与洗澡，但还有很多种的蟾蜍、水黾、蝾螈、小鱼、淡水螯虾，甚至还有浣熊会来清洗食物，这真是太棒了！如果我们在设计环境时也考虑到多样化的野生动物需求，它们将会很快出现在我们的生活当中。

环境受到如此严重的威胁，我们亟需教育孩子透过实际行动来爱护和尊重这个世界上的其他生命。幼儿不是通过道听途说，而是能通过游戏与它们的互动，来学会爱护它们，甚至池塘水面上的水黾。

声音环境

有个非常微妙的方式能增进孩子的户外游戏经验，那就是留意声音环境。之前提过的许多点子都能让声音变得更丰富。保护益虫的生命也能够充实声音体验，比如蜜蜂在附近的嗡嗡声，还有苍蝇轻快飞过水池的声音。庭院野生动物的声音，黎明的鸟鸣

将生活扩展到户外去

* 在户外用餐
* 在户外做艺术活动
* 在吊床中讲故事
* 在院子中露营

声，以及松鼠的吱吱叫声，都能让孩子的生命中充满了声音体验。微风穿过高高的观赏类花草，在山丘脚下低语，诉说着夏日的秘密，河流唱着自己的歌，欢快地流进池塘里。蜂鸟的嗡嗡声会让孩子感到大为惊叹。你也可以根据家庭周围的环境，挑选美丽而声音柔和的风铃挂在树枝上。你也可以将几个更小的风铃挂在低矮的灌木丛上，或者花园的木桩上，这样当孩子跑过的时候，他们伸手就可以触及。大自然从来都不是沉默的，当我们为孩子创造迷人的游戏环境时，我们可以让大自然的交响乐变得更丰富多彩。

户外活动

当社会与自然环境越是疏离，就越有必要在自己的后院里，让孩子轻而易举地就能深深地浸润在自然界中。天气好的时候，你可以考虑在户外做很多的活动。也许你可以在户外吃点心，铺上明亮的花色桌布，然后拿出简单的食物和在太阳下闪光的莓果茶来享用，这些都是很美好的事情。只要可能的话，你都可以考虑在户外吃晚餐。你的蝙蝠窝在这时甚至会创造出更多的快乐；这些夜间工作者会吃掉几百只蚊子。可以点上香茅油蜡烛，这既能制造气氛同时又能防蚊；也有很多天然驱虫剂可以选用。

寒冷天气的户外活动

* 将花园收拾好
* 耙拢叶子
* 收起水池
* 给野生动物的食槽中装满食物
* 开始穿多件衣服

你也可以考虑去户外从事艺术活动。你需要一张野餐桌，和一块经久耐用的防水桌布。伴随着鸟儿的歌声和透过树叶缝隙的斑驳光影，在铺开的大纸上安静地用水彩笔和大画笔画画是非常美好的体验。在吊床上讲故事，是午睡的完美前导，能够将你和孩子摇入放松和快乐的状态中。每个后院都需要安静舒适的吊床，不管是做梦、打盹或是做白日梦，还是幻想在高高的海面上驾着一艘小船。

现在我们来看看，生活中有哪些室内活动也可以转移到大自然中去进行。不要让天气妨碍你的决心。在我的幼儿园里，我们几乎每天都会在户外吃午餐！野餐桌放在一棵白杨树下面，因此在热天有浓密的树荫可以纳凉，而在树叶落下的时节，餐桌仍然明亮而充满阳光。在阳光暖和的冬天，穿着厚重而暖和的衣服到外面去吃野餐可是很开心的事情呢！

别忘了晚上的时光。全家在后院露营是很好的冒险活动。向来熟悉的后院在夜晚的各种声音和气味中会变得神秘无比。你需要弄清楚孩子的气质与成长情况，以便知道何时准备到户外露营过夜。

寒冷天气时的户外活动

秋天的游戏空间可以充满各种惊喜，即便西红柿藤已经枯萎，叶子也已经落下。你的孩子也许会去拔夏日花园里的老南瓜藤，准备做成堆肥。他也许会记得在夏日花园的小径中来回穿梭的快乐日子，以及新鲜莓果的味道。如果你的庭院有能遮荫的树，当你和孩子耙了许多落叶之后（在被他们跳进去后，再耙一次），你们最后可以用手推车将落叶运到堆肥上面。这是了解自然界中万物循环往复的重要功课。你的孩子会看到他游戏场地中的干草捆和叶子都进入了花园之中。他将会开始了解，这些腐烂和分解活动将孕育他未来的花园。

当天气变得寒冷之时，这就需要放掉沙箱池中的水了。保存池子也是了解万物循环的功课。你可以将池子挂在车库里，等待温暖的日子再度来临。在秋天的寒气之中，你要特别关注野生动物的食槽。当你给每个食槽逐次倒满食物之时，你可以给孩子讲那些即将冬眠的动物的故事，还有那些勇敢而开心地留下来陪我们过冬的鸟儿的故事。

适合天气的穿着

* 最好多穿几件衣服；
* 戴帽子保暖；
* 暖和的袜子和靴子较为舒适；
* 可以穿上雨衣在下雨天玩耍；
* 孩子通过模仿学习，你也要穿适合天气的衣物。

如果我们好好搜寻孩子和我们的衣柜，就会发现，不论碰到什么天气，我们几乎都能出门。关于寒冷天气的穿着，最好的答案就是穿好几件衣服，包括长内衣裤、高领毛衣、毛衣和几件厚夹克，再罩上厚实的大外套。当孩子充满活力地跑步与翻跟斗时，一件外套就足以让他感到暖和；而当他忙着挖掘的时候，这种穿着又会太冷。如果多穿件衣服，那么外面的夹克可以在玩抓人游戏的时候脱掉，等到在堡垒中秘密会面时再穿起来。穿几件衣服还可以吸干身体上流的汗水，而且几双袜子也能够保暖。让双脚保持暖和而干爽，并在脑袋上带着帽子或裹上围巾，是孩子能够快乐地进行户外游戏的秘诀。现在已不流行在冬天戴帽子，或扣上大衣扣子；但我们可以以身作则，先戴好帽子并扣上扣子，然后如果我们坚持要孩子保暖时，他们会比较情愿。还记得他们是通过模仿来学习的吗？如果他们看到我们在户外冷得发颤，他们会以为就应该这样，自己也会这么做。我们从头顶散发出了大量的身体热量，而现在有各式各样精致的、奇特甚至优美的帽子，这会让戴帽子这件事既有趣，又能保证身体的暖和。暖和的优质防水靴子对户外游戏也是必不可少的。有毛毡衬里的儿童靴最为理想，衬里可以取下来，放在炉子旁边或电热器上烤干。如果我们愿意花钱买好的防水衣服，我们与孩子就能享受到细雨的美好祝福，同时又能让身体完全干爽、暖和，不会被雨水淋到。有时候庭院太泥泞，不适合玩耍，但在雨中漫步可以呼吸到新鲜而寒冷的室外空气。通常孩子都喜爱雨，但父母因为担心孩子淋雨感冒，所以会将他们留在室内。但如果我们和孩子穿着合适的衣服，孩子们就能享受到雨后的清新空气而不会生病，这样我们就能感受到各种不同的天气。

创造平衡、多样、充满活力的户外空间，这不仅对孩子来说是美好的礼物，对我们来说也是一种冒险。设法进行越来越多的户外互动，会让整个家庭与自然界联系得更加紧密。作为父母，或许也会发现我们生命本质中的天然快乐，并重新发现游戏的艺术！

第六章

奇妙的故事

透过故事，我们可以让孩子获得优秀的人格品质，这将会帮助他们在面对生活困境时找到解决之道。

创造故事的能力和需求属于人类最显著的特征。我们通过故事来赋予生活意义。每个人都有自己的故事，随着我们理解力的增强和视野的拓展，这些故事会发生巨大的变化。布鲁诺·贝特尔海姆（Bruno Bettelheim）告诉我们，幼儿“不是通过理性的认知，而是通过延长白日梦——反复思考、重新组织并幻想适当的故事来应对生活的压力——来理解生活，并具备相应的应对能力”。

通过故事，我们可以向孩子提供强有力的工具，让他们理解自己的生活。当孩子在成长过程中遇到困难的时候，故事为他们提供了解除困境的榜样；故事也会为孩子提供多种人格特质的形象，这会在孩子遇到困难时帮助他们。这些形象可以奠定有力的基础，影响到孩子的一生。正如所有好的文学作品那样，“真实”的故事吸引着许多不同层次的读者，也会在他们的不同发展阶段中产生影响。我们向孩子们讲述的故事和充满深意的形象，为他们的想象力提供了新的维度，而这是他们自己很难去发现的。

故事里的形象让孩子看到人类互动的微妙之处，以及社会所赞扬与排斥的品格。

故事不仅能让成长中的孩子理解自己的内在体验，也可以帮助他们了解外在世界的运作方式。从最早的洞穴壁画故事到神圣的口述长篇故事，演变到现今的故事书，故事总是在为广大的社会服务。透过故事所提供的形象，孩子了解到人类互动的复杂之处，以及被社会赞扬和拒绝的品格。故事以这样的方式塑造了社会行为，而文化就因此在世代之间传递。那些影响历史发展的人物的故事俘获了人类的心灵，并始终让真实的历史变得更加生动。

通过故事来学习语言

我们不能低估讲故事对语言学习的作用。孩子在母腹中的时候，就对母语形成了最初的印象。在出生之后，婴儿被抱在父母慈爱的怀抱中，周围都是温暖亲切的话语。因此，让婴儿和幼儿接触到自然的人声，并保护他不要暴露在机械或电子的声音之下就变得极其重要了。不只是人类声音中的内容对孩子的健康发展至关重要，声音中的情感或人性特征也是如此。在换尿布与哺乳的时候，妈妈会抱着婴儿并哄他。她对婴儿说："喔！你尿湿了吗？我们来换上暖和、干爽的衣服""你肯定饿了吧！"或者是"爸爸来了哦，他好爱他的儿子！"在这个早期阶段，婴儿已经在通过故事认识自身、他的世界，以及他周围的人与事。婴儿通过简单自然并不断重复的话语，不断地创造着身体的感知、感觉以及形象。通过听关于他自身的成长故事，通过将话语和人与事物联系起来，孩子开始发展出语言能力。

对于婴儿来说，玩"手指头和脚趾头"游戏，可以增加语言能力。
念《鹅妈妈》童谣，并在句尾押韵时，摸摸耳朵、鼻子、肚子和脚趾头，创造出你自己的游戏。

对于婴儿来说，这个单纯的语言经验，可以借着"手指和脚趾游戏"而变得更加丰富。经典的《五只小猪上市场》（*This Little Piggy Went to Market*）用押韵文字与动作来描述故事。父母可以将孩子抱在膝盖上，用韵文来讲这个故事，并用手势指着婴儿的身体。这可以奠定语言发展的基础，并发展孩子的记忆能力，而这是培养有意义的认知所必需的。因为手脚游戏是有节奏并押韵的，以肢体动作为主的，身体感知回应着随后紧跟的印象和词语，这样婴儿的口语记忆能力就变强了。当你向膝上的孩子再三重复着经典的童谣，这就让婴儿、学步儿童、学前儿童获得了丰富的节奏性语言的体验，并为其形成图像的能力打下了稳固的基础。这

对两岁、三岁和四岁的孩子来说，押韵的故事是非常适合的；去找文字优美的故事。

三四岁的孩子正在发掘自己小小世界的奇迹。找些叙述简单生活中的简单事情的故事。

个形成内在图像的能力是所有知识学习的前提。

在最初给孩子买书时，可以加上《鹅妈妈童谣》。起初主要是当成参考书用。可以将它摊开放在厨房的桌子上，当你做家务时，就可以将书中优美、有趣和无厘头的童谣逐渐背熟。当你将宝宝抱在膝上的时候，用眼睛望着孩子，在轻松好玩的氛围下，用缓慢、清楚而充满节奏感的方式，重复地念出童谣。以《五只小猪上市场》为例，你可以在每句韵文结束时轻轻搔宝宝的手指、脚趾、鼻子、耳朵、小肚子等地方。要记得，在每次念某个特定的童谣时要采用相同的动作。这也会促进运动能力和日后的认知记忆能力。

对于两三岁和四岁的孩子来说，最好能找到押韵的故事，并配上能够反映它的小小世界的简单图像。所有的孩子都喜欢诗歌的韵律与节奏，因此可以去图书馆和书店找找。在这个时代，优雅地使用语言是很珍贵的能力，尤其当现代很多儿童文学已经都只注重“可爱”的时候，语言被简化到只剩下最低的功能。从孩子很小开始，我们就要给孩子提供富有质感的、各种各样的、具有音乐性的语言。假设将语言比作承载孩子的河流，那就让我们留意河水的质量、纯净与生命力。

为三四岁孩子准备的故事

再现孩子们日常活动——早餐时褐色燕麦片的浓烈味道，厨房窗外树枝上松鼠的特技表演，滑入裸露脚趾间的凉沙——的故事，能够帮助他们用语言来表达他们的日常生活，并从而理解这种生活。在你的藏书中搜寻那些描述简单生活中简单事件的图画书。对非常小的孩子来说，看看是否能找到只用少量情节就能深

善用图画书，并练习自己编故事。

刻解释某件事情的书籍。最好的选择标准就是“简单”！比如可以寻找这种图画故事：小猫咪在年幼孩子的腿上发出了呜呜声，或者年幼的孩子裹着毯子醒来，惊喜地发现鸟儿正在窗外唱着歌。

对三四岁的孩子来说，非常适合看那些敏锐地描述错综复杂的生命网络之单纯美好的书籍。

你或许也会发现无字图画书的魔力，这种书只用图片来说故事。这样的书不仅能让孩子轻松且惊奇地看着图画所呈现的故事发展，对你来说也很令人开心！它们让你有机会去练习创作故事的技巧。如果你指着图片说“不知道这里发生了什么事呢”，孩子就可以和你共同编故事；自己编造的故事是心贴心的礼物。

三四岁的孩子忙着觉察这个自然世界。他们像懂得禅机的小哲学家，时时刻刻生活在感官印象中。在恒久不变的大环境中，大自然让他们感受到各种各样的感官现象，并微妙而缓慢地改变着这些现象。孩子仍然属于自然的存在体，因此他们会被绿色的户外世界吸引。书和故事能敏锐地展现错综复杂的生命之网的奇妙之处，非常适合这个年纪的孩子们。你也许能在图书馆找到这样的书，比如某棵树木每年经历着生命的循环，冒出新芽、开花、生长叶子、落叶，最后结出坚果或是莓果并被鹿吃掉；或者你能找到这样的故事：有个小孩在吹熄晚上的蜡烛时，心中暗暗许下下雪的愿望。接着，在寂静中降下了小小的“钻石”，等到黎明时，他们的房子在雪堆之中若隐若现……这里的要点是：简单，简单，还是简单。

向三四岁的孩子讲述自然大家族伟大而慈爱的故事。那里居住着大地母亲、太阳父亲、雨姐姐、风弟弟，还有表兄弟姊妹和雨精灵。这些故事会让孩子将日益成长的家庭意识扩展到万物身上。

要使三四岁的孩子了解自然界的互动，最完美的方式就是透过故事将自然界比喻成充满爱的大家庭。我们可以讲些（或自己编）关于大地母亲的故事，例如叶子、昆虫还有小动物都是她的孩子，她很关心这些孩子。可以描述她如何在秋天时把它们放到床上去，在冬天时用雪做的毯子给它们保暖，并在春天时唤醒它动物的故事对三四岁的孩子来说也非常合适。寻找孩子熟悉的后院动物、树林动物或家畜的书与故事。等孩子年龄更大时再讲述异国动物的故事。

们并穿上花衣服。其他的家庭成员有太阳爸爸、雨姐姐和风弟弟，每个都在管理地球生命的过程中扮演着重要的角色。你可以创作出“天气精灵家族”的故事，雨精灵关心着春天的花园，雾精灵在每片草叶的叶面洒上珍珠，雪精灵为冬天带来了温暖的白毛毯。你的孩子正在亲自探索这个大自然家族，如果我们以这样充满想象力的方式来描述他们自身的体验，他们会非常乐意倾听。

三四岁的孩子也很适合听动物的故事。先把焦点放在孩子熟悉的后院动物上，等孩子再大些再讲非洲大草原动物或澳洲袋鼠的故事。家庭里的宠物故事、家畜、后院的野生生物、昆虫还有水生动物的故事，对于这个年纪的孩子来说都很合适。去找些富有想象力的动物故事，而且要记住，采用拟人化的描述方式要比科学实验的角度更合适。我们要培养这个年纪的孩子去热爱动物与大自然，他们借着这种经验来形成内在的图像。

记得将你的宝贝放在膝盖上，慢慢地读，让他有时间去消化语言及图像。孩子会再三地要求你讲述同样的故事。**这里需要注意的是，**每次都要用相同的方式读，以增强他的语言学习、记忆和排序能力。这个逐渐加深的视觉、听觉和触觉经验，是能够让孩子终生受益的礼物。

在婴儿进行手、脚游戏练习以及无字图画书的故事创作阶段之后，我们就可以享受接下来的部分了。如果我们已经很熟悉那些适合三四岁孩子的、以家庭为主题的简单故事，我们就能开心地借助于想象力来编造故事了。记得用孩子们熟悉而且与家庭相关的主题，不需要有太多的故事情节。要让你创造出来的图像整天都很清晰。

让三四岁的孩子坐在腿上，慢慢地读，每次都用相同的方式进行。这种逐渐加深视觉、听觉和触觉经验的做法会让孩子受益终生。

这里有两个即兴创作故事的例子，适合三四岁的孩子，有时连五六岁的孩子也会喜爱这种简单的故事。不要忘记你的笔记本。你可以用自己的想象力创造出这样简单的故事。孩子最喜欢你所创造的故事！

~ 雨花园 ~

很久很久以前，在十一月的某个晦暗而阴郁的日子里，小乔治坐在卧室的大窗台上，向外看着花园。夏天时，花园是如此地明媚，长满了他与爸爸种下的成熟的红西红柿。他记得剑兰长着很高的茎，开有鲜红色的花朵，向着温暖的微风喃喃低语。但是，今天的花园却灰扑扑的，凌乱不堪。

突然间，他看见他最喜爱的向日葵下垂的粗壮茎秆下方，有个棕色的小脑袋迅速地上下晃动着。那向日葵之前长得好大，七月时，小乔治还为它绑上支撑架。他眯着眼睛想看得更清楚，在那里！又出现了！现在他看到一双小翅膀在振动，突然间他看清楚了，是山雀在忙着啄向日葵的种子。他注视着那只在大片灰色天空下不断啄食的棕色小鸟。

他有个主意！他从窗台上跳下来，气喘吁吁地跑下楼梯，进入厨房并打开橱柜的门。妈妈问：“宝贝，你需要什么？”他说：“我想长得更高些！”乔治把一张厨房的椅子推过来并站上去，盯着柜子里黑暗的角落。那个罐子放在哪里呢？那是他在丰收时节花了很多精力才装满的罐子。那时候爸爸忙着刨马铃薯，而妈妈做着桃子果酱。他不断地翻找着，把罐头、瓶子和盒子推来挪去，这时妈妈说话了：“小心点，不要急！”

找到了！在上面柜子里靠后面。他伸出双手去拿。从椅子上爬下来后，他拿给妈妈看。妈妈说：“那是花园中你最喜欢的向日葵种子，你要拿去哪里？”但是小乔治很匆忙，没有时间回答。

在后门，他从挂钩上取下他的夹克、帽子还有连指手套。现在他已经可以自己穿上每件衣服了，甚至包括很难对付的拉链。当他正准备开门时，妈妈向他走来，“乔治宝贝，开始下雨啰。”于是，他把黄色的雨衣穿在最外面，还有那个黄色大雨帽，当你戴上它时，每个声音听起来都很好玩。

在花园里，他呼吸着脚下秋天落叶散发出来的清香。当他走过昔日的西红柿田时，他惊讶地闻到，垂落的西红柿藤蔓上还残留着去年夏天西红柿的浓烈味道。落在大雨帽上的雨滴声比屋顶上的还响。

小山雀一直看着他。现在他更靠近了，她张开小翅膀，振翅飞到附近的树枝上。当小乔治站在向日葵秆下面的时候，小山雀用明亮而敏锐的眼睛看着他。小乔治弯下腰，在棕色的土壤上寻找着，只看到几粒残留的种子。他微笑着打开罐子，在潮湿的土地上撒上一把亮黑色的种子。

一阵大风吹了过来，吹起了他的雨衣，黄色帽子的帽檐将水珠溅到小乔治的脸颊上。他打了个冷战，跑到紧靠着花园的秋千架那里。他抬起头，看见妈妈在厨房的窗子旁微笑。雨在他周围轻柔地落下来，小乔治荡着秋千，在花园里蹦蹦跳跳、挖掘与奔跑。在层层衣服的包裹下，他感到很暖和，高兴地玩着，雨精灵也环绕着他在跳舞呢。

当他终于停止奔跑，开始忙着在沙箱里挖隧道时，突然有小翅膀俯冲下来，是山雀回来啄种子了！她接二连三地啄着种子，与此同时，小乔治则用小铲子不断挖着隧道。他们都非常开心。

那天晚上，小乔治在浴缸中唱起了欢乐的歌儿，歌中谈到了山雀和亮闪闪的种子，还有夏天的向日葵与秋天的雨水。他在舒适的床上微笑着进入梦乡。

~雨精灵的冬天外套~

在一个明亮的早晨，伟大的雨云妈妈向下凝望着大地。她看到有位女孩正在她花园的沙箱中，勤劳忙碌地挖掘着。她幼小的弟弟就坐在她的旁边，挥舞着圆嘟嘟的手臂。附近有位高大的男人弯腰在花园的苗床上工作，他的手臂晒得很黑。他站起来，伸直他的背，摇着头对在附近豌豆田里工作的妻子说："嗯，亲爱的，我们真的需要雨水。"他仰起头，用手遮着阳光望向远方。远远地，他看见了雨云妈妈穿着她那珍珠灰色的、有蕾丝滚边的衣裳。他说："也许雨正在往我们这个方向来。"小女孩停止了搭建桥梁的工作，抬头向上看，轻声说道："喔，拜托你们，雨精灵，今天来拜访我们。我需要水来注满我的河流，就是桥下的这条河。"她的弟弟则将小小的脚趾头在平滑的沙中弯起又伸直。

雨云妈妈在上方仔细地聆听着。她很爱地球上的人们，以及许多拥有翅膀以及有四只脚的动物。她特别喜爱有鳞片的鱼、蟾蜍还有昆虫。她听到了小女孩的轻声低语以及男人忧虑的声音。然后她吹响了低沉的号角，当她有工作要做时，她就用这种方式唤醒她的雨精灵孩子们。她用力地吹着，号角的声音隆隆作响。男人大叫："打雷了。"小女孩跳上跳下，小婴儿发出尖叫声，女人则露出了微笑，捋了捋垂在前额上的卷发。

现在，在雨云妈妈舒适的裙子深处，许多睡眼惺忪、乱蓬蓬的脑袋从淡紫色和蓝色毛毯中冒出来了。在翻滚和旋转之中，枕头大战开始了。雨精灵们兴高采烈地笑着，躲在毛毯后面，扔出松软的云枕头。雨云妈妈对她打闹的孩子们眨眨眼。"来，孩子们，我们要在大地工作了！"

雨精灵们接二连三地从妈妈蕾丝裙的大水库中，将她们的小水桶注满水，很快地洒到下面的花园。豌豆抬起了卷曲的脑袋，豆荚得意地膨胀开来。玉米摇了摇他如丝般的头发。男人和女人赶紧抱起婴儿回到屋内。小女孩坐下来安静地呼吸着，看着她的沙箱河流慢慢注入雨水。

就这样，雨精灵逐日拜访大地，为玉米和豌豆浇水，注满了小溪和河流，让小鱼、农夫和孩子们都绽开了笑容。夏天因此来临了，直到最后，它将叶绿般的脑袋转向了秋天。

在晚秋，伟大的雨云妈妈的舅舅——北风，开始吹着他寒冷的气流。花园安静地躺下睡着了。孩子们忙碌地在室内玩耍。现在雨精灵开始央求他们的妈妈，“喔，拜托，我们能不能去北方国家拜访我们的表哥呢？”“他们有很多好玩的游戏可以玩！”雨云妈妈点点头说：“可以呀。我相信那正是适合我们去做的事情！”她将她的孩子舒适地放入蕾丝云裙里面，吹走了。

在遥远的北方，在与表哥冰精灵玩耍的时候，雨小孩开始颤抖！他们急匆匆地回到雨云妈妈那里，哭喊着：“我们好冷。”她回答：“快来这里！这是你们的冬天外套。”雨精灵们的眼睛立刻亮起来了！妈妈已经为他们每个人都做好了一件闪亮的白色外套，它反射出彩虹的亮光，在阳光中熠熠生辉。每个孩子都穿上了外套，温暖舒服地蜷伏在它柔软的羽绒中。现在这里有乘雪橇与溜冰的游戏，还有雪花麦片粥做早餐，冰淇淋做点心。这真是很棒的拜访。

最后，伟大的雨云妈妈将孩子集合起来，现在是说再见的时刻了，他们很快地回到家里。闪亮的新外套让雨孩子非常骄傲。她们从未见过如此美丽的事物。“我们可以把你在北方国家送给我们的礼物给人们看看吗？拜托你，妈妈，可以吗？拜托。”

小女孩念完晚祷，吻过爸爸妈妈并说过晚安以后，就吹熄了蜡烛。她听到婴儿小小的鼾声从小床那里传了过来。她在夜里直打哆嗦。然后她感觉到舒适的毛毯被提高，塞到她的下巴底下。

当她睁开眼睛时，房间充满了柔和的光辉。她拉开被子，轻手轻脚地下了地。然后她看向窗外，用每个人都听得到的声音叫着："看！看！下雪了！"她的眼睛闪烁着灿烂的光芒，就像雨精灵的新外套那样。每个人都很高兴。

引导三四岁孩子的故事

与三到四岁的孩子相处时，需要采用微妙的方式来引导他们。当我们越是熟悉故事创作的过程，我们就越能够间接但有效地引导年幼的孩子。对这个年纪的孩子来说，我们可以用适当的比喻，给予力量、安慰、勇气还有热情。

我们可以在故事中创造情境，密切地反映孩子所经历到的困境。对这个年纪的小孩来说，我们可以创造类似现实的故事，把背景换成动物王国。例如，如果孩子很难接受新诞生的弟弟或妹妹，我们或许可以给他讲一只小松鼠的故事：这只松鼠原本在松鼠爸爸和松鼠妈妈的爱护下快乐地生活，但是新诞生的松鼠宝宝的到来扰乱了所有事情，让小松鼠非常沮丧。在这段时间里，以前与松鼠妈妈在树顶玩他最爱的追逐游戏的次数大大减少了，而且每次游戏时间也短多了。松鼠爸爸以前最喜欢敲破很大的坚果，现在却开始讲床边故事。**记得，幼儿会透过细节来生活，所以，你的故事应该充满生动的细节。**你可以描述小松鼠的反应，描写它躲在溪边的空木头中，感到非常孤独。故事的美妙之处，就在

"引导故事"的元素

* 讲与孩子的处境相似的故事；
* 用发生在动物王国中的故事来比喻；
* 呈现问题并加上细节的描述；
* 用生动的故事图像去解决问题；
* 每个故事的结尾都是"从此过着幸福快乐的日子"。

于它比实际生活发展得快。答案可以在当下就被图像化，并给未来带来真实的希望。在解决这个问题以后，你就可以跳到下个季节，这时松鼠宝宝已经变大点了。现在它需要学习松鼠的重要秘诀，而小松鼠则快乐地传授给了他：如何在橡树的树根中间玩捉迷藏，要到哪里找到适合的树枝来玩橡子球，尤其是在树枝上倒着走路的技巧。透过这样故事，你年幼的孩子会学习到：有时事情刚开始看起来很可怕，但只要有耐心并坚持，它最终却能极大地丰富人生。

适合五六岁孩子听的童话故事

五岁以上的小孩出现了新的需求。伴随着新近获得的各种技能和由此产生的独立意识，以及日益成熟的认知发展，孩子现在需要的是那些能够让他们汲取到勇气、智慧和宽容的形象。这时就要开始让孩子接触童话故事，童话故事能满足成长中的孩子的需求，直到七八岁为止。就像所有真正的世界文学，童话适合所有的年龄和发展阶段，做父母的也可以从为孩子挑选的神话故事中获得益处。

五六岁的孩子开始体会到生活中的“善与恶”。也许当她在公园受到其他孩子的揶揄嘲弄的时候，甚或在做客的表兄妹之间的简单交往中，她就体会到了！通常年幼的孩子无法在自己的行为中辨识出这种对立，却可以在外在世界中认识到。精心挑选的童话故事透过简单、清楚的生动描述，以及用粗线条勾画出来的人物形象，向孩子指明如何积极地关注自己的人性；这些故事也有利于塑造他的道德观。

五到八岁的孩子，需要勇敢、睿智和宽宏大量的形象。现在可以给他们读童话故事了。

童话故事会采用清楚明白的方式来典型地描述某个问题，情节却非常简单，其中的人物都被刻画得很清楚，不会模棱两可。比如，邪恶的皇后就是邪恶的化身，最小的儿子有颗纯净如黄金的心。对这个年纪的孩子来说，故事中的人物必须体现出品质，而不是复杂的个人。孩子尚未具备充分的洞察能力，无法评价那些更贴近生活的人物、充满我们每个人都有的模糊性的人物。因此孩子需要用他们能够理解的方式去认识各种各样的人类品质，这就体现为童话中的不同角色。我们看到对立的品格同时出现：姐姐勤劳又高尚，而妹妹却懒惰又狡猾；哥哥自私而残忍，而弟弟却富有爱心。有个家长善良之极，而另外那个家长却邪恶透顶。将这些对立品质放在一起，随着故事的进展，孩子就有机会看到这些特质对主角造成了什么样的影响。残忍的哥哥被变成了石头，好心的弟弟则赢得了公主永恒的爱。仁慈开启了爱的大门，而残酷却能把心变成石头，故事不都是这样子吗？懒惰的妹妹被沥青淹没了，而勤劳的姐姐却穿着黄金衣饰。我们都知道，内在的懒惰会产生停滞，但内在的努力——不论外在的结果如何——都会闪耀出富足的光芒。

看见这些同时呈现的对立特质之后，孩子可以开始去想象，

五六岁的孩子开始体会到生活中的“善与恶”。恰当的童话故事可以示范给孩子，如何以正面的态度面对她自身的人性。

他想要成为哪种人；他借着角色认同，去感觉到角色所感觉到的东西，“尝试”不同人物的存在方式。在童话故事中，通常负面人物会获得暂时的优势，而孩子也许会被这力量、狡猾和势力所吸引。但当故事展开时，孩子看到了自私的结果，并能用想象力体验到。

年幼的孩子尚未具备选择对错的能力；但能识别那些激起他的同情或反感的人物。角色描写得越简单清楚，孩子就越容易识别。而我们必须谨记的是，不是人物的“善良”本质在吸引孩子，而是他认同这种善良所创造的生活情境。透过这些童话，他了解到善良为他的生活带来了美好的结果，而自私终会为生活带来很大的限制。

因此孩子需要去理解人类灵魂各种各样的品质，这些品质应该采用孩子能够理解的语言来讲述，并在童话中不同的角色身上体现出来。

有些童话故事并不强调对立的特质，而是提出问题并给出答案。孩子可以在很多故事中看到，不同的人用不同的方式处理问题。小女孩智取大熊，并且找到了回家的路。贫穷的樵夫慷慨地分享他的面包，却得到永远吃不完的粮食。最小的弟弟好心地看护蜜蜂，后来蜜蜂帮他选出最甜美的公主。王子离乡背井，凭借着一颗纯净的心努力地完成了任务，从而赢得了公主还有王国。女孩必须三个晚上坐着祷告并抵抗怪物的侵犯，以便找到真正属于她的王国。我们大人也都经历过类似的故事情境：在大多数混乱的情况中，敏锐机智总能“智胜”最棘手的处境；慷慨换来十倍的回报；对他人仁慈会让我们在急需援手时也能得到帮助；纯洁与坚持不懈丰富了我们的心灵；冷静地面对内在的“怪物”会让我们成为真实的自我。还有什么办法比让孩子在识别童话人物的时候获得真实的感受，更能够将这些得来不易的真理传递给他们呢？

看到这些品质同时呈现在故事中，孩子可以开始想象，他想要成为哪种人。

让我们看看童话故事的内在结构与传统的神话和寓言故事有什么差别。童话故事总是发生在日常生活环境当中：渔夫带着渔网，樵夫在森林里，孩子玩着金球。这些都在暗示，任何人的日常生活中都可能发生这种事，包括你我这样的普通人。男主角和女主角都不是声名显赫之人；他们仍然生活在原型的世界中，并被简单地称为最年轻的儿子，或者好心的皇后，这让他们显然很容易被识别出来。相比之下，神话发生在伟大神祇的世界，人物特征非常鲜明，谱系也非常清楚。童话故事以朴实而轻松的风格展开，即便在讲述最奇特的东西与事件时，措辞也简单而清楚，极少浮夸之气。这种非正式的口气有助于孩子相信，即使是渺小而地位卑微的（就如孩子的感受）普通人，也可以完成这些不可思议的英勇事迹。另一方面，神话则宣称唯有半神半人与英雄才能完成这些英勇事迹。寓言并不以雄伟的叙事来感动听者，而是以教导的口吻，确保听故事者能领悟故事所要传达的道德观。童话故事则让孩子自己去完成吸收其价值的内在工作。童话故事和它们有个重要的不同之处，那就是其乐观的基调。主角面对他的挑战时，几乎不可能克服它们，然而他们在每个转折点都能得到帮助，这归因于他们的勇气或宽宏大量。他们怀着勇气和坚忍不拔的精神面对着不可能的事情，并获得了百倍的回报。他们也总是从此过着“幸福快乐的日子”。神话和寓言故事虽然展现了道德寓意，但通常以悲剧或损失而告终。对幼儿来说，简单、乐观的信仰基石是非常重要的。布鲁诺·贝特尔海姆说，正是这些信念促使孩子们愿意面对成长的挑战和冒险。

记住，不是人物内在的善良在吸引孩子，而是他认同这种善良所创造的生命情境。

童话故事的必要元素

* 在日常生活的背景中发生；
* 以简单、轻松的方式展开；
* 有基本的乐观氛围；
* 男主人公或女主人公都不出名而且很容易被认同；
* 让孩子自己去发现内在的意义；
* 总是这样结束故事：男主人公/女主人公从此“过着幸福快乐的生活”。

引导五六岁孩子的故事

在童话故事中，主人公常常在不可避免的情况下独自进入世界。他透过内在的自信和才智与世界建立了关系，再靠着少许魔力，主角在新的家庭发现到丰富的爱与良善。而与此同时，他也怀着巨大的欢乐回到了最初的家和父母身边。新旧两个家庭的结合受到了祝福。

六七岁的孩子很自然地会开始感受到自己与父母和环境的分离。童年是漫长而缓慢的独立过程。孩子变得更加自信，在青春期之前，他越来越不需要父母的支持和引导了。然而，当我们的社会变得愈来愈支离破碎的时候，孩子很容易感受到疏离感，而并不会觉得它正在安全地成长为独立的个体。童话形式的“引导性故事”可以成为带来慰藉、勇气和疗愈的良方。

有时候，我们会看到孩子正在艰难地应对他无法解决的困境。或者，我们可能会看到他在面对他人或情境时所形成的应对模式，而这模式却是有限或不平衡的。如果我们更熟悉这些童话故事的内在架构，并了解不同的元素在孩子生命成长中所扮演的角色，我们也能够编造自己的魔法故事。我们可以从童话故事中撷取所需的材料，利用它们来为孩子创作故事，并让故事里的主人公处于类似的内心挣扎中。我们的故事可以非常简洁地呈现出孩子遇到的困境，有他能够感同身受的中心人物，以及一段旅程，在其中他得到好心人的帮助，彰显出孩子所拥有的内在力量。我们可以强调主角的奋斗，并用更成熟的观点展现那些有助于解决问题的人物品质。我们要确保解决办法明显易懂，主角得到了奖赏，此后每个人都过着幸福快乐的生活。记得要用讲其他童话故事时同样轻松的语调来讲述这种故事。尽管你也许想特别强调某些地方，但只要保持简单而轻松的方式即可。

这里有个例子，当六到八岁的孩子因为离开熟悉的环境并进入到更大的圈子——也许是从幼儿园要升小学，或者是要搬到陌生环境时——而感到焦虑时，你可以将这个故事讲给他听。这个故事可以讲给天生善良的孩子听，而第二个故事则适合讲给处于相同情况并天生勇敢的孩子听。

~ 森林里的公主 ~

很久很久以前，有位公主和她的国王爸爸和皇后妈妈一起住在城堡里。她父母的国土从城墙开始，延伸到无穷的远方。在这些被照料得很好的田地后面，有一座黑森林。

小公主很爱围绕着城堡的整齐花园，那里种满了玫瑰与百合花。但是她最爱的是蔬菜园区。她在芳香而浓郁的香草中可以玩几个小时，吃着豌豆和嫩莴苣。年复一年，城堡的园丁告诉了她所有花园的秘密：室内的种子发芽，施到土壤里的肥沃的黑色堆肥，拔野草……城堡的厨师教给了她使用香草的秘密，如何将猎人们带回来的猎物调味，然后在炉台上大锅大锅地炖煮上好几个小时。白天，小公主在花园和厨房中度过开心的时光。晚餐时她坐在爸爸的旁边，听着来访的人说着异国的故事，也很快乐。到了睡觉时间，妈妈帮她梳着红褐色的头发，并讲童话故事给她听。

有一天，当她在温暖的太阳下玩耍时，有只蜜蜂停在她的鼻子上。虽然她害怕被叮咬，但她非常安静地坐着。她记起那些跳着8字舞的小蜜蜂所制造的蜂蜜，让每天的面包变得香甜。蜜蜂停留了片刻，很快就嗡嗡地离开了。当它离开时，她大声喊着："谢谢你给予的甘甜！"刚刚转身，她就看到了厨师的儿子，这是个很高的男孩，年龄比她大一倍，正用弹弓瞄准旁边树枝上的鸽子，那只鸽子咕咕叫着，颈部有着斑纹。她大叫："噢，不要！"听到她的声音，鸽子快快地飞走去找同伴了。那天晚上，当公主在桌上用餐时，有个老女人前来乞求一片面包。小公主从高高的位子上爬下来，把自己碗中的炖肉给了这个乞求的老女人，并说：“这会让你感到暖和，并让你有力气。”因为她的心就像她红褐色的头发那样，温暖而闪亮。

第二天当她在花园中玩时，篱笆旁站着一只幼鹿，可怜地对着她哭泣。她决定要帮助这可怜的动物找到回家的路，于是打开门，将手轻轻地放在小鹿的背上，一起朝黑森林的方向走去。她低声地对自己说：“我只能走到森林的边缘，并且要在天黑之前赶快回家。”但是当她抵达森林的边缘时，无论她如何哄诱与鼓励小鹿，小鹿还是没跑向前去找他的妈妈。“还有一个小时天色才会变黑。所以我可以再走远一点来帮助小鹿。”

不过，一个小时很快就过去了。当黑暗降临时，小鹿快乐地叫着，并向前奔去。它的妈妈站在阴影之中，用鼻子爱抚并舔着小鹿的身体。这两只森林的动物相聚了，他们要离开前，往后看了一眼，好像要求公主跟随他们。她看着后面越来越深的黑暗，已经迷失了回家的道路。于是她就在户外睡了整个晚上，紧紧依偎在鹿妈妈和小鹿身旁。

早晨的光线洒下来，她发现她的同伴们离开了，她的肚子也发出咕噜咕噜的声音。她该怎么找食物，还有回家的路呢？这时，她耳边响起了嗡嗡声。是她的蜜蜂朋友用嗡嗡声对她低语：“因为你喜爱我们的甘甜，所以现在我们要帮助你。”一群金色的蜜蜂带着她穿过偏僻而蜿蜒的森林小径，来到一棵很大的中空蜜蜂树旁。在那里，公主在温暖的阳光中吃着甜甜的蜂蜜，快乐地舔着她的手指。当她肚子不再感到饥饿时，她看了看四周。她现在知道，她在错综复杂的森林中更不知去向了。

更让她惊讶的是，附近的树枝上传来轻柔的咕咕声：“跟着我。”那只鸽子是她从男孩的弹弓中救下来的，它在树枝间轻盈地飞翔，最后引导公主到达森林空地中的小屋前。在小屋的门口，那个乞讨的老妇站在那里等着。现在她看起来并不憔悴，也不饥饿；相反，她体态丰盈，双眼闪烁着快乐的光芒。“当时我去城堡考验你心灵的力量。你的善良让你受益匪浅。现在我可以教你很多东西。”

从此小公主和老妇人一起住在森林的小屋里。年复一年，她从老妇人那边学习到森林中所有药草的学问，如何调制药水及膏药，如何治疗断掉的骨头。她的医术非常高明，而她光芒四射的美丽更是独一无二。她长得就像空灵的森林般动人，秋天的叶子上也映射出她头发耀眼的红褐色。

有一天，当她在溪旁洒满阳光的地方采集车前草时，她听到树林中有狩猎号角的回音。等了片刻，有个骑士骑着骏马，疾如闪电般地穿过树林，跃过河床。当马儿跃高时，骑士没有抓好缰绳，摔到了地上。他就在不远的地方躺着，轻声呻吟着。公主被这个男人吓到了。她有许多年没有看见过男人了，平常只有老妇人和森林中的动物朋友们陪伴着她。但是她很快走到骑士身旁。她俯视着他，看到他摔得很厉害，但不是致命的伤害。她用新鲜的药草敷在骑士受伤的地方。她看到这陌生人强壮有力，容貌也非常英俊。

当他恢复意识时，他发现她弯身低俯在他的上方。她的美貌在午后的阳光中闪耀。他的心差点跳出来，他对她说：“我是伟大国王的儿子。因为你治疗了我，请跟我到我的城堡去，你将成为我的新娘。”

婚礼举办得十分隆重，并邀请各地的国王来参加。最后进入大厅的客人是一对老国王和老皇后。看到光芒四射的公主时，他们流下了眼泪。他们终于找到多年前迷失在森林深处的孩子。现在大家全都欢喜地团圆，从此过着幸福快乐的生活。

下面这个故事则适合讲给处于同样情况并天生勇敢的孩子听。

~ 王子和食人怪 ~

很久很久以前有个年轻的王子，他和他的国王爸爸和皇后妈妈幸福地住在城堡里。他喜爱看盛大的骑士队伍，在骑马飞奔的时候身着灿烂夺目的军服，各式各样的旗帜与彩旗也跟着飘扬。有时候锻造军械的工匠师傅会让他擦拭背心上的金属饰片，直到它们在阳光下闪耀着光芒。神箭手会教他将弓握得又正又牢，再往后用力拉弦，让箭飞得又直又准。当每天的工作结束时，他喜欢坐在桌前聆听着其他王国的故事。当他的妈妈帮他在床上盖好被子时，她会讲神奇的童话故事给他听。

但是突然之间，很大的灾难降临到这片土地上，而王子要被送到离城堡很远的地方。旅途中有他爸爸所信任的仆人的照顾。但在很深的森林中，强盗战胜了仆人。现在王子发现自己在这个世界上很孤单，没有任何朋友。

他坐在树桩上，不知该走哪条路才好。眨眼之间，有个老乞丐站在他的旁边，驼着背，神情憔悴。他说：“我整天都没有吃东西了。”这个既善良又勇敢的小王子伸手到袋子里取出最后一片面包，他说：“我很乐意和你一起分享我的面包。”于是他们安静地坐在一起享用午餐。当那老人站起来的时候，他变得高大而庄严，那副瘦小干瘪的模样完全消失了。他说：“因为你帮助了一位老人，现在我要帮助你。带着这三样礼物吧；在你的旅程中，你将会需要它们。这里有一块面包，一颗普通的石头，还有一小瓶玫瑰水。你需要扔出面包，以这颗石头交换另一颗石头，而且你要将水泼在岩石上面。在遥远的地平线那边，有个王国被食人怪统治着。有位美丽的公主被施了魔咒，作为囚徒囚禁在那里。有了这些礼物，你将会得到所有你需要的东西。”他给了王子一块面包，还有一个小天鹅绒袋子。然后，转眼之间就只剩下王子孤零零地站在那里。

于是王子上路了，夜以继日地赶路，走了很远很远的路程。最后他来到了一座古老的石墙下。顺着石墙，他很快找到了一道门，有一只凶猛的龙在守门。火焰从龙的嘴巴里喷出来。他把面包丢进了火龙张大的喉咙中，当龙开始吃的时候，铁门打开了。男孩蹑手蹑脚地经过龙的旁边，恶龙还在忙着吃面包，根本没有注意到他。然后，那条龙在太阳下躺下来睡着了。现在男孩进入了倾颓毁坏的城堡里面。古老的王座就矗立在他前面，但上面没有人，只有一只鹦鹉在旁边的笼子中休息。他爬上阶梯，来到空的王座前面。座位上除了一颗普通的灰色石头之外，找不到其他东西了。男孩记起了老人说过的话，于是从他的袋子里拿出石头放上去，并将食人怪的石头放在天鹅绒的袋子里。

这时鹦鹉大叫：“小偷！小偷！”男孩听到整个城堡回荡着食人怪脚步的震动声，于是赶紧逃命。当他将熟睡的恶龙远远落在身后时，他大叫着：“小偷偷走食人怪的石头了！”火龙大吼着跳起来，它还来不及睁开眼睛，就把前来追赶的食人怪撕裂成了两半。

现在男孩坐在满是尘土的路上喘口气。他饿坏了，于是打开袋子，希望可以找到剩余的面包屑。却什么也都没有找到，不过他看到了那小瓶玫瑰水。他拿出它，好奇地看着它。他记得他必须把水泼在岩石的上面。但在附近的路旁并没有岩石。于是他站了起来，将袋子背在肩上，准备继续上路。就在此时，他感觉到袋子底部食人怪的那颗石头的重量。他立刻从袋子里拿出石头，并且把玫瑰水倒在上面。

眨眼之间，站在他面前的是位美丽的女孩。她的眼睛闪耀着光芒，脸颊泛着红晕，而她的嘴唇像玫瑰那样红。“我是国王和皇后的女儿，邪恶的食人怪把我变成了石头，我被迫坐在王座上，直到魔咒解除为止。你的勇气让我获得了自由。”

当王子和公主回到她的城堡以后，他们举行了盛大的婚礼。请帖被送到四面八方的王国之中。在欢笑之中，门打开了，进来了一对高贵的国王与皇后，他们流着眼泪看着这位勇敢又英俊的王子。这个心爱的儿子终于被重新找到了，他们曾经在悲伤中失去了他。所有人都欢欣地团聚，从此他们过着幸福快乐的生活。

自己编故事时的注意事项

送给孩子最佳的礼物就是我们自己。我们把自己奉献给孩子的最理想方式，就是告诉他们关于我们的故事。孩子想要知道与我们有关的每件事。所以我们可以告诉他们这类令人开心的故事：当我还是小女孩（男孩）时……在你分享自己成长过程的时候，你的孩子会认真听进你所说的每个字。这些故事随时都可以讲。例如，用餐时间你可以告诉他们你最喜欢你妈妈做的哪道菜，或者你最讨厌的菜！或者你最爱吃自己煮的哪样东西，又或者哪次你弟弟打翻了整盘的意大利面！你自己知道怎么讲！让孩子了解你生活中欢乐的小事情就可以了。

让故事轻快且充满感官细节。告诉孩子你在为你妈妈梳头发时，妈妈头发上的香味；或者当你在帮忙打扫车库时，那儿始终非常寒冷。也可以说说你床边的壁纸粉红与紫色相间的条纹样式，或者当你直勾勾地看着时，它就会变成其他颜色。告诉你的孩子，你会在房间中将椅子摆好，这样如果半夜要起来上厕所时，就可以从椅子上爬过去，而不会踩到冰冷的地板。你可以告诉她你喜欢做的某些傻事，这会让你变得更加亲切。或者讲些会让你流泪的事情。你的孩子也能感受得到。

你可以讲讲类似这样的生活小趣闻，或者是当你想到时，就写下心灵笔记，将它们当做床边故事。这里提供部分关于你童年的其他点子，可以讲给孩子听：用餐时间的例行仪式、最喜欢的食物与最不喜欢的食物、睡觉时间、最喜欢的睡衣、最喜欢爸爸讲的哪个故事、你与兄弟姐妹玩过最棒的游戏、跟邻居玩的最棒的游戏、最差劲的游戏、爬树、你拥有或希望拥有的树屋、从楼梯上滑下来、让你惹上麻烦的事，结果如何，而你认为原本想要怎么做；你的兄弟（姊妹）最擅长的是什么，什么是你很努力但从来没有成功的，做什么事会让你像明星般地耀眼，做得最糟糕的家务事，你的姊妹如何让你发笑……这清单怎么也列不完。当你带着孩子生活，如果你能关注他的世界，注意到什么对他来说很重要，理解他逐步发展的意识，那么你就会回想起当你还是孩子时所遇到的类似情境，并与他分享这些事。孩子很容易觉得自己非常地渺小，而大人总知道所有的秘密。你可以通过生动的感官图像，让他知道你曾和他遇到相同的情况。

你的孩子将会再三要求重述他们最喜爱的故事。对三四岁的孩子来说，你每次都应该用同样的方式来描述相同的细节。你知道，这会为他们的语言发展、记忆和连贯性奠定基础，同时也提供了安全感。当你的孩子超过了五岁，你可以在重述故事时，加上这样的话：“不过，我还没告诉你……”这少许的添油加醋可以算是文学上的特权，而这个年龄的孩子正开始欣赏夸张的故事。所以如果你能夸张地叙述那年南瓜到底是多么大时，你可以对你的孩子眨眨眼。这个年纪的孩子，正开始真正地了解笑话中必要的“扭曲”，所以用点幽默感可以增加事情的趣味性。如果在讲完很长的故事时，他说：“说真的，妈妈，你到底把球丢了多远？”你可以大笑着拥抱他，告诉他实话。

如果年龄大点的孩子喜欢冒险，你也可以跟他说发生在你生活中的冒险故事。他会非常爱听你在连下了五天雨时的露营体验，或者是你在小径上遇到熊的那次经历，或者是你有次爬山爬得很高，高过了老鹰的巢并且看到它们在你脚下的空气中嬉戏的情景。还有更多平凡的故事也能够有特别的吸引力。说说你在五岁生日那天，看到北美红雀在闪亮白雪的映照下有多么鲜红，并好奇这红色是怎么来的。或者鸟儿的飞翔是多么整齐，它们像是鱼群，也像在脚下人行道上匆忙行走的人群。我们是否真的住在充满空气的海洋之中？

还有种类型的自创故事被我称为系列故事。这是随着时间展开的故事，这往往产生于突发的灵感，并在我们的生活中持续展开来。通常系列故事对于五岁到九岁的孩子来说比较适合；但如果直觉告诉我们某个主题很合适的话，或许我们也能为三四岁的孩子创作这种故事。

对于三四岁的孩子来说，系列故事也许可以从住在厨房门外的松鼠家庭的生活开始；或者也可以是家猫家庭的秘密生活；抑或是住在花园后面工具间里的老鼠大家庭。如同所有给三四岁孩子讲的故事，我们都应该取材于日常生活中的简单景象。

如果我们以后院为主题，我们每天就能获得丰富的故事素材。当你看着户外被风吹落的树枝时，故事就可以从起风夜晚后的某个早晨展开。也许有根大树枝正巧挡住了松鼠家的前门，你可以简单描述松鼠们努力移开树枝的过程。不过松鼠的难题倒是被某个出来寻找完美树枝的小男孩（你的孩子）解除了。这个故事还可以漫谈到如何利用那截树枝，然后再回到小松鼠们在树顶如何欢闹追逐。还可以发展到小松鼠发现了新的喂鸟器，人类为保管鸟食所采取的措施，松鼠们拆开防松鼠装置的特别技巧，喂松鼠的好心人的到来。故事还可以继续发挥下去，例如，松鼠如何在花园中贮存成堆的橡实，而在随后到来的春天里，橡实如何在豌豆田中长出小苗。如你所见，这可以变成永无止尽的故事。你无须为了故事题材而搜肠刮肚，你要做的只是当你向窗外看时要敏锐地观察。

当孩子要求我讲故事的时候，有时候我会回答：“让我来听听故事天使要说什么，他正在我的耳边悄悄地讲故事呢！”我说的是真的。所有有创意的艺术家，都在聆听缪斯女神的激励。当我们专心地给孩子们讲系列故事之时，我们就在学习倾听这个世界提供的所有故事。我们会倾听耳畔的低语声，并且重述给孩子。如前文所说，对三四岁的孩子而言，大自然的故事以及取材自他们生活的故事是积极、安心而且真实的。

对五到九岁的孩子，可以将题材稍稍扩大。我此前提过，当我的儿子们在这个年纪的时候，我开始讲叫做“爷爷故事”的系列故事。起因是在某个冬天的早晨，我们开车越过了弗吉尼亚乡间的农村，在去往学校的路上看见了一间古老的木屋。男孩们惊讶地发现淡蓝色的轻烟从烟囱中袅袅升起。他们惊喜地问："是谁住在那里？"我知道有个南部大家族的长者坚持住在这个古老的木屋里。于是我回答："有个很老的爷爷住在那里。"我的男孩们充满了问题，包括"他不会非常寂寞吗"，这开启了爷爷故事的第一章。有三个男孩在森林中迷了路，碰巧遇见了木屋，故事就这么开始并持续了好多年。故事中的男孩过着和我的儿子们类似的生活，也都住在林木环绕的环境里。他们也会冒险：从岩石上跳入可以游泳的溪穴中，在秘密的山谷中搭建印第安人的圆锥帐篷，从山丘上滑下来擦伤膝盖，还有更多的事情发生。当他们长得越来越大，冒险活动继续引领他们远离了家乡的山丘，但是他们总是互相拥有对方，以及他们的老爷爷。

需要再次提醒的是，如果你深入观察生活中所发生的小事情，你就会自然浮现出简单而充满冒险的主题。仔细地倾听故事天使的低语声吧。让你的日志放在触手可及的地方。这些故事都是稀世珍宝！

你也许会与年龄大些的孩子寻找共同创作故事的方法。可以以孩子提出的问题作为开端，你回答"嗯，我在想……"。在这酝酿的停顿中，孩子可能又会提出全新的点子，同时也就回答了自己的问题。就这样，你们共同展开了全新的冒险。

与孩子一起阅读

为孩子挑选书籍时，我们可以遵循以上提及的要点。同时也要记住，应该选择插图颜色大胆而鲜明的书；纯粹、清晰的颜色将会吸引孩子的目光和灵魂。过分艳丽与不和谐的颜色，容易让我们的视觉感受器关闭。你可以去寻找具有流畅的水彩画效果的书，这种“印象派”的插图能够让孩子开启想象力，用想象力来填补书中的空白。线条式或写实的插画没有太多的想象空间。也可以找找在每页插图中有一个主要人物和数个配角的书。这会让你的孩子仔细观察图像的姿势，要避免那种把细部画得很详细的书。这种动漫类的书，要等到孩子年龄更大——也许是当他开始学习看地图——的时候才比较合适。现在找些能让他轻松融入图画中的插图书，让他在看的时候可以编织白日梦。

记得我们每个人，特别是孩子，都是被内在和外在的图像所塑造的。这解释了自我实现预言的原则：我们认为自己是什么（自我的形象），就会变成什么。孩子还没有发展出成人所拥有的内在筛选标准，因此我们要选择那些呈现出世界的真、善、美的书籍。记得童话故事里高尚的形象，并对照这些值得赞扬的品质来衡量你所选择的书。

五六岁的孩子就可以读短篇的系列小说了，但需要仔细挑选。大部分短篇系列小说是为八岁到十岁的孩子设计的。

第七章
幼儿的艺术体验

要让幼儿的经验均衡发展，艺术的体验是相当重要的因素。艺术体验完成了儿童时期的两个必要任务：手的训练与心的训练。这两者为心智的训练奠定了坚实的基础。

当我看着孩子在小溪岸边全神贯注地捏塑天然黏土之时，我在夏天的日志中写道：

我看见他们灵巧的手敏捷地活动着，无意识地运用着与其他四指相对的拇指的奇特能力。如今，我开始思考人类的祖先，追溯到洞穴时代，并思考着双手的重要地位。手的教育在每种文化里都是成长阶段的关键，直至近四十年才有所改变。手被训练去雕刻石头上的楔形符号、编篮子、做陶壶、打猎、治疗、烹饪、纺纱、纺织还有播种与收割。反观21世纪，手被用来做什么呢？孩子只会将手无力地垂在大腿上，没有充分运用的双手，要付出的代价就是心智也会随之衰弱。因此我们怎会知道协调良好而灵活的手有什么用途呢？这样的双手将会如何丰富生活？这双训练良好的手，可以给世界带来什么？

神经学家弗兰克·威尔逊（Frank Wilson）在著作《手：如何塑造脑、语言和文化》中写出人类双手的关键：在物种进化中，我们拥有神奇的大拇指。他热烈赞赏手的教育，明确指出经常使用双手的人，就像木雕刻家、艺术家与水管工人，都有其认识世界的方式。这是那些手部较少训练的人难以企及的。我们知道神经末梢在指尖处非常密集，当这些末梢神经能在儿童时期被综合运用，它们对于脑部发育的贡献是我们无法计量的。透过艺术表达，手（还有心智）便能激发出惊人的创造潜能。

心也透过艺术而被陶冶了。我们来看看下面多种多样的艺术媒介，我们要知道，孩子探索的不只是颜色、质地、密度、弹性等等。透过这些探索，孩子们会发现自己。每种艺术表达方式都会从孩子那里获得情感的回应。幼儿还没有从世界之中分化出来，他们在这个方式下会开始体会到界线，并适时地形成“我”的概念。透过艺术，就会灌溉与培养自我（self）的种子。

幼儿也透过艺术与世界建立关系。孩子从其他国度来到这里，就如同华兹华斯所说，孩子“身后拖曳着灿烂的云霞（trailing clouds of glory）”。他们透过多方面的体验，开始认识这个兼具密度和形式的世界。这无疑需要父母重视并有意识地让孩子在艺术的经验中，用丰富的方式去回应世界。他们会学习如何建立关系。

孩子通过双手学会了发现自我并打心底里爱护世界。

湿水彩画

现在我们可以来考虑选择某些特殊的艺术活动，并首先从湿水彩画（wet-on-wet watercolor painting）的技巧入手。我们可以使用小罐的液体颜料、湿水彩纸和宽画笔（wide brush）来完成这项活动。因为湿纸上的水具有流动性，孩子因此能体验到色彩的移动，完全不会受到任何形式的限制。年幼的孩子本身也生活在单纯的活动当中，要等到以后上小学时，运动课与舞蹈课等身体活动才会具有特定的形式要求。同样，这个阶段也不需要艺术技巧。如果我们要让孩子获得适合他成长阶段的绘画体验，那么湿水彩

> 孩子画画的方式是通向他/她灵魂的窗口。
> 他是欣喜地欢呼或是安静地惊喜?

画就是最佳的选择。

准备好大张的优质水彩纸（五岁以上的孩子用 12×18 英寸，幼儿用 9×12 英寸），调好纯色颜料的颜料罐，还有宽画笔，孩子便可以开始进入颜色的世界。他将会认识颜色，就像认识新朋友那样。每条湿颜色都能无拘无束地扩散开来，在湿纸上留下了自身独特的痕迹，让颜色具有各种各样的“本质”或可感特征。绘画不仅有利于发现颜色的各种不同特征，还能发现孩子的本性。亲眼目睹孩子借助于颜色来奇妙地展现自我感是很美好的事情。孩子对于颜色的敏感度和好奇心，以及各种颜色彼此交融的图画，是进入他灵魂的一扇窗口。你的孩子是否会先用力在纸上涂两种颜色，当第三种颜色神秘地出现时，发出欣喜的欢呼声？抑或，他会很小心地涂上颜色，并且慢慢地感觉色彩，等到紫色从红色与蓝色中浮现出来时，他会带着安静讶异的神情看着你呢？

如果你没有用这样的方式画过画，你也许可以借这个与孩子共同绘画的机会，来体验这个开放式画法。你找到颜料、画纸和画笔的信息，去当地的美术用品店购买。请店家帮你选择质量好而厚的纸，这不至于太贵但要花点钱，并且购买三种原色的颜料：红、黄、蓝，将它们按不同的色度混合起来，就会形成鲜明而美丽的混合色。

在我的教室里，就如同所有的华德福幼儿教室，我们只用三种原色。我们会自己发现各种混合色的奇迹。我们一年四季都在缓慢地进步，深入地探究每种颜色，最后到了阴沉的寒冬腊月，就同时使用这三种原色。这时候孩子已经熟悉每种原色以及邻近的相关颜色了。

让我们看看如何透过颜色来画画，并如何透过故事来引导他

湿水彩画

* 材料：
  - 将 12×18 英寸的水彩纸放在水盆中泡湿，然后放在画板上面。
  - 在小玻璃罐中加入 1/4 体积的水，并加入 1/4 茶匙的颜料。
  - 使用 1 英寸宽的短柄画笔。
  - 准备装水的罐子来洗笔。
  - 准备小海绵来蘸干画笔。
* 桌子的布置：
  - 保护桌面不被弄脏。
  - 把你的画板和孩子的画板并排放着，颜料罐放在中间。
  - 把洗笔罐放在颜料罐上方。
  - 把海绵放在颜料罐下方。
* 讲个故事：
  - 要注意季节与氛围。
  - 根据季节准备颜色。
  - 缓慢地调整颜色与故事。
* 倾听颜色：
  - 避免画出形状。
  - 观察颜色跳舞。

们。记住，孩子是透过模仿学习的，当你们并肩画画时，你也要以身作则。然后我们再来看看如何最妥善地布置画画桌。

颜色的旅行

在秋天，我会用黄色来开启“彩绘旅程”。在每周的绘画日，我们会放置好黄色颜料罐、湿图画纸、洗笔罐、宽画笔、小海绵和画画围裙。当我给他们讲“绘画故事”的时候，孩子们会围绕在我身旁。这个“绘画故事”会回忆黄色的经验和感觉。也许我会说，白杨树上的小叶子在某个秋天的早晨时醒来，发现自己变成黄色了。当我讲这个故事的时候，我就开始在我的纸上画画，然后借助于这种灵感与巧妙的教导，孩子就会开始画图。在探索完黄色之后，我接着会使用红色。这是利用我们上一章所谈到的自创故事来激发孩子灵感的绝佳机会。下面是个关于红色的故事范例。

你的孩子会模仿你对颜色的运用、好奇以及偏好。

关于色彩的故事

在一个秋天的早上，有个小女孩突然从她的睡梦中醒来。她听到有人在呼唤她的名字。她在床上翻了个身，仔细聆听，但什么声音也没听到。于是她又闭上眼睛，迷迷糊糊地又要睡着了，这时她又听到有人在叫她！这次她往窗外看。屋子里其他人都还没有醒，太阳公公也才刚刚醒来，还在揉着他的眼睛呢。小女孩在清晨的天空中，看见了粉红色与红色的云彩，她坐了起来，看着窗外这幕美好的色彩变幻。她真的听见那轻柔的低语声吗？有人在呼唤她吗？会是谁呢？她打开窗户并聆听着。是的！她非常确定，有个小小的声音正在呼唤她。

她立刻轻快地从床上跳下来，并踮着脚，赤脚走下楼梯。她

逐步引入各种颜色的点子

* 夏末：引入黄色。说某个小孩与巨大向日葵的故事。
* 早秋：引入红色。说说最红的苹果或最红的叶子，还有发现它的孩子。
* 中秋：使用黄色和红色。说个关于南瓜藏在向日葵花下并被小孩做了万圣节灯笼的故事。
* 初冬：引入蓝色，说个关于夜晚变长而床上有许多毯子的故事。
* 假期时间：同时使用红色和蓝色。说个户外寒冷（蓝色）而家人温馨团聚（红色）的故事。
* 深冬：继续红色和蓝色。说个关于种子在深深的土里睡觉与动物冬眠的故事。
* 晚冬：使用蓝色和黄色，说个小孩梦到夏天的草，以及被唤醒去看最早的绿色花苞的故事。

坐在前门的大阳台上，并且听到了更多的声音。她静静地坐在阳台台阶上，向前院看去。黎明的玫瑰色光芒将每种东西都染成了红色。人行道变成了柔和的粉红色，她昨天所种的白菊花，现在因为穿上了美好的红衣裳而变得喜气洋洋，甚至她住的房子也像早晨的樱桃般闪耀着光芒！

突然间，她听到微小的低语声。她走下台阶，赤脚碰到了冰冷的露水，它们就像悬挂在每片草叶上的红宝石。她的脚马上就湿掉了，睡袍的折边也是，她很快地朝声音传过来的方向走去。她站在巨大的老苹果树下面，在整个夏天里，这棵苹果树替她们家的房子遮荫，而在秋天的时候，这棵树又给了女孩和她的兄弟们好吃的红玫瑰色苹果。她的家人做了苹果派、苹果酱、苹果奶油、烤苹果、苹果布丁……所有想得到的苹果食谱！她抬头仰视，很惊讶地看到了整棵老树——它的树干、叶子，当然还有树上的苹果——就像她的红推车那样红彤彤的。就在这里，某个东西正在低声喊着她的名字！

在黎明的曙光中，她赤着脚开始攀爬她熟悉的老树枝，树枝安全地托住了她。当她爬到越高的地方，就越能听见呼唤她的声音。从交错的枝桠缝隙中，她可以看见自己房间的窗户，这是从外面看到的，而不是像平常那样从窗户内向外看。这时，她又听到了她的名字，于是爬到最高的树枝。在那儿，她看到了那颗最大、最饱满、最红的苹果，在阳光下闪闪发光！这肯定是树精用这种方式在呼唤她。这是秋天里最好最红的一颗苹果！小女孩快乐而轻声地说了声“谢谢！”然后她摘下苹果，快手快脚地爬下树来。

当她的家人醒来时，他们发现每个人的早餐都摆在桌上了，每个碗里都有一片苹果在放光。切开的苹果里有颗星星，裹在玫瑰花瓣之中，正在晨曦中闪烁着粉红色的光。你知道每颗苹果里面都有颗闪亮的星星藏在玫瑰花瓣里吗？

逐步引入各种颜色的点子（续上表）

* 春天：使用所有的三种原色！说个颜色精灵们都回来并画出万物复苏的草原的故事。
* 夏天：继续使用三种原色，继续讲大地母亲、她的创造以及某个小小孩冒险的故事。

与孩子一起画画

当我讲述着这样简单的故事时，我会怀着好奇心慢慢地画画，看着红色在纸张上四处流动。我的目的并不是要创造出具体的图像，而是真实地体验到红色！与五六岁孩子一起画画的时候，我们开始探索这种颜色可以画出什么形状，比如画出圆形，然后慢慢形成成熟多汁的苹果图像。每次用到新颜色前，我都会在水罐里清洗画笔，并用小海绵蘸干。我用平稳而优雅的笔触在画纸上移动着画笔，孩子只需要通过模仿，而不是通过直接的教导，就能最好地学会这种专注能力。

在画过若干黄色的画后，我们会画些纯红色的画。等到南瓜成熟时节，我们准备把两种原色混合起来。嘿！变变变！小小的奇迹在纸上发生了。相信我，对于每天与黄色与红色打交道的孩子来说，橘色的出现是神秘而美妙的！你可以说个关于花园的故事。或者说个堆肥的故事更好！你曾看到过堆肥中长出最棒的南瓜吗？我看过！讲讲深秋时向日葵花所呈现出的那种黄色，还有晨光中的那种红色。在玫瑰色光线的照耀下，孩子可能会在堆肥上的向日葵花根部惊讶地发现亮橘色的南瓜！孩子也许会将这对向日葵及南瓜姐妹都带回家，装饰家中的饭桌。

你开始了解如何巧妙地使用颜色和故事来度过不同的季节吗？故事的氛围配合着颜色的氛围，反之亦然。初冬，我们可以体验蓝色，谈谈光秃秃的树枝投射出的长长的蓝色影子，或是雪后天晴时的蓝色和白色体验。在蓝色中加入红色，我们就进入了隆冬深紫色的黑暗之中，有着漫长的夜晚还有对光明的渴望。在晚冬，给孩子冬天的蓝色，还有春天温暖的嫩黄色，然后绿色就出现了。你的孩子几乎会开心地跳起来，因为他自己发现了绿色，而这正发生在他最渴望绿荫的时候。通过故事与画画，我们与黄、橘、红、紫、蓝和绿等每种颜色建立了亲密关系。你的孩子已经准备好开心地使用所有这三种原色了。

在大人的努力下，当逐步介绍各种颜色时，我们就能看见孩子以不同的态度使用颜料。他们怀着惊奇和敬意面对每种颜色，就像与最好的朋友游戏那样。虽然这需要计划与努力，但这会是一份给予孩子和自己的美好礼物。如果你从来没有用这种方式体验过颜色，这也会是很好的机会。你将发现，这对于你和孩子来说都会是一段平静、专注而疗愈性的时光。

妥善布置画画桌

你和孩子可以一起布置画画的桌子。他可以把纸放在水中泡几分钟，然后你帮忙把它放到画板上。可以用厨具店买来的亚克力砧板来当画板，也可以购买专用的画板。确保画板的尺寸能够放得下大张的纸。把纸放在画板上，轻轻地用海绵吸掉多余的水分。如果你的孩子不到五岁，你要帮他把颜料与水调好。但如果他已经年满五岁，应该可以自己完成。使用有盖的小玻璃罐，只需要少量的颜料，比 1/4 汤匙还要少，再加入 1/4 罐的水混合起来即可。每次只调少量颜料。如果画完之后，颜料仍然是干净的，你可以盖上盖子，下次再使用。如果颜料太混浊的话就不必保留，下次再重新调制。在桌子上并排放上你们的画板和画纸，将颜料罐摆在画板中间。把洗笔罐（500毫升容量的罐头罐，不要太深的）放在颜料罐上方，把海绵放在罐子的下方，以便于轻轻地蘸干画笔。确保不要弄脏桌子和自己。画画专用的特殊围裙也是准备活动中常见的物品。当画完一张画时，仔细地考虑是否还要再画。记住那个谚语："少即是多。"如果你专注于绘画之中，画一张就够了。但是如果你和你的孩子仍觉得意犹未尽，那就再画一张。然后把画板放在旁边晾干。

画画时，有件事要注意：创造安静的气氛，并在这样的氛围中画画。我总是告诉孩子："让我们轻声地说话，这样就可以听到颜色在说什么！"在静谧中专注地画画与在闲聊及喧闹中画画，是两种极为不同的体验。不仅孩子将会对"颜色要说什么"感到惊讶，而你也会乐于听到颜色所传递的讯息。

有一年，我学生的母亲将孩子的画收集起来，按照连贯的颜色顺序挂在孩子卧室的墙壁上，效果很壮观！你可以看到季节和颜色所呈现的缓慢历程，就像在看移动的色环。或者你也可以在笔记本上记下你按照每种季节和颜色所讲述的绘画故事。

蜡笔画

要如何看出孩子在画画中的进步呢？画中丰富的颜色与动作，是在表达什么呢？如果我们能有正确的认识，就可以看见孩子成长过程的系列图像。

学步儿童画出的第一张"图画"，就是简单的运动轨迹。这个年纪的孩子透过动作，发现他所身处的环境与自我。我们看到的这些初期图画描绘了孩子的这种探索道路。学步儿童的意识建立

蜡笔画的发展历程

（记住，孩子有不同的发展速度，因此此处的年龄只是个近似值。）

* 学步儿童：画线条，简单的色彩笔触，经过多次练习以后会变成……
* 3~4岁：用力在纸上画颜色。在纸上充满颜色。
* 4~5岁：彩色的线条画中出现了圆，变成了一张脸。随着不断练习，这会变成……
* 5~6岁：很多彩色的形象跃然纸上，而此时这些形象尚漂浮在空中。
* 6~7岁：现在这些人物下降到了地上，树有了根，不再漂浮在空中。核心人物的两旁会有其他人物陪伴着。

在动作的基础上，这也就是我们在纸上所见的图画。把纸放在他面前，并把蜡笔放入他手中。他的手总是在动，现在他手上的新物品——蜡笔——使得他能够看见自己的动作。这可真是值得大书特书啊！他很快就会知道，这个颜色明亮的东西会始终跟着他的手来回移动。描绘这种运动时可能会有大量的重复，这就让图画具有自身的发展历程。刚开始我们只会看到淡淡的颜色笔画，在纸上留下试探性的痕迹。之后，随着重复以及手眼协调能力的发展，笔画会变得更有力。

你可以和孩子共同画蜡笔画，以此来鼓励他。愉悦而专注地将颜色画在纸上。将手中的蜡笔来回移动。在幼儿的早期阶段，尽量不要画出形状。要等到孩子自己画出形状给你看。

当纸上出现颜色时，让自己去享受它，不为什么特别的原因。选择不同的颜色，将它们并排放着。你表现出的兴趣与喜悦会吸引你的孩子更充分地去体验。如果他在纸上画了几笔颜色，并说“我画好了”，你可以回答“这里有很好看的紫色给你，而这是给我的，让我们一起画紫色”。幼儿只能安静一两分钟，但是你可以哄他画得更久些，说：“我要让整张白纸都闪耀着色彩。”这逐渐会使他画更长的时间，而且增强他的意志力，他的纸上也将会闪耀着色彩。

这个移动的线条轨迹迟早会形成圈圈。你的孩子也许要练习很长时间，去重复这个秘密，再三地探索线条是如何设法找到回家的路，回到最初的起点的。在某个神奇的日子里，你会发现圆里面有两个小点，而你的孩子会说“这是我”或者“这是你”。这种肖像画会首先描画人脸，在圆圈中加两点表示眼睛，也许还会有个破折号来当作嘴巴。你将会注意到，通常手和脚会像发芽般从脑袋直接长出来。这些肢体可能非常不匀称，又细又长，仿佛像触角。孩子用绘画向我们表明：他用这些神奇而有用的工具——他的手与脚——来探索他的世界是多么重要！

通常要等到孩子接近五岁时，他才会画出有四肢的躯干，而要让四肢合乎比例，则可能需要更长的时间。现在在中心人物的旁边，开始出现许多次要的形状。树、鸟、云、彩虹，或者其他的长线条，锄耕机、船、火车。所有的图像都在纸上快乐地舞动着。通常它们会“漂浮”在空间中，不太合乎比例，但很有趣，它们更多地展示出孩子的兴趣而非实际的物体。它们让我们想起那些古老的洞穴壁画中所呈现出的生命的光辉喜乐，充满了活力与天真的智慧。

大约在六岁时（记住，这只是个大致年龄），这些图像会开始接触到地面。泥土与大地出现在图画纸的下方，蓝色弧形的天空

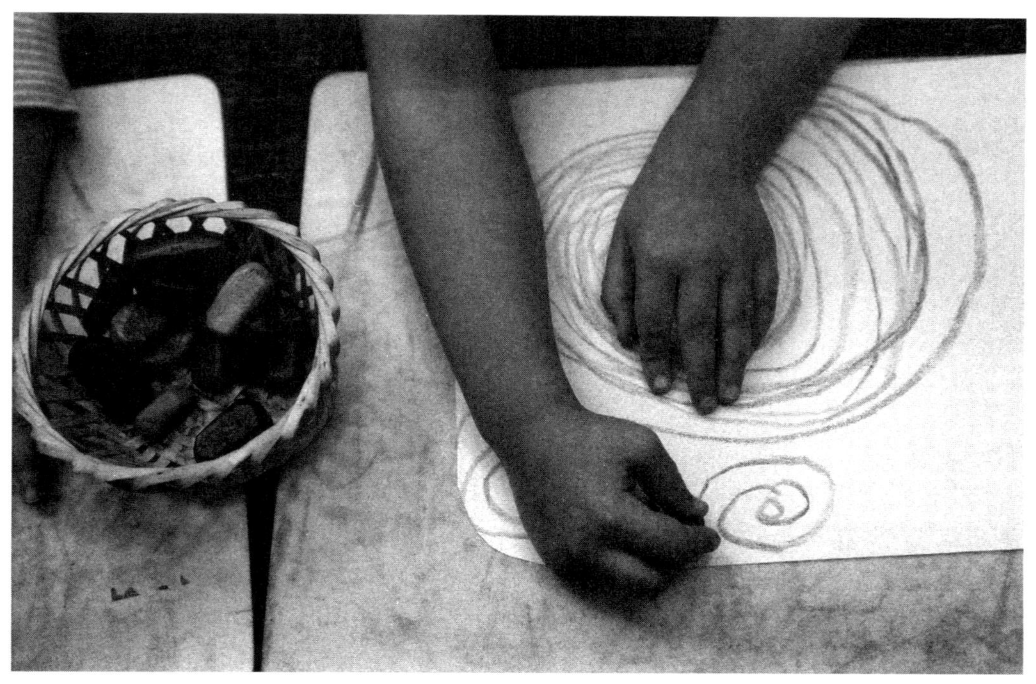

会升到上面去。主要的人物坚实地站在大地上，用双脚走路，而手臂和脚也比较符合比例。配角人物可能在两侧都有，它们被对称地画在中心人物的旁边。画纸呈现出和谐与平衡。

我们可以将每个孩子的画作都视为其自画像，显示出他正处于自然生长之路中的什么地方。在决定什么时候让孩子学习知识和上小学时，我们会看到这种标志：图画里出现了这个大地上的小人儿，他不再和彩虹一起飞翔，而是和我们其余人在大地上行走。

也可以采取其他的艺术方法教孩子画画，那就是不具象的几何图形。可以引导你的孩子不去画人物，而是画纯粹的形状和颜色。就像具象性方法的发展过程那样，在早期阶段可以让孩子用奔放的色彩在画纸上随意画各种彩色形状。

最后这些创作的形状开始与画纸产生了联系，你也许会看到孩子在画纸中央画了个大大的十字架，将画纸分为四等份。十字架是大多数古人采用的通用符号。这是朦朦胧胧地浮现出来的自我的符号。这个四等份会变成表格，让画纸布满水平和垂直的线条。这时，就可以鼓励他不要只画表格，还可以用颜色去填满格子内的空间。

你将会看见表格变得越来越精确。大约在五岁时，线条会变成对角线。纸张的四个角也许会以对角线为界被涂上颜色，并向“上帝之眼的编织”① 那样，逐渐涂到画纸的中心。

要留心观察孩子不再画代表早期发展阶段的“十”字，而是在画对角线“×”的那天。在这个新阶段，孩子学会了运用生动鲜明的颜色，而且这种想象并创造出斜十字架的能力标志着大脑

---

① 上帝之眼（God’s eye）是墨西哥的传统工艺品，代表着吉祥。

发展的特定阶段。只有大脑发展到这个阶段以后，孩子才能完成这个任务。

在帮助那些感觉统合失调[①]的孩子准确地画这种斜十字架时，健脑操和许多其他的健脑活动都有好处。我与学校的孩子们经常玩与这种斜十字架有关的游戏：坐在地板上，膝盖弯曲，用手肘去碰触身体另外那侧的膝盖。我要求他们让清晨的第一束阳光（手肘）去亲吻山顶（膝盖）。这些小人儿开心地用右肘去碰右膝，左肘去碰到左膝。四岁和刚满五岁的孩子注意到我的做法有点不同，但仍然理不出头绪。六岁和快满六岁的孩子则能熟练地用右手肘去碰左膝盖。

所以，留意这个斜十字形的出现！这表示，你的孩子可以开始学习知识了。

现在来简单地谈谈蜡笔。为什么用蜜蜡呢？首先，蜜蜡的颜色非常纯粹而绚丽，你自己必须识别它们的不同。另外，就孩子的感官教育而言，蜜蜡蜡笔可说是令人赏心悦目的。它们闻起来就像是蜂蜜！还有拿在手中的触感绝佳。蜜蜡蜡笔有很多种类，彼此微妙却又强烈的差异会令你感到惊讶。同时使用柱状蜡笔和块状蜡笔是个很好的方式。柱状蜡笔能帮助孩子发展出正确的握笔技巧，而块状蜡笔对于大面积彩绘或在纸上混合颜色会比较方便。

我建议准备两种类型的画纸。当你的孩子想坐下逐页涂抹颜色的时候，就使用简单的复印纸以备日常之用。另外准备些质量较好的画图纸，以便用于某些特别的场合，比如送给奶奶的祝福

蜡笔画的另一种发展历程

* 学步儿童和 3~4 岁儿童：过程如上所述。
* 4~5 岁：画纸被分为四等份，而彩色的形状变得越来越规则。
* 5~6 岁：会在纸上画出对角线，会出现“上帝之眼”。
* 6~7 岁：会出现很大的“×”，用新的方式来将画纸四等份，这个新的阶段会出现活泼的颜色。

① 感觉统合失调（sensory integration disorder），是指外部的感觉刺激信号无法在儿童的大脑神经系统进行有效的组合，而使机体不能和谐运作，久而久之形成各种障碍最终影响身心健康。

礼物的好点子！ 保留你孩子最好的图，并收集成册。用彩色的缎带绑起来，就成为一本书啦！

卡，或者是送给某个特别小朋友的爱心图画。可以让孩子帮你挑选今天要画的纸。他也许只是喜欢优质纸张的质地，并且想常常使用。搜集这些画作并集合成“书”，就能当成节日礼物赠送给别人。

要制作一本礼物书，需要先收集好图画，再用打孔机在画纸的左侧由上至下打三个孔。用颜色靓丽的彩带穿过这些孔眼。彩带要系得比较松，这样翻页时才不会损伤到画纸。这样的自制礼物是真正的“收藏品”，可以时常拿出来翻看！

捏塑材料

孩子喜爱去捏塑各种具有可塑性的材料，而我怎么强调各种捏塑经验的重要性都不为过。捏塑能够很好地锻炼双手，使之变得更加有力、敏锐而灵巧。下面将会介绍用沙、面粉、蜜蜡和泥土为原料的捏塑方式。

沙

沙是原始的捏塑材料，你可以在《室内游戏》和《户外活动》这两章中找到玩沙的方法。每个孩子都需要一个户外沙箱，我也建议父母准备一个室内沙箱。室外的沙箱非常适合捏塑成各种形状，因为孩子可以尽情地使用水。幼儿也许会将双手泡进沙子和水中，直泡到手肘处为止，沉浸于各种“厨房”活动，做出各种生日蛋糕和汤。年龄大点的孩子可以连续玩几小时、几天，创造出庞大的水道，开挖并永无止境地修缮各种水道、河流、湖泊和水坝。当然，如果在海滩上的话，家中每个人都有机会尽情享受

湿沙

* 这种沙具有无限的可塑性，做成任何东西都行。如果做得不成功，可以将沙抹平并重新开始。
* 可以在沙箱、小河、湖、海滩玩。

沙和水带来的乐趣。试着和全家人一起构筑沙滩城堡！因为湿沙可以塑造成各种奇妙的形状，即便是成人也会乐此不疲。

面团

接下来要介绍天然的捏塑材料，就是自制的生面团。查阅《一起过节日》那章，寻找简易的面包配方。这个配方的好处就是，因为使用了全麦面粉，它可以被揉、卷、捏、压、碾，通常可以玩很久。如果黏性调配合适，只需用非常少的面粉就可以搓揉，因此清理起来相当容易。如果你的孩子玩面团超过 20 分钟或更久，并将它揉成面包卷大小的球状，你可以迅速将所有的面包卷放进华氏 350 度的烤箱中烘烤。它们不仅可食用，而且还很美味呢！如果你每周都安排有和孩子烘烤面包的活动，等到过节时，她就很熟悉面团了，也许能创造出特别的造型：春天的兔子，或是冬天的星星。节庆总是缺少不了这种或那种形状的面包，这些面包都可以在这个奇妙配方的基础上做些改变。

面团

* 使用全麦面粉，它兼具全麦的硬度，还有面粉的弹性。
* 请看《一起过节日》那章，找出永远不会失败的食谱。

橡皮泥

当然，模仿面团的经典材料就是橡皮泥。制作橡皮泥的配方很多，可以做成生橡皮泥和熟橡皮泥。此处介绍的配方是我的侄女给我的，是目前为止最好用的配方；用微波炉加热可以避免将橡皮泥烧焦，而这是使用炉子加热时经常发生的问题。这个配方很容易加热，并且可以让橡皮泥保持美观。我每次只做两种颜色，一个是原色，另一个是混合色，例如黄色和橘色，或者是红色和紫色。这样，当这两种颜色混合起来时，它们将会产生美丽的第三种颜色。

自制橡皮泥

* 准备材料：
  · 2 杯白面粉
  · 1 杯盐
  · 1/2 杯玉米淀粉
  · 1 汤匙明矾粉
  · 1.5 杯水
  · 1 汤匙食用油
* 把干的材料都放入 1000 毫升容量的玻璃碗里面。
* 慢慢地加入水和油，搅拌直到均匀为止。

自制橡皮泥（续上表）

* 用微波炉高温加热 4~5 分钟，每分钟都停下来搅拌，直到混合物变得非常浓稠为止（混合物会有些硬块）。
* 当面团凉到不烫手时，掺进食用色素，顺便将硬块揉散。
* 储藏在密封容器中，放入冰箱。记得每次只做两种颜色，一种是原色，另一个是相近的混合色，如蓝色和绿色。
* 收集小动物饼干模型和小的面棍。这可以玩上好几个月！

孩子喜爱用擀面杖来碾压这些橡皮泥，并用饼干压模压出各种形状。我搜集了部分小动物形状的饼干模型，在孩子们碾压过后，我会鼓励他们在桌子上面玩这些模型。这样他们可以继续捏弄橡皮泥，将它制作成篱笆、谷仓或是鸟巢，这会促使他们使用灵巧的双手来实现他们的想象力。这是很好的生活训练！

黏土（Clay）

大地上的黏土能够给人带来独特的感受。几千年来，人们已经熟知黏土的疗愈效果，当孩子们玩着大地的泥土时，这种奥妙和疗愈是非常明显的。玩黏土最理想的地点是小溪旁，那地方可是老天爷巧妙的安排！溪水使得黏土能够保持湿润，而只要孩子能够挖它，它就唾手可得。事后的清理工作也很迅速而轻松。

假如大部分人不具有这种方便，可以在电话簿上查找当地陶艺家的电话。他们通常库存有不满足其要求的成袋黏土，乐意以低价提供给你。你也可以在艺术用品店买到黏土，但花费会较多。你也需要有个很大的密闭容器，用来装你所有的黏土。每次孩子玩完黏土以后，应该将它装回容器并洒点水保持湿润。过些日子以后检查黏土，看看是否需要再洒点水。如果黏土太湿，就将盖子敞开几个小时；如果太干，就再加点水。

与其他捏塑材料不同的是，黏土不能玩很久，因为它很容易干掉。因此我建议将它作为五岁及五岁以上孩子的常用艺术原料。对年龄更小的孩子，手的力量还不够，很容易产生挫败感。你可以用黏土设计某个可以在短时间内完成的特别活动，而不必经常让他们玩。也许你可以为感恩节制作陶珠，以便纪念原住民。这些珠子可以用未经窑烧的陶土来做，穿入上蜡的线再拿去晾干即

找当地的陶艺家去弄最便宜的陶土，但如果要用未经窑烧的陶土，则去艺术用品店。

可。你可以到美术用品店寻找这样的陶土。然后刷上鲜艳的水彩颜料来装饰它。

年龄大点的孩子喜欢手捏陶壶、杯子和碟子，以及捏塑动物，他们的想象力几乎没有限制。当黏土变干时，你可以加点水并装回容器中，然后另外找小块黏土来玩。记住，他们的手很小，在玩陶土时尤其如此，因此给他们小块陶土即可，每次给一块。有些陶器厂会露天烧陶，你可以将那些很特殊的作品保存起来，拿去上釉与焙烧。

大地的黏土

* 非常容易干
* 年龄大些的孩子可以经常玩，年幼的孩子只在特殊的情况时使用。

蜜蜡

有种特别美观而诱人的捏塑材料，那就是塑形蜜蜡（modeling beeswax）。这些蜜蜡有着七彩光亮的颜色，并且可以重复使用。使用蜜蜡的必要条件就是暖和，蜜蜡在温度暖和时会变软，而在寒冷时则会变硬。同样，这对于很小的孩子来说也是具有挑战性的材料。所以我只把蜜蜡保留在特别的场合使用。在给幼儿使用蜜蜡时，你需要先用手将它捂热，在捏塑过程中也可能需要再次这样做。

蜜蜡

* 充满七彩光亮的颜色，闻起来仍有蜂蜜的味道，加温后才会有可塑性。
* 就像黏土那样，只有在特殊情况下才让年幼的孩子玩；年龄大点的孩子可以经常玩。

年龄大点的孩子可以用双手将蜜蜡捂热。我跟他们说：“放在你的小炉子里。现在关上炉门，并且要把门关好。”通常在将蜜蜡捂热的过程中，我会跟他们讲个故事。我喜欢自己编故事，讲述蜜蜂和它们在蜂窝中的生活。记住，我们不是要教科学，而是要培养想象力。所以当你要讲蜜蜡的故事时，看看孩子的日常生活，并找出和小雌蜂的日常生活类似的故事。如果他今天早上起床时情绪不好，就编个小雌蜂也情绪不好的理由。比如，她在金色蜂窝的金床上醒来，担心农夫除草时除掉了她特有的、秘密地长在

当孩子握住蜜蜡将它捂热时，讲个关于小蜜蜂的生活故事，想象力要丰富，但不必具有科学性。

花园后面的蕨草中间的香蜂草。当你说这个故事时，孩子温暖的手会把蜜蜡软化，可以用来捏塑形状了，也许会捏塑出她自己的蜜蜡花。用拇指头大小的小块蜜蜡最合适。要到上小学以后，孩子才有能力使用大块的蜜蜡。当孩子玩完蜜蜡后，你可以将蜜蜡捏成薄饼大小，留待下次使用。在蜜蜡开始失去可塑性之前，可以重复玩好几次。如果发现蜜蜡开始丧失可塑性，就让孩子完成作品，保存起来，也许可以放在较低的架子上当做装饰品。

节庆的手工艺品

你可以想象得到，精美的儿童手工艺书浩如烟海。然而，我最爱的书籍仍然是卡罗尔·彼得拉什（Carol Petrash）的著作《地球途径：给孩子的简单环保活动》（*Earthways: Simple Environmental Activities for Young Children*）。在这本优美的图画书中，卡罗尔带我们走过四季，用大自然中的材料制作了简单易做的手工艺品。这本书里最精彩的部分就是手工艺品的设计技巧，都非常适合学龄前与幼儿园的孩子！我极力推荐此书。这本书会让孩子童年的每个季节都有手工艺品。

现在，让我们来看看每个季节的简单手工艺品。如果你每个季节都安排有节庆活动，那就用这个季节主题来做手工艺品。这将能增加节庆气氛，并拓展孩子的经验。记住，节庆活动应该充满各种各样的感官体验，包括视觉、嗅觉、故事还有活动。如果你在笔记中记下了节庆活动的摘要，也可回头看看过去几年的笔记，查看过去做过哪些手工艺品，这会帮助你在未来规划时做出抉择。

节日手工艺品的各种经验，将会成为孩子成年以后生命力与活力的源头。

年复一年，当你从这个节庆的手工活动进入那个节庆的手工活动，并始终保持着季节性的主题时，你的孩子将会累积层层叠叠的经验，就像他心中精美的水彩画。就如他的技能那样，这些体验会慢慢地形成或扩展开来，成为他长大后的灵感和充沛活力的源泉。

夏日的树皮船

夏天少不了玩水。这里介绍如何制造一艘简单的小船，在小溪、池塘或者后院的浅水池中，逍遥自在地度过几个小时。

（1）到树林中散步，寻找老松树。在树根附近寻找大大小小的松树皮。如果附近没有松树林，就到园艺店仔细检查装有松木屑的袋子。买些较大的树皮屑，并确保厚薄介于半英寸到四分之三英寸之间。仔细翻检，并且挑选出各种不同尺寸的树皮。

（2）协助孩子在树皮的中间挖个孔。买个便于孩子使用的小锥子。如果用凿冰的锥子来挖孔，最好由你来完成。

（3）根据树皮孔眼的大小找根合适的树枝，帮助孩子将一片坚韧的叶子穿到树枝上，并且把树枝插进孔眼里。

（4）在船的前端拧上一个茶杯挂钩，并系上线以便拉动。

（5）找几颗特别的小石头，或者以蜜蜡做出的小人儿当乘客。

（6）组成船队，邀请朋友们来进行划船派对吧！

坐树皮船出航

* 搜集或购买松树皮；
* 帮孩子在树皮中央挖个孔眼；
* 将一片叶子穿在大小合适的树枝上，当做船帆；
* 把树枝插入树皮的孔眼里；
* 在船的前端拧上钩子；
* 在钩子上绑上线，以便拉动船；
* 找到水手出海去航行。

秋天的苹果旗帜

（1）带孩子去散步，并捡些小树枝，直径大约以大拇指宽为宜。切成 10 英寸长。

（2）到布店买 1/4 码的薄棉布。清洗晾干后，再裁成 8 英寸的

秋天的苹果旗

* 去散步并搜集些树枝；
* 买些薄棉布，裁剪成合适的尺寸；
* 调出浓稠的红色和黄色颜料；
* 将苹果横切成两半；
* 找到星星；
* 去籽；
* 在布上印出不同颜色的星星；
* 把旗帜固定在树枝上；
* 挂在季节桌旁，开始庆祝！

正方形。原则上是每个孩子一片，留一片给你自己。剩下的布收好，留待以后再用。去掉布边松掉的线，直到线头不会再脱落。

(3) 调和红色和黄色的水彩，比画画用的水彩稍浓。将颜料放入两个铝制或玻璃制的煎饼盘中，颜料盖住底部即可。

(4) 将红色的好苹果纵切成两半，就可以清楚看见里面的“星星”，去除种子。你也许需要多切几个苹果，以找到完美的星形。在苹果弧形的“背部”切出凹口，这样就可以拿住苹果，以做把手之用。

(5) 将棉布、颜料和苹果印章放在桌上，确保不要弄脏桌子与自己。最好穿上围裙。

(6) 抓住苹果上的缺口。将苹果按在颜料上，然后将它快速地印在棉布上。

这样就会在布上印出苹果里的星星。你可以印出多个在苹果里面“跳舞”的星星，印满整个旗帜。

(7) 用订书针把旗帜固定在树枝上，或者也可以缝上。然后在每根树枝的顶端绑上红色的缎带，再放平晾干。

(8) 在特殊的日子将它挂在庆贺节日的桌子旁！

如果你已经选择了叶子为主题的秋日节庆，你可以用同样的方法，将一片完美的叶子或各种各样的叶子印在旗帜上。

冬天的松果球人

你可以用松果、榛果（榛子）、橡实的帽子，还有少许羊毛毡，为冬天的庆典制作一个牧羊人。

(1) 与孩子散步时，拾些松果。或者如果附近没有松树可以捡松果，就到手工艺品店买一袋松果。

（2）挑选能够彼此匹配的松果与榛子。找底部平坦的松果，这样比较容易放稳。

（3）用黏胶或树脂将榛果黏在松果的顶端，创造出漂亮的圆头。你可能需要挖掉松果顶端，这样才容易固定好榛果。

（4）当黏胶变干，榛果也很稳固时，将橡实帽子放在牧羊人的头上，并用小片羊毛毡来装饰它。别忘了这是冬天，所以牧羊人需要围巾、温暖的裙子，还有袍子。

（5）你可以用两个小点当眼睛，但不要把脸部特征描画得太清晰，让孩子自己去想象。

根据孩子的年龄和兴趣，做几个这样亲切素朴的人儿，或者是整个村庄！在第四个星期，当那个老人和那个年轻女子[①]出现时，就可以将它们放入马棚中（参看《一起过节日》那章的细节）。

冬天的松果球人

* 搜集松果；
* 买一袋榛果；
* 挑选彼此般配的松果与榛果；
* 把榛果黏在松果上面，等黏胶变干；
* 装饰上橡实的帽子，用点羊毛毡和羊毛来当头发；
* 为你的冬天景象加上牧羊人，或者是整座村庄！

春天的羊毛蝴蝶

只要一小袋未经处理的羊毛，就可以创造出很多快乐的日子，并可以在春天进行许多活动。下面仅举一个例子。

（1）查找相关信息，看看是否能找到养有绵羊的牧场。当地的毛线店，或者是布料行也许有这些信息。到野外的牧场去总是很快乐的事情，只要看看、闻闻并抚弄羊儿或是羔羊，就是很丰富的感官教育。要避开剪羊毛的日子，因为羊在剪羊毛时会紧张不安，偶尔也会被剪刀弄伤并发出凄厉的咩咩声。带一袋羊毛回家。

（2）如果找不到农场，就寻找羊毛订购信息。

---

① 指耶稣的父亲约瑟和母亲玛利亚，请参见《一起过节日》章“冬天的节日”部分。

春天的羊毛蝴蝶

* 弄来未经处理的羊毛。
* 把羊毛浸泡在微温的冷洗精水中；不要用力擦洗或搓揉。多换几次水，然后漂洗。
* 买金属的宠物刷来梳理羊毛纤维。这是很有趣的事情。
* 买七彩颜色的染色剂。
* 在数个小碗中加入不同颜色的染料。
* 在每个碗内放上汤匙，将碗摆在低矮的台面上。
* 让孩子用少量的羊毛，每次只染一种颜色。晾干。
* 把每种颜色的羊毛束加工成蝴蝶的翅膀，加上绿色的圆管作为身体。
* 在蝴蝶身上用线打个环，这样它就可以在孩子的手上飞舞了。

(3) 清洗和清理羊毛可以在白天进行，野餐桌是最合适的地点。把羊毛浸泡在放有温水的澡盆中，并倒入冷洗精。不要采取任何方式用力擦洗或搅动，这会使羊毛变硬。只要放在微温的水中并加入冷洗精，用指头轻轻地抹除灰尘即可，但不要搓洗羊毛。再换个盆来清洗，清洗时要保持水的温度相同。当水变清澈时，再用温水做最后的漂洗。此后在毛巾上摊平晾干，或者挂在架子上晾干。

(4) 经过多次的清洗之后，羊毛中仍然会掺杂有小树枝或是草屑。等到羊毛晾干以后，可以再作梳理，把羊毛梳整齐，并清除来自牧场的残屑。这个步骤称为纺纱前的梳理，你可以用金属做的宠物刷来完成。让孩子握稳刷子，刷面朝上放在他的大腿上。将一小缕羊毛放在孩子腿上的刷子上，再用另外那个刷子始终向某个方向刷毛。我跟孩子说“这只手要抓紧”（在大腿上牢牢地抓住刷子）而“这只手要工作”（同方向刷着羊毛）。向孩子示范如何始终只向同一个方向刷羊毛，而不是前后刷。否则会使羊毛缠在一起。孩子喜爱这个梳理羊毛的过程，而且你可以放一大篮清洗好但还没有梳理的羊毛，在角色扮演游戏的空档就可以玩。将小宠物刷也放在这个篮子里面，这样随时都可以做。我会另外准备个小篮子放梳理好的羊毛，就放在大篮子的旁边。被玩过的羊毛可以放回未梳理的大篮子，梳好后又可以玩了。

(5) 当羊毛清洗过并梳理好的时候，就可以染色了。市面上有很多优质的植物染料。我买了七彩的颜色，既有原色，也有混合色。在小汤碗中加入大约一杯的沸水，再加入一茶匙干燥的染色粉，均匀搅拌。等它变成温水不再发烫时，就将汤碗排成一列，每个碗里放上一把汤匙，摆在低矮而不怕弄脏的台面上，比如野餐桌旁的长板凳。

（6）让孩子穿上围裙或旧的大 T 恤，保护孩子身上的衣服不被弄脏。让他们拿上一小撮羊毛，大约手掌大小即可，然后将羊毛放入染料碗中。他们可以用汤匙将羊毛浸泡到染液中，并慢慢地、轻轻地搅拌。每次只专心染一种颜色比较好，这样孩子可以观察到整个过程，白色的羊毛如何变得色彩亮丽。羊毛在染料中搅拌两到三分钟以后，就准备取出来漂洗。这就是你的工作了。用汤匙舀出羊毛放进另外的碗中，再用水管慢慢注水淹没它。取出来以后放在旧毛巾上铺平晾干，毛巾也会被染色。现在可以继续染其他的颜色，重复以上的步骤，再换另一种颜色，直到心满意足为止。最后摊平晾干。

（7）当羊毛晾干以后，将它们整理成可爱而紧密的正方形。在这样做时，你也许需要将羊毛束对折成两半。在中线附近包上绿色的圆管，并将顶端拧弯，将两端留出少许做触须用。用针线将蝴蝶的身体固定好，防止孩子玩耍用力时会导致蝴蝶变形。将羊毛弄成两个半透明状的翅膀，用绣花线穿过蝴蝶“后背”的中央并打个环，这样，蝴蝶就可以振翅高飞了！很快，蝴蝶花园将取代以前节日中的彩蛋花园。孩子不玩蝴蝶时，可以将它们挂在彩蛋树的树枝上。

神奇的羊毛

云朵状的蓬松羊毛在很多游戏中都能发挥其妙用：变成地上的雪、满碗爆米花、美容店里的头发，或玩偶游戏中的云等等。如果你为春天做了上面提到的羊毛蝴蝶，你就会知道羊毛有多么奇妙。羊毛毡也是与孩子共度早晨时光的好方法。

羊毛毡

（1）在浅平盘子上铺一层清洗梳理过的白羊毛，羊毛都要顺着某个相同的方向。然后再铺上一薄层羊毛，但是方向改变90度，这样如果下面那层羊毛横放着，那么上面这层就竖放着。

（2）你可以加入做春天蝴蝶时剩下的染色羊毛，放在这两层白羊毛上，并让其颜色显得美观悦目。现在盆子里的羊毛就像是印象派画家的调色盘。轻拍羊毛，确定厚度均匀，并在稍薄的地方添加些白羊毛。

（3）使用天然肥皂或洗碗剂，备好满壶有肥皂泡沫的热水。慢慢倒入羊毛碟子，稍微漫过羊毛，让羊毛变得暖和而潮湿。制作羊毛毡就是让羊毛纤维里细小的“鳞片组织”相互纠结起来并变得牢固的过程。做这件事情的时候，你和孩子可以在暖和、充满泡沫的水中尽情捣腾。按压羊毛的时候，观看肥皂水的泡泡在指间出没，体验双手合起来时又湿又滑的感觉。所有这些对孩子来说都是丰富的感官体验。但必须帮助孩子不要将羊毛搓成球状，只需要在肥皂水中上下拍动即可。如果他不小心弄成了一团，可以把它再还原成最初的羊毛片，并让染有颜色的羊毛在最外面。我有个朋友是个老师，起初喜欢趁着水还热的时候就开始让孩子使用马铃薯捣碎器去挤压羊毛，觉得这对幼儿来说更容易上手。然而，当水稍冷时也不要放弃继续使用你的双手，那种触觉体验是很难忘怀的。毡化的时间愈长，羊毛毡就愈加牢固。

（4）当你感觉到羊毛开始互相纠结起来时，就可以轻柔地搓，然后再用点力搓。感觉到羊毛变成板块时，就可以翻过来搓另外

手工制作羊毛毡

* 将白色和染色的羊毛放在浅平盘子上；
* 用热肥皂水浸泡羊毛；
* 享受触觉的乐趣：温水、羊毛、肥皂泡泡……
* 现在搓呀搓！
* 继续搓！
* 冲洗干净，并放平晾干。

那面。

（5）当羊毛摸起来很紧实，而你也能确保被染色的羊毛变得很结实时（为了经久耐用之故，你也许需要时间搓久点），将肥皂水倒出，把成块的羊毛垫留置在浅平盘上。直接注水，利落地冲洗干净。

（6）冲洗干净后，平放在毛巾上晾干。

现在你有了一块烤盘大小的、柔软的彩色羊毛毡。接下来要做什么呢？

（1）你可以将它对折起来，有颜色的那面朝外，在整块羊毛毡的边缘缝上毛边缝。这样就可以变成孩子睡觉时的抱枕。

（2）或者在边缘缝上毛边缝，并挂在孩子床边的钉子上，作为墙上的装饰品，

（3）或者裁切成几块长方形，将每块对折成两半并将边缝好，就变成了袋子。加上手指编织的提把，就让玩具架变得更丰富了。可以做不同尺寸的袋子，分别用来装光滑的石头和小玩偶。

（4）或者裁切成圆形或正方形，缝好边，可用来当咖啡桌上的杯垫。

（5）或者裁成爱心的形状，缝好边，寄给祖父母让他们开心。

（6）或者裁成小的心形、月亮和星星。缝上毛边缝，然后用彩色的缎带串起来。长的缎带可以悬挂在更衣室角落旁，也可以当成项链；短的缎带串起图形，挂在圣诞树上当装饰。

如你所见，还有很多手工制作羊毛毡的方法。要诀就是毡化的时间要够长，这样羊毛毡才会牢固。还有，在你的杰作上缝好毛毡边缝，这样有助于让羊毛毡不会变形。

通过和水、颜料、陶土、面团、苹果、坚果、松果、羊毛等

这么多羊毛毡可以做什么？

要有创造力：

- 做个睡觉用的抱枕
- 做墙壁上的吊饰品
- 做袋子来玩
- 做杯垫
- 做礼物
- 做项链

宝物建立起艺术的联系，透过人类天生的双手，孩子开始认识自己，热爱这个世界，并带着求知的心灵去探索生活。我们做父母的是如此有幸，能够引导他们的这段旅程。而最美好的是，我们自身也可以与这个世界建立起艺术的联系。

第八章

父母关心的其他主题

这些年来，许多父母问过我许多的问题。在前几章中，我谈到了那些需要深入思考的部分。在将所有问题综合成《创造你的家庭文化》这章之前，我想先简单地解答家长生活中经常遇到的那部分。我将根据这些疑问在日常生活中出现的频率来回答。不管你是想消除“着装大战”，或是想要了解孩子做噩梦时该怎么办，或者如何回答孩子关于死亡的疑问，还是为孩子选择托儿所时的注意事项，我希望本章内容都会对你有所帮助。

着装不是问题

时尚界觊觎着儿童的服装市场，并要求许多父母关心学前孩子的“正确”穿着，就像关心自己的打扮那样。现在我们来思考孩子衣着的“时尚宣言”：它应该是轻松、舒适、自主、活动自由和美观的。以下有部分注意事项。

在挑选衣服的时候，要仔细地查看材质。合成纤维的布料不易透气，当孩子专注于工作与游戏时，穿着这样的衣服会让身体汗涔涔的。天然纤维天生容易透气，孩子可以尽情玩耍，流出汗以后也能很快被天然纤维吸干，让身体保持干爽。现在甚至有些棉纤维是有机种植的，这对于皮肤更好，也更有利于环境。如果你喜欢让孩子在冬天时穿着羊毛衣服来保暖，但不希望身体感到痒痒的，查找那些可以用洗衣机洗涤的儿童羊毛长内衣裤和外套，而且保证不会发痒。我知道这些物品是货真价实的，因为我自己就穿这种羊毛衣。

检查你买的每件衣物的接缝处，特别是短袜。在手腕内侧搓搓接缝处。如果感觉到粗糙或者不舒服，你的孩子应该也会在手腕、手臂、脖子、腰部、袖口和大腿内侧有同样的感觉。孩子的触觉感受通常比我们敏感，如果你觉得不舒服，孩子可能会觉得更不舒服。有些童装在制作的时候，接缝处不会令人发痒，接缝会缝在衣服的里面。这真是个好主意！你当然也可以剪去领后的标签。在我的幼儿园，孩子们要求我剪掉了无数的标签。

选择便于运动的衣服。我们知道活动是孩子的基本需求，在挑选的时候，要记得他们好动的需求，避免过紧的牛仔裤和皮带，或是硬布料。同时要注意，通常大家在选购孩子衣服的时候都会选大号的衣服。然而这就像衣服太小那样，也会限制孩子的活动。如果你想购买大号衣服，以便孩子长大点以后还可以穿，那么在孩子游戏时，就要把袖子与袖口卷高卷牢，这样才不会松垮垮的。

小女孩们喜欢轻薄美丽的衣服，但也需要能尽兴地活动。在冬天的时候，可以考虑在美丽洋装的里面穿着厚实的裤袜或紧身裤。我的游戏园里非常冷，所以我会要求女孩在洋装里面穿着绒毛裤。而在天气暖和时，你可以在夏天的洋装里面穿上短裤即可。她们要到五岁时，才会担心内裤曝光，你可以让她们在成长到会感到难为情的年龄之前，先习惯这种穿法。记得，翻筋斗对于脑部发展是有益的，所以可以为你的女儿穿上适合玩单杠并能尽情荡秋千的衣服。

各种天气都应该穿几件衣服，特别是在春秋交替之际；转瞬间天气会有戏剧性的改变，但你希望让孩子在户外舒适地玩几个小时的游戏。在春秋天，就可以穿一件短袖、一件长袖、一件厚实的毛衣和一件夹克。在这些季节中，短裤外面再穿长裤也很好。穿多件衣服的话，在太阳出入云层时穿脱都很方便，若是只穿一件冬天的外套，在户外玩捉人游戏时会太热，但在树荫下的屋内玩耍时又会太冷。

挑选适合户外活动的鞋子是非常重要的。鞋子应该不让孩子的脚背露在外面，并要非常合脚，同时考虑到孩子的成长速度和脚趾的活动空间，这样孩子的双脚才不会受到压迫。让孩子的身体感到轻松、舒服与好受，其重要性超过了我们的想象。鞋子太大、太小、太松、太紧、鞋跟太高、太漂亮或太滑，都会让孩子无法尽情游戏。

最近制作的女童鞋都让脚背露在外面，类似于木屐。这就更不可能去奔跑、爬、跳或者倒挂着了。甚至女生的运动鞋也变成了便鞋；还出现了孩子穿的高跟鞋！这种设计让女孩正在发育的脊椎和体形偏离了重心。看看高跟鞋对妈妈们的脚、腿、髋关节、脊椎和肩膀所造成的伤害，我们就应该让孩子自然发育，不要让她成为现代版的三寸金莲。当她长大成年后，她可以自行决定要不要让自己的脊椎遭受伤害。

如果孩子已经上托儿所或幼儿园，那就要穿易于穿脱的衣物，上厕所时比较方便。最好给三四岁的孩子穿腰部有松紧带的衣服，没有皮带或腰带（在洗手间容易穿脱）并有弹性袖口（在洗手的时候，很容易拉上拉下）。复杂的吊带裤、皮带、贴身内衣（紧身连衣裤）还有袖口上的钮扣，都可能会导致意外。这些比较复杂的衣服可以留在家里穿，那时没有其他的同龄人等在外面，可以让孩子从容地练习小肌肉运动技能；如果不断地练习，等到五六岁的时候，就能穿着这些比较复杂的衣物去上学了。

还记得我们要给孩子提供开阔、整洁的视野吗？在买衣服的时候，也要遵循这个准则。很多童装都被用来打广告，因此去找没有广告、标语、商标标志、商标名称的衣服，而不是特卖区里印有流行玩偶的衣服。

的确，很难找到天然材质、颜色纯净并不太昂贵的衣服。当你找到好的货源，在特价的时候就要大量购买，并且可以预先买下来年穿的衣服。

若是我这辈子还可以从事某项其他的职业，我要设计系列的童装，不论是纯棉、羊毛或是蚕丝混织的材质都要可以用水清洗，而且有着七彩调色盘般绚烂的色彩，这样就可以互相搭配。我要做出短袖、长袖、背心还有运动衫，有男孩系列，也有根据女性曲线剪裁的女孩系列。每件衣服的腰部都有松紧带、手工编织的松紧袖口和不会扎人的接缝；因为裁剪的线条非常美丽优雅，所以不需要任何饰物来装饰它。长裤、宽松的运动短裤、背心，再加上裙子和洋装，都是根据同样的理念来设计制作的。从婴儿到父母，全部的尺寸都有！这样，我们都能开心、舒服，而且显得非常美观，不是吗？

此刻，我们都尽力而为吧！

孩子做噩梦时应该怎么办？

有些孩子会做噩梦，有些则不会；我真的不知道这是什么原因。虽然我的孩子没有这样的问题，但多年来我会经常回答这个萦绕在父母们心头的问题。我虽然没有切身的经验，但可以分享我的学生家长们提供的有效方法。

当我还小的时候，每天晚上妈妈会把我舒适地裹在棉被里，在拥抱和亲吻之后，她告诉我，要在床上留个位子，让我的守护天使伴我入梦！我记得我感觉到有个巨大的存在物，从星光和银河半透明的薄纱中诞生。我总是尽量空出位子，但是我的天使从来挤不进我的床；他太大了，我的房间几乎快容纳不下它哩！

人们经常告诉孩子，天使陪伴着他们。但我认为，还不如告诉孩子在自己的小床给天使腾出位置，这样孩子的身体感受会非常深刻。这让天使不只是个概念，而是就在他的身旁。通常这种保证，加上睡前的固定仪式和祈求天使出现的祷告（见第二章），正是让孩子整夜平安入睡的良方。

如果你的孩子从噩梦中惊醒，这里有些建议。如果告诉孩子没什么好害怕的，这样做通常毫无用处。他显然很害怕，噩梦中的景象就是让他感到害怕的东西。所以要完全承认孩子的处境，并且告诉他，你呆在他身边，他是安全的。让他说出梦境，向你描述那个“坏人”看起来像什么，感觉像什么，等等。紧紧地抱住他，让他的心跳与你同步。

就像平日帮助他解决日常生活中所面临的挑战那样，我们需要仔细倾听：它从哪里来？住在哪里？如此等等。它住在衣橱里吗？如果孩子回答说“是”，那就关上橱柜门，并且横贴上宽胶带，说“对不起，你不可以住在这里。”它住在床下吗？那就考虑放点东西在那边，并说“现在没有空间了，我想它得搬家了”。是因为怕黑吗？那就让灯亮着。虽然我儿子不曾做过噩梦，他却想要头顶的电灯整夜开着。这种情况持续了好些年，直到某天晚上，他很自然地要我在出房门时将灯关掉。

尽力做这些小事情，以便表明你在聆听他，并且相信他。这些小事情也许会变成睡前仪式的内容，就像我为孩子亮着灯那样。你要接受他的恐惧，甚至你要承认那个“坏人”的存在，认可他自身的经验。以平静的态度来对待“坏人”才是对的，就像你在想如何解决漏水问题那样。如果你处理的方式表现出勇敢并鼓起勇气，这其实是火上加油。孩子也许会想：“哦！妈妈和爸爸也在害怕。”以尊重、平淡的方式，做出让孩子感到安心的必要的象征性举动。当我们用这种简单而充满尊重的方式去处理问题时，通常噩梦很快就会离开孩子。

我们如何谈论死亡？

每位父母都要面对这个问题。因为答案就存在于我们信仰系统中的某个地方，我们入手的好方法就是去检视我们自身对死亡的感觉与信念。伊丽莎白·库布勒－罗斯（Elisabeth Kübler-Ross）对死亡这个问题论述颇多，她的作品对我们极有帮助。这种探索是我们终身的事业，答案将会随着我们的成长与发展而不断变化。从我们在山洞中穴居开始，人类就在持续地探索这个难以回答的问题。在考虑如何回答年幼孩子对死亡的疑问之时，父母们也就延续了这种探索的传统。

我将与你分享我对自己的孩子和幼小的学生们常用的方法。这些年以来，在我的班级里，常常有某个孩子的宠物死去，所以引导孩子了解死亡已经是我的责任，也是我的殊荣。

我觉得孩子刚刚诞生到这个世界上来，他们的任务是要去了解生命是什么，去发现此生的目的。“我该如何帮助他们，去找到这种目的感？”这是我每天扪心自问的问题，这也渗透到了我的方法当中。用小孩可以理解的话语来说，死亡的目的是什么呢？

当我们庆祝孩子生日的时候，我会跟他们讲他们自己的故事，讲述他们来到地球的旅行故事。我告诉他们，天堂的孩子住在天堂的花园里面，在那边非常快乐，与天使还有其他孩子们生活在一起。我会讲述他们喜欢与云彩和星星玩的游戏；我告诉他们，还有种非常特殊的游戏，就是从天堂的边缘去看地球上孩子们喜欢玩的各种游戏。然后，我会描述当年学生们最喜欢玩的是什么。最后，天堂的孩子说：“我希望我可以下去那里玩！”他们与守护天使的旅程就此开始。接着，我会说说他们在婴儿期和幼儿期的生活细节，一直讲到她生日这天为止。

当孩子告诉我他祖父母过世的消息时，我感觉可以再将这个故事稍稍延伸开去。因为孩子已经感受到我们来到地球的目的就是游戏与探索，我因此可以让故事有自然的结局。通常我会说些这样的话：“我在想，祖母现在是不是回到了天堂花园里了？”你也许会看到孩子的眼睛亮起来了！再顺着这个脉络说：“也许她正在跟我们去年死掉的小猫咪玩。你觉得他们会在一起吗？”旁边的孩子总是会接着话题讨论下去，猜测着彼此的祖父母们是否会相遇，或者宠物们是否在一起玩。

我觉得这整个故事包含了生与死，向孩子传递了生命生生不息的意识。这类似于充满某种新生感的不断成长的花园，两者都以栩栩如生的形象，唤起了孩子对生死轮转的认识。

现在，来讲一个在我的班上最近发生的死亡故事。年初时，我无意间救了一只非常特别的小狗。她实在太可爱了，所以我们叫她琵娅（Priya），意思是甜蜜。每个早上她会跑到门口猛摇尾巴，给每位孩子送上特别的欢迎之吻。她的小床放在教室的角落，孩子们游戏时她也会加入进来。在点心桌旁有她专用的椅子，她会优雅地坐在那里，直到我们叫她时才会跳下来“清理”桌子底下的碎屑。晨圈活动时间，她会在圆圈内与我们共同小跑，还会在安静的时刻把头低下来。她成了我们班级中的一员。

几个月之后，她意外地离开了我们，几分钟之内。我除了要面对自己的悲伤外，还要设法平抚二十位孩子的情绪。

我打电话给家长并要求他们在隔天上学之前，先告诉孩子这件事，并尽可能让他们为琵娅画一张图。很多孩子带来了图，我将它们小心地收好。当每个孩子问我：“琵娅在哪里”时，我会回答：“她应该回天堂的花园了。”不论孩子怎么问，我的回答模式都没离开这个思路。

孩子：“为什么她必须这么快离开呢？”

我：“我也在想，是什么样的工作这么需要她回到天上去？”

孩子：“她也会坐在天堂的桌子旁，就像跟我们在一起时那样吗？”

我：“她在我们这里学得很有礼貌，我很肯定她在天上也会有个位子！”

孩子：“她在天堂也会对着松鼠叫吗？”

我：“她会奔跑、追逐与吠叫，就像跟我们生活时所做的那样。”

这持续了许多天；孩子们讨论她在天堂中各种可能的生活，并且利用这个珍贵的机会来发挥想象力。不过他们还是想念有她在的日子。其中有个孩子的父母，给我们送来了珍贵的图书《狗的天堂》。这本书说，狗肯定会回到狗的天堂去，并会再次回到地球上来，安静而隐形地陪伴那些被它们撇下的孩子们，陪他们过些日子。这给了孩子们莫大的安慰。有时某个孩子会在椅子上挪出点空间，说：“我要让琵娅跟我坐在一起。”

我觉得，尽管找到方式来谈论如此重大的事件是非常好的事情，但是我们还需要有实际的行动。我们需要亲自做些事情来表达我们的悲伤。我将琵娅埋在花园游戏场上方的小丘上。在第一天，我请孩子们到附近流淌的小溪中，挑选一颗非常特别的石头放到她的墓地上。然后我们用这些美丽的石头做了一个坟冢，然后我在顶部竖起了一根漂亮的花园木桩。我将孩子们可爱的画作放入密封的塑料袋里，给这份爱的礼物系上彩带，然后系在木桩上。日复一日，孩子们会自发地带来一些特别的石头，或者画更多的图画给她。琵娅的墓冢变成孩子们最爱玩的地点，他们以各种方式排列石头，并利用他们在花园和游戏场所找到的天然宝物建造出了许多给精灵居住的“精灵屋”。

在室内，他们要玩“琵娅游戏”时，会要求我让他们玩她的床、她的毯子、她的链条和颈圈，甚至是她的小毛衣和外套。他们轮流在她的床上“睡觉”并且系着她的链条到处爬。在这些游戏之中充满了爱与美。而且孩子们在共同游戏时非常和谐美妙，就像他们能感受到这只小狗的甜蜜。

几个星期之后，学期结束了，而我也感到是结束这件事的时候了。她与我们共同度过的生活就像一份礼物，甚至她的死亡也给了我们机会，让我们在安全与美感并存的环境中体验到失去之痛；家长也不仅感激她的生命和她所带来的温柔时光，同时也对她的死亡充满感激。不论是大人或孩子都能借这个机会，找到自己的方式来面对人类的根本疑问。

选择幼儿的托育机构

身为父母，当我们选择让孩子脱离家庭的保护并将他们交给别人照顾之时，这无疑属于我们最重要的转变。因为我们知道，年幼的孩子还认为自己与环境是“一体”的，因此我们做这个决定时需要深思熟虑。

人是关键

首先我们需要考虑的就是，由什么样的人来照顾孩子？作为父母，为了成为值得孩子模仿的人，我们会将所有的爱付诸行动。当你在寻找照顾者的时候，也要以此作为衡量的尺度。平衡是此处的关键。你要找的对象是在各方面都均衡发展的人，并且能把这种平衡给予你的孩子。在作此决定时，要相信自己的心。如果你能感受到温暖与信任，感觉对方平易近人、反应灵敏，并在她身上看到责任感和慈爱，那么这都是很宝贵的品质。

看护人创造了怎样的文化?

就像我们审视自己的家庭文化那样，我们也要去审视老师在环境中建立了哪种文化。我们要先看建筑物的外观，是否提供了稳固、安全的外在结构（班级活动的节奏、健康的室内和室外游戏时间……），并且是否让孩子有充分的内在自由去探索。就如同我们在家时那样，我们要看看老师是否为孩子安排了具有目的性的活动？他们会参与每日的准备工作，并爱护环境吗？他们是否会帮忙准备点心？爱护玩具吗？亲密无间地工作也是一种游戏。要确认老师是否为孩子安排了许多室内外的自由创意游戏。

看看老师是否有良好的班级管理能力，并且能敏锐地注意到每位孩子的需求。在顾及整个团体的秩序之下，老师是否还有时间去关心个别的需求？要做到这点必须要有健全的日常规律，而且老师的时间要运用得宜；能及时用宽容的态度处理年幼孩子生活中常见的突发状况。

管理的策略是什么？

仔细观察老师如何运用纪律来管理孩子们，是否具有启发性而非苛刻、不认真或是优柔寡断？记得你在管教孩子时的关键词：坚定而温柔。她坚定而温柔吗？孩子不听话时，她如何再次下达命令？在需要维持纪律的情况下，她是否能卓有远见地向孩子提供应对生活的技能，而不是直接下判断？她如何处理孩子间的争吵呢？有人打架时如何制止？如何处置？我们不只是观察，也要提出这些问题，并深思其做法，这些都是很重要的。

孩子的活动不应受限制

我们之前讨论过，运动对孩子各方面的发展都非常关键，无论是大脑的发展还是骨骼肌肉的成长，抑或是情绪的平衡。老师会鼓励孩子去从事健康的、具有目的性的活动吗？他们能否在晨圈时光中活力充沛地锻炼身体？孩子的创造性游戏是否是自由和主动的，而不是沉迷在电池供电或掌上型的电动玩具上？检视游戏的材料。老师是否鼓励孩子运用想象力，并始终能让孩子做出积极的回应？在照顾小孩时，有没有打开电视让孩子呆坐在屏幕前面的习惯？看看孩子在托育机构里的活动，他们的行为举止平衡合理、谨慎且健康吗？

孩子有多少时间去户外奔跑玩耍呢？户外游戏是自由与创造性游戏，或者只是发号施令的小活动？户外的游戏空间是如何规划的？仔细观察老师对于孩子活动的态度。

物理环境很重要

我们可以用训练有素的眼睛观看外在的物理环境。我们在家中已经创造了让孩子健康成长的物理环境，现在也要找个类似的环境。要记得幼儿期是感官教育的时期，仔细看看游戏环境，是采用单纯而简单的方式来刺激感官的吗？

视觉环境如何？颜色的使用会不会太过鲜艳或不和谐，是温暖且诱人的吗？空间是杂乱的或整洁清爽的？玩具的摆放方式是令人赏心悦目的吗？视觉上有没有和谐感？眼睛能否放松下来，坦然地凝视每件事情？

声音的体验是怎样的？安静地坐在游戏场边聆听，这就是你的孩子每天将会体验到的东西。空气中会有忙碌的嗡嗡声吗？我喜欢把成群孩子忙着玩耍的声音想象成蜂窝的声音。幸福具有一种特别的声音，如果你仔细聆听就可以听得见。在游戏空间中听得到机器的嘈杂声吗？背景总是回响着收音机或电视机的声音吗？播放的是儿童音乐吗？或者是否听到老师与孩子歌唱与哼唱的自然声音？在聆听时寻找那种单纯、明朗而又美丽的声音环境。

去感觉触觉的环境。你可以用手指摸摸玩具和游戏材料。去触摸布娃娃、搭建材料、桌椅和毯子。天然材质是令人愉悦的，摸起来有各种各样的触感。木头在纹理、重量和材质上比塑料制品给人的感受更丰富多样。丝绸、羊毛还有棉花是温暖的，摸起来能感受到生命力，不像合成纤维那样潮湿或黏手。看看那里是否可以玩水与玩沙。对于幼儿来说，在室内与室外都能有这类触觉体验是非常好的事情。

是否有嗅觉的喜悦。闻到烹调美食时飘散的味道是人生很大的乐趣。但过期食物或是脏乱角落和橱柜中难闻的气味，持续的时间会比我们想象的还要久。你可以在孩子游戏的场所深深地吸口气。身为幼儿的父母，我们知道要维持孩子的衣服、玩具和环境的干净有多么困难。当一群幼儿在一起的时候，需要非常注意细节才能保持空间的整洁、清新，并激发孩子的灵感；嗅觉通常是最准的。同时也要注意到，那里是否飘散着像家中美好食物的味道，或是莓果茶的香气。

味觉体验是怎样的。托育中心提供什么样的食物？在挑选食材和准备的过程中，寻找共同的价值观。他们对待食物的态度是怎样的？它是平衡合理、重要的、充满喜悦的日常体验吗？饭菜端上来时美观并令人心怀感激吗？食物是人类的基本需求，而准备食物是人类活动的重心，你也许希望孩子的托育机构能够反映出你的家庭在饮食方面的价值观。

在参访孩子的托育机构时，要观察家具与设施。考虑到孩子的感官教育，这些物品最好都采用天然的材质。玩具柜是什么材质？桌子、椅子、玩具屋或城堡是用什么制造的？家具维修得很好吗？你的孩子会感知到家具是否得到了妥善的维护。孩子内心有把“爱的量尺”，即使家具是旧的，孩子仍然知道物品是否得到了爱护。看看地板，是硬木吗？有地毯吗？要记住，孩子的大部分时间都将接触地板，或是直接坐在地板上。这地板是你喜欢的吗？看看窗户是否明亮，在空间中寻找阳光的踪影。如果有厨房区，去看看准备食材的器具是否干净，而且在吃过每餐饭或点心之后是否会收拾归位；要在厨房中找到美与和谐的艺术感。

现在你可以更深入探讨玩具与设施的材料。玩具是否能让孩子发挥想象力？活动是否自由、具有目的性？检查玩具所使用的材料，看看是不是具有各种各样质地的天然材料。再次确认玩具是否也被妥善维护；如果玩具明显地得到了妥当的爱护，孩子也会爱惜。如果大人用轻视的态度修理玩具，也没有让玩具保持干净，孩子也会漫不经心。看看孩子们如何与玩具互动。在孩子玩游乐设施的当中，可以看见托育机构对物理环境的关心程度。

别忘了查看户外空间

检查户外游戏空间。如今，人们越来越了解到孩子对户外游戏的需求，但在几年前，传统的儿童游戏场还是铺设着护垫的平地，上面设有荡秋千、攀爬架及沙箱，并紧邻着平坦的草地。后来，我们终于开始了解到，最完美的户外游戏空间就是自然的景色。在那里，隆起的山丘、神秘的灌木丛以及高高的草丛都在呼唤着孩子。可以找到许多天然的建筑与游戏材料，有好用的树枝可以挖掘及盖房子，有厚重且平稳的树桩，还有多用途的石头等等。对于五六岁的孩子，爬树这件事要注意是否有树木具有低矮的树枝可供攀爬？如果因为安全顾虑就禁止孩子爬树，请记得古谚说："骨头受伤强过心灵受伤（A broken bone is better than a broken spirit）。"

艺术体验

好的托育中心必须兼顾艺术的发展。是否有季节性的手工制品、色彩体验和双手的锻炼活动？老师讲的故事和随后的角色扮演是否很好？注意萦绕在环境中的歌声和自然的声音。检查教室的气氛是否富有艺术气息。

节奏感

检查每天的课表，看看是否像在家中那样，兼具节奏与灵活性。这也包含了户外游戏及室内创意游戏的时间。确保孩子在讲故事、艺术活动和晨圈活动时间是否都能集中注意力，是否提供了足够的时间来完成每件事。因为孩子在家的时候，我们不会让他们感到匆忙。看看课程是否能让孩子感受到整年的节奏：会庆祝节日吗？父母亲有没有被邀请来参加节庆？这会使家庭与学校的工作相辅相成。

华德福学校

良好的课程规划会顾及以上所谈到的大部分需求。多方探寻，看看哪种课程规划是最佳的选择。如果你幸运地住在华德福学校附近，你将会很开心地发现，所有被我们讨论过的问题在幼儿教育中都被考虑到了。在教师训练的过程中，每个主题也都被深入地探讨过，而且多数幼教教师在整个教学生涯里仍然在继续学习。

你也许可以拿出笔记本来，记下你观察的特定领域，以及观察到的细节。然后记下你所看到和感觉到的每件事物，用你的头脑去思考，并尊重你的心灵。用你的感官去努力寻找，就会找到适合的托育机构。

第九章

创造你的家庭文化

家庭文化的品质完全取决于我们对它的意识。让我们尽可能更关注这个过程。

在本书的前几章中，我们已经讨论过，如何通过和孩子共同进行有规律的活动，通过有规律地安排每天的用餐和睡觉时间以及通过庆祝节日，来建立家庭生活的节奏。你也可以创造出能培养出孩子生理、情绪和认知探索能力的游戏空间。你可以仔细地选择孩子的艺术活动，并且对孩子讲你喜爱的故事。在所有这些事情中，你都在努力建立自己的家庭文化。**文化就是我们的生活方式**。虽然种创造文化的活动始终都在进行，但文化的质量却完全取决于我们对它的认识。我们的每个决定都在塑造家庭的文化，因此我们应该尽可能地觉察这个过程。

如果我们自觉地塑造家庭文化，这种文化就会不知不觉地受到社会标准的影响。而这些标准在很大程度上都是被大众媒体、广告商和政党代言人所塑造的。作为成人，我们在培养孩子时，有义务让他们能够自由地创造出他们理想的生活。通过在教导与自由之间保持微妙的平衡，我们能够让孩子认识到自己的本质。

我们所做的每个决定，都会向孩子透露出我们的价值观。作为成年人，我们能够理解彼此的选择，而不管认同与否。但孩子还没有分辨的能力，因为非常幼小的孩子感到自己与环境是一体的，他们会将我们提供的价值体系作为他们自己的东西。通过关注健康、寻求幸福、培养自尊和尊重他人等各种行为，我们就在向孩子表明我们很重视这些东西。也许更重要的是，幼儿充满了活力，就像初生的牛犊。在我们向孩子表明我们珍爱生命的过程中，我们透过每个行动证实了我们对他们的爱。

对家庭有机体（family organism）的意识

正是通过我们做出的所有大大小小的抉择，通过行动而非语言，我们建立了家庭文化。孩子会逐渐认识到，他们是名为“我们家”的这个活有机体中的重要组成部分。透过这种明确的家庭观念，孩子也会逐渐认识到他在世界大家庭中的重要位置；他们会具有归属感。在如今这个时代，当人类承受着疏离感和剥夺感等否定人生的力量时，归属感就变得比以往任何时候都更重要了。如果在家庭文化中，透过园艺、爱惜后院的野生生物、登山、骑自行车还有其他热爱大自然的活动，对孩子展现出我们对所有生命的尊重，他们迟早会发展出更大的归属感。当我们告诉幼儿关于雨精灵来照顾花园的故事，或是巨大的橡树父亲在每年秋天将树叶小孩放到床上的故事时，我们植入他们心中的种子，将会长成对生命的归属感。

当我们对孩子讲“雨精灵是我们的朋友”，或“橡树爸爸关心树叶小孩”这类故事时，我们也就种下了种子，这粒种子终究会成长为对生命的归属感。

我们也要透过家庭归属感，来让他们看到社会行为的错综复杂。很多时候，我们可以将社会这个更大的组织当做“家庭”，以便向他们解释事情是如何运行的。我们可能会说：“在我们家，我们不会打架，而是讨论。”或者：“在我们家，我们喜欢在吃饭前感恩。”当小孩长大并去别人家时，他们会注意到大家做事的方式是不同的。通常他们会这样说：“凯蒂就可以到十点才睡觉！”我们可以这样回应：“在我们家，我们跟鸟儿同时睡觉！”将社会这个更大的组织当做家庭的做法，不仅有助于向孩子解释各种事情，让孩子拥有归属感，同时还可以避免争斗。

青春期的孩子更会感受到不同家庭的差异。他们也许会“收养”某个朋友的家人，或者反过来，我们或许会发现，孩子最好的朋友时常在我们家吃晚餐，或是每个周末都来过夜。我们可以依照直觉创造出氛围，吸引孩子的朋友来我们家。当我儿子在青春期时，我知道食物对他们来说非常重要。因为我想要让他们喜欢待在家里，所以将冰箱装满了他们最喜爱的食物。他们的朋友周末常常待在我们家，在深夜做饭尽情吃喝。我只规定他们做饭以后把厨房清理干净，除此之外都让他们自由活动。我知道把钱花在买食物上，就是投资让他们具有自我价值感与归属感。将钱花在这个方面，总比日后去找心理治疗师消除他的疏离感要强！你需要找出许多方法，让你的家和家人成为磁石，吸引着孩子和他的朋友们。

经年累月下来，家庭会成为孩子心中的骄傲；孩子知道在这个独特的家庭中，他扮演着重要的角色，并充满了活力和变化。如果我们打算全家出游，但有个孩子不想参加，我们可以这样说：“但这是全家的冒险，我们需要你！”我们可以在对话中点出我们家庭的特质，比如“我们喜欢全家人一起做饭”或者“我们是喜爱户外活动的家庭”。慢慢地，随着与其他家庭的接触，孩子也会向我们谈起他们对我们家庭和睦的看法，比如：“我们家的人很喜欢笑，对不对？”这是培养良好自尊心的基础。有了这样稳固的基础，孩子将会自信地走上发现自我的道路。

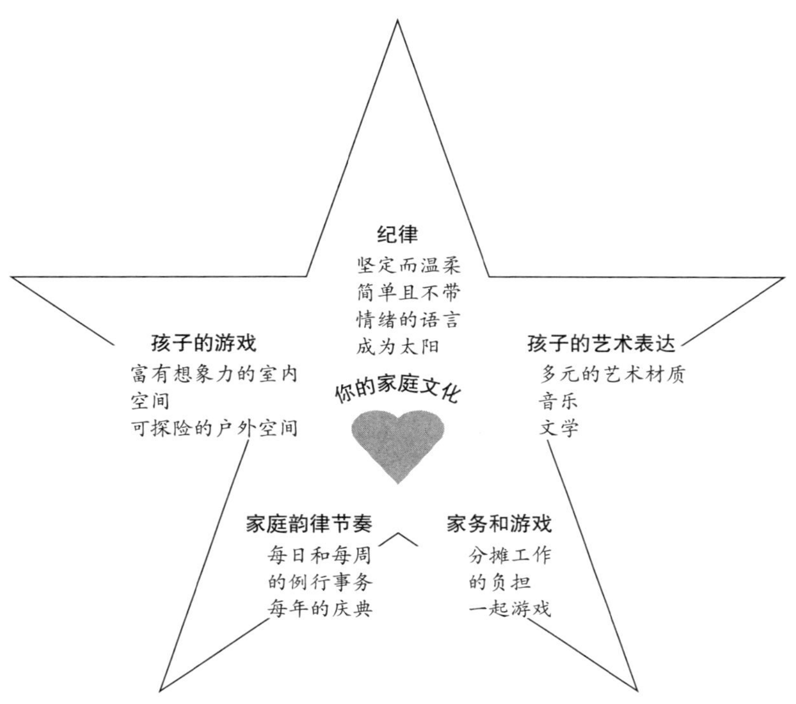

创造容器

我们的家庭像个容器，是陶冶年幼灵魂的安全之地。伴随各种必要的元素，他们在这样的气氛中成长。在充分认识到自己之后，他们将会走出家庭，进入自己生命的强风之中。

随着孩子的出生，我相信每位父母都要承担起一项核心任务。这是为孩子承担的任务，直到他自己能够承担为止。这就是根本的人类问题："我是谁？"当我们凝视着心爱孩子的脸庞时，我们会关注他日后生命的漫长旅程，想到他日后将会成为什么样的人。重要的是，我们应该让这个问题保持着开放的态度，而不要用自己的偏见关上门。孩子在家庭里很容易就会被归类："埃米莉是我们家的工蜂，但约翰尼只晓得整天玩。"也许你对孩子的评价是正

> 让孩子具备更广阔的家庭意识能够帮助我们避免争斗。如果孩子不想参加家庭出游时，我们可以说："但这是全家的探险，我们需要你！"

当我们在创造家庭容器时，我们要协调两种彼此对立的原则：坚固的结构和开放的弹性（自由）。
当这两股力量达到平衡之时，容器才实现了它的目的：帮助幼儿的灵魂去发现自己。

确的，但我们必须记得，幼儿具有很高的可塑性，还远远没有定型。过不了多久，在青春期结束之际，这年轻人就会有能力塑造他自己，成为他想要成为的人。**他必须要有个干净的调色板，而不是填满了父母的偏见**。作为父母，我们确实会看到孩子独特的特质与倾向，我们会付出许多的爱与努力，来引导这些兴趣走到正确的方向；但是这种工作必须悄悄地进行，不要让孩子觉察到。**我们的目标是让这个青少年自由地进入这个创造自我的过程**。如果我们对"你是谁"这个问题保持开放的态度，我们就在培养这种自由。

家庭是承载这些问题的容器。我们来看陶壶的例子，我们看见这个容器结合两种对立的元素而具备了其功用。陶土的外表坚固，但内部却是开放的空间。当我们在塑造家庭容器时，就应该依此为原则：坚固的结构和开放的弹性。唯有当这两股对立的力量达到平衡之时，容器才实现了其功用——帮助幼儿的灵魂去发现自己。

当我们建造了坚固的结构，养成有规律、有节奏的生活习惯以后，孩子就会有安全感；内在的自由感就会从这种安全感中诞生。当我们给予孩子多种多样的机会去发现自我和表达自我时，我们就能培养他的自由感。他们可以通过开放的创造性游戏，通过艺术、故事与音乐或对大自然的探索，体会到这些。

同样，我们可以按照创造井然有序的游戏环境的办法，来创造这个容器。精心挑选并爱惜玩具，每样玩具都有自己的"家"，在游戏时间结束的时候，都要放回合适的篮子里。要教导孩子，每样东西都必须物归原位。但在游戏时却是不受限的——每样事物都有无限可能，有无限的自由去探索、创造、体验。**正是通过将谨慎、规矩、秩序与无限广袤的空间来回交织起来，蕴含广大空间的坚固容器才能创造出来——这就是家庭文化。**

当我们在克服养育子女过程中出现的许多问题时，我们可以坚持这种意象。当出现状况时，我们可以问问自己，这种情况下所需要的明确界限是怎样的？如何让孩子在不越界的情况下体验到自由？抓住这个问题不放，我们就能识别并关心年幼孩子的诸多需求。孩子需要身体上的安全、温暖以及照顾；在情绪上需要爱、教导以及模范；在精神上需要灵感与自由去成为他想要成为的人。原则与自由的恰当平衡将会满足这些需求。

坚固的结构——生命的节奏——让孩子拥有安全感。
安全感孕育出内在的自由。
自我表达培养自由。
每位父母必须自问："这种情况需要坚持什么原则？孩子如何在不越界的情况下自由发挥？"

但所有这些东西怎么运用到你的孩子身上呢？吃晚餐时，如果你的孩子面对胡萝卜转过头去，你可以放少许萝卜在他的盘子中，并说"只要尝尝看"。这就创造了原则与界线。尝过之后，他就可以选择是否跟家人一起享用胡萝卜，或是不这么做。在午睡时间，如果你的孩子说"我不累"，你可以按照午睡的例行仪式要求他躺平；要是真睡不着的话，可以让他躺在床上，并且安静地玩毛绒玩具。但如果孩子不吃，你就把胡萝卜移走，或者在他折腾几分钟以后就让他起来不必睡觉，那就会削弱容器的力量。反之，如果你强迫他吃胡萝卜，坚持要他全部吃完；或者你坚持要他躺着不能动，那也会阻碍精神的自由。身处现代社会，我们通常会做出与以前相反的错误决策，削弱这个容器的力量。在专制独裁的时代，我们则会错误地限制孩子的自由。我们可以找到兼顾原则与自由的中庸之道。要找到"我是谁"这个问题的不断变化的答案，这两者都是必不可少的。

和孩子一起做事

让孩子知道我们珍爱他们的主要方法，体现在我们对孩子永正是透过内在的态度，我们展现出自己的爱。不仅我们所做的事情，而且我们做事时的生命状态，都在向孩子传递着信息。

无止尽的“关怀”活动中。这不仅仅借助于料理家务、准备食物或对流动的日常生活的各种安排，更主要借助于我们对孩子表达爱意的内在态度。**不仅是我们所做的事情，而且是我们做事时的生命状态，在向孩子诠释着意义。**

例如，想想与清扫房子有关的大大小小的事情。想想掸灰尘，收拾每样东西，重新整理。再想想扫地、擦洗、擦亮与吸尘。想想将枕头抖松，清理窗台，扫除蜘蛛网，清理角落，重新布置。有些人也许认为这是件苦差事，是想尽快完成并丢到脑后的事情。但是料理家务还有个内在的方面。你可曾注意过，当你终于坐下来歇息时，每样物品是如何闪耀着独特的光芒吗？你可曾看到空气中闪耀着生命的气息，房间在安静地歌唱吗？我相信这种闪耀的特质是生命力的赞歌，是你通过充满爱的工作带来的活力。这是可以看得见的爱。

当我们用超越世俗的态度，去体会维系日常生活的忙碌不停的活动，这是可以看得见的爱。

当我们用超越世俗的态度，去体会维系日常生活的忙碌不停的活动，当我们在更细微的层次上来理解自己所做的事情时，我们就能摆脱那种流行的社会态度：家务活不如滋养心灵重要。毋庸置疑，这些事情对于幼儿来说是必不可少的。它们之所以必不可少，是因为它们不只是为了继续生活，也让孩子对“人”的涵义有基本的了解。这样的工作可以让孩子亲眼看到，不同于我们从事的许多技术工作。当孩子与我们共同做这些事的时候，他们就能练习对整个家庭做贡献。这也让他们做好准备，以便在成人以后对广大的社会有所贡献。当我们开心地专注于这些工作时，我们就创造出了让孩子得以成长的气氛。我们在这些家务工作中注入的喜悦就像在耕耘泥土，给花园除草，就是在灌溉孩子的灵魂，使其扎根于其中并繁茂地生长。

“维持炉火”被解释为可以让生命中所有必不可少的元素发生作用，而透过炼金术般的混合作用，新的事物诞生了。这就是转变！

以前在其他的文化里，照顾家庭的工作被认为是重要的，甚至具有神圣的价值。在东方，每个家庭都供奉着灶神。在更早的社会里，保持炉火不灭被认为是神圣的责任。“维持炉火”被解释为可以让生命中所有必不可少的元素发生作用，而透过炼金术般的混合作用，新的事物诞生了，转变就此而生。

在中世纪时，这些“重要的元素”被分为土、水、火和风，分别代表着稳定、纯净、变化和空阔的特质。在日常工作中看到这些元素的作用对我们也许会有所帮助，甚至在迈入21世纪之际，它仍然会带来根本性的转变。

我举个例子：当我们平衡室内与室外活动时，当我们将花园中的花束或秋天缤纷的落叶带回室内时，或者当我们照料室内植物、庭院、花园时，我们就接触到了具有稳定作用的土元素。在一整天的清洗活动中，在孩子们尽情地玩水的时候，或者在浴缸中欢笑的时候，我们能体验到纯净的水元素。当生蔬菜慢慢被煮成了汤，草叶植物的芳香弥漫在空气中时，我们会体会到火的转变性力量。如果我们幸运地拥有壁炉或木柴炉子，在寒冷的夜里靠近它带来的温暖的时候，我们立刻就能感受到火的本质力量。空阔的风元素更加微妙，在我们想对泼在地板上的蜂蜜做出反应前，我们可以先从一数到十，反复吸气吐气，用这样的方式来感受风元素的转变性力量。我们在与孩子相处的安静时光里创造出来的微妙的空阔感，或者在快速清扫之后整个氛围里所散发的明亮气息，也是风元素的特征。

所有这些元素最经常共同发生作用的地方，就是家中的厨房了。烹调、品尝、清理、对话与欢笑等所有的转变性活动都发生在这个中心区域。这是否就是厨房常常是家人最喜爱的空间的原

心灵与火炉的炼金术

* 土——稳定：
  · 平衡各种活动
  · 照顾生长中的事物
* 水——纯净：
  · 清洗活动
  · 玩水游戏
  · 洗澡
* 火——转变：
  · 烹煮食物
  · 寒冬中的温暖
  · 睡觉仪式的蜡烛
* 风——空间：
  · 内在的平静
  · 外在的开阔

厨房充满了丰沛的生命力，所有这些元素都交织起来，让我们的家庭文化变得可知可感。

因？这个地方充满了丰沛的生命力，所有这些元素交织起来，让我们的家庭文化变得可知可感。

以前人们认为这些元素能够产生巨大的力量，这些基本成分形成了世界；这些物理元素如炼丹术般的交互作用和它们更微妙的结果甚至塑造了人类的灵魂。他们认为维持炉火不熄也就是维持心脏跳动不止，因此也就维系着整个社会。

贬低培养和促进人类生活的家务劳动，这种态度在人类历史上出现得相对较晚。在市场主导的社会里，这些劳动可能不会产生立竿见影的好处。我们要在很多年后才能从教养良好的人身上看见成效。尽管家务劳动可能是平淡乏味的，但是对于这些单纯的、热爱生活的劳动，当我们继续鄙弃其价值、剥除其意义之时，我们就会发现许多新闻标题写着：“这个国家的孩子是怎么了？”答案就是：“是因为大人思想错误，不理解真正有价值的东西。”

但是，在这种忙乱的生活中，我们该如何重视日常的简单家务劳动呢？在这个时代，有意识地从事所有这些活动的确是个挑战。当你在切蔬菜时，我们应该感到自己正在将爱注入我们所炒的菜中，而不是想着明天的购物清单，或者是回顾办公室的争论。当我们了解有意识的家务活能够让爱变得明晰可见之时，我们就能全心投入其中；当我们擦亮木制家具时，我们当真可以看到木头吸收了油的样子，以及它回馈给我们的微笑；当我们与孩子共同做这些事的时候，可以告诉他们：“你看这紫色的卷心菜，切开后多像一朵花呀”或者“有只瓢虫飞进了厨房，落在绿花椰菜的上面”，我们的孩子会完全活在那个当下，通过他们的感官去撷取信息。这样当我们与孩子共同做事的时候，我们就可以将自己的感觉传递给他们。

在市场主导的社会里，这些劳动可能不会产生立竿见影的好处。我们要在很多年后才能从教养良好的人身上看见成效。

我们也能以周为单位来安排这些家务活，就像筹备伙食、采购和其他事情那样来处理。当孩子还小的时候，料理家庭的所有事情都落在成人身上，要投入并愉快地工作并非易事。然而，当孩子逐渐长大以后，当他们和我们共同做这些家务活时，他们饱满的活力和兴趣会帮助我们重新找回童心。

> 当在切蔬菜时，我们应该感到自己正在将爱注入我们所炒的菜中。

一个简单方案

恰当的家务分配方式有许多种，但以下提供的这个方式，只花一天就能完成所有的家事。将室内工作分成四大块：(1) 掸灰尘与吸尘；(2) 洗衣服；(3) 清扫厨房；(4) 清理浴室。假设有两个大人在分摊这些工作，每个大人负责其中的几个特定区块；负责掸灰尘与吸尘的人可以随时停下来，能够同时利用洗衣机和烘衣机来清洗衣服；负责清理厨房、浴室的人会比较费力。当孩子跟着我们工作时，要注意他们所处的声音环境。在清理完灰尘以后、开启吸尘器以前，可以派孩子去厨房帮忙。这些家务通常可以在两三个小时内完成，即便有孩子在旁边碍手碍脚的情况。然后你们可以好好吃顿简单的午餐，也许是三明治或是隔餐的剩菜。然后当父亲或母亲去清扫户外时，孩子们就在庭院中玩，另外那个大人可以去采买日用品；只要参照每日的伙食计划表，并拟出购物清单，这个任务就会很简单。回到家后，孩子可以在下午小睡片刻。在这天结束之前，你会让房间变得明亮干净，冰箱中装满食物，干净的衣服也足以穿上整周，孩子也在和你共同做事时学习到了料理生活的喜悦。只要有按部就班的计划，就能善用你的精力，为迎接下周的到来做好准备。

对某些人来说，这些计划看起来仿佛让你变成了表格的奴隶！

每周家务活的计划

* 早上：
  - 父母中的一个与孩子
    掸灰尘及吸尘
    洗衣服
  - 父母中的另一个与孩子
    刷洗厨房
    刷洗浴室
    一起吃午餐
* 下午：
  - 父母中的一个与孩子
    清理庭院
    睡个午觉
  - 父母中的另一个去采购
    其他杂事
* 晚上：
  - 庆祝大功告成！

但事实上，正是通过明智的规划，我们才能真正创造出开放的、充满创意的生活空间。当所有必要的家务活都被有计划地融入每日和每周的节奏中时，我们就能给突如其来的灵感腾出空间，就能有时间去倾听孩子提出的令人惊喜的想法、观点和问题，也会有时间做出富有想象力的回应。我们也会因此有时间陪着我们四岁的孩子看蝴蝶。

当孩子逐渐长大成熟，也可以随之调整他们承担的家务活；我们以前分担的部分家事可以变成他们的责任。要到他们能够同等程度地分担家务活，当然还要等许多年。他们可以感受到他们的协助与投入不仅获得了尊重，也是被需要的。当孩子到六七岁上小学时，就可以分配每日与每周的家事。对于六七岁的孩子来说，可以让他们去照顾家里的宠物，比如将喂猫当成他们每晚的例行活动，时间可以安排在刚刚吃过晚餐以后；或者让他们摆好晚餐的碗筷，或是在睡前准备好第二天要穿的衣服，如此等等。**关键在于把这种新的责任很好地融入到他日常活动的节奏中去**。我们可以在他们已经很熟悉的习惯中增添新的活动。

在我们逐渐赋予孩子更多的责任时，我们的态度应该是这样的："你是家里的成员，我们在许多方面都需要你，需要你带给我们的温馨与欢乐时光，需要你跟我们做事和玩耍。"当孩子成为青少年时，我们可以交给他们不同的任务，让他们独立筹划并完成。青少年爱去杂货店，尽管他们不像我们那样仔细或节省，他们所购买的物品却充满了刺激与惊喜。我们可以每周安排某个晚上让他们负责准备全家人的晚餐；也许刚开始需要烹饪的基本训练，但别忘了，以前我们在切菜与炒菜的时候，他们已经站在旁边的椅子上观察很多年了。

与孩子一起玩

让我们再次回到将家庭文化比喻为容器的意象上来，去呵护和促进孩子的成长。有计划、有节奏地完成每周的家务活，可以与自由而广泛的合家游戏平衡起来。就像我们将每周的某天安排为料理家务日，同样我们也可以选择某天作为家庭出游日。你将会找到全家游戏的合适节奏。

对于幼儿而言，玩耍就是生活，所以，只要带着孩子出门就可以寻找和他们共同玩耍的机会。成人可以边摇着吊床里的孩子，边坐着聊天；或者当我们在花园中漫步时，可以让孩子们在不远处玩耍。对年幼的孩子来说，偶尔与爸爸妈妈玩玩“tag and chase”[①]游戏是很开心的事情。当孩子在六英尺以外的地方大喊“你找不到我”时，这种捉迷藏游戏也很刺激。但是我们要记住，如果用大人的思维与活力过多地投入孩子们的美妙世界，我们实际上会扰乱他们的游戏世界。

然而等孩子们到了上小学的年纪，他们就进入了新的世界。我们就可以和孩子共同玩有规则和秩序的游戏。有些参考书籍介绍多种大、小团体玩的游戏，或是适合团体玩的非竞争性体能游戏。也许你可邀请另外某个家庭加入下午的户外活动！找些能够兼顾所有参与者的游戏，并且尊重每个人不同的能力。我们也可以找些可以展现特质的游戏，例如敏捷或连续性。这让每个游戏者不管能力差异都能够尽兴。孩子看到父母亲追赶跑跳，变成完全不同的人，可是会感到惊叹不已！

> 当孩子还小时，“共同玩耍”就只是带他们在户外荡秋千，或者是我们在花园除草，他们在旁边瞎忙乎。
> 对于上小学的孩子，我们可以找些能够兼顾所有参与者的非竞争性运动游戏，不需考虑其能力的差异。
> 以后再教孩子玩比赛性的竞技游戏。

① 常见的儿童追人游戏，首先要某个人去抓住其他人，抓到时会说“tag”或者“you are it！”然后被抓到的人要开始抓其他的人。

让我们的家庭游戏终生不断地成长，需要考虑如下方面：

* 让它能够积极地探索孩子日益广阔的世界；
* 让我们有机会在成长和发展过程中发现彼此；
* 要让每个人都能在共同活动中发现自己喜爱的事物。

竞争性运动可以等到孩子十几岁时再玩。如果太早接触，这些游戏不仅会限制孩子的自由活动，也限制了他们创造性地解决问题的能力和社会融入感。这些竞技运动会对孩子身体的平衡发展造成负面影响，促使孩子重复使用特定的肌群，而忽略其他肌群；促使孩子的眼睛和手都只跟着球跑，而不去做适合他们年龄、运动到各个身体部位的动作。然而，到了青春期，身体的发展已经趋于完成，就可开始玩比赛活动了。教导运动员精神是很重要的，这会让孩子了解对手的价值，并将轻松的比赛视为继续发展个人特长的途径。

还有种方式可以将游戏带入家庭文化中，那就是去寻找全家人都喜欢做的事情。如果我们都喜欢玩水，我们就可以沿着孩子发展的航道向前走，也就是说，带家人从事适合的玩水活动。可以带着学龄前孩子在河边露营，找个水流宽阔而缓慢的地方扎营。这样，小孩就可以在齐脚深的水滩中玩泥巴，寻找淡水螯虾还有鲤科的淡水小鱼、水蜘蛛与蝾螈。再过几年，就要寻找适合游泳的水池。之后，还可加入独木舟与船，而等到孩子十几岁时，他们也许会建议木筏漂流。或者，如果喜欢全家步行，我们最初可以在城市里的各个公园中散步，然后发展成在乡下小路上步行，再到背着背包去登山。也许我们喜欢骑单车，那么，最初可以在人行道上骑三轮车，多年之后，就可以骑自行车到法国去旅游。

不满意孩子的行为吗？

* 首先，检视外部节奏或者家庭文化，做出必要的调整；
* 其次，看看自己的节奏。太忙了吗？不满意吗？作必要的调整；
* 第三，运用纪律来管理行为。

家庭娱乐活动有几个注意事项。我们要将家庭游戏视为是在积极地探索我们这颗美丽的星球，是让我们在成长中了解彼此的机会，而且每个人都能在这些共同参与的活动中找到自己的喜好。我们有个全家玩要的方法，就是在假期滑雪。家中的男性都喜爱置身于大自然与山林之中。我则喜欢叫他们起床、为他们做早餐，并为他们滑雪做准备工作。然后我会有数小时安静独处的时间，可以阅读或在雪地中散步，直到他们玩得开心地回来，并饥肠辘辘。让我们将娱乐带进每日、每周和每年的生活中；全家的娱乐活动，就是织出家庭文化之布的彩色缎带。

爱的别名：纪律

可以将家庭文化视为五角星

五角星的前四个角都是第五个角的基础。

（1）家庭的节奏：
- 每日与每周的例行事项
- 每年的节日

（2）家务和休闲活动：
- 分摊家务
- 休闲活动的方式

（3）孩子的游戏：
- 富于想象力的室内游戏空间
- 可以探险的户外游戏空间

（4）孩子的艺术表现：
- 各种各样的艺术媒介
- 音乐
- 文学

（5）纪律：
- 坚定而温柔
- 简单而不带情绪地说话

我们已经深入探索了形成家庭文化的诸多因素。可以把这些因素看做是星星的五个角；这五个角分别是家庭的节奏、家务和游戏、孩子的游戏、孩子的艺术表现，还有纪律。在你的笔记本中，你可以画出你家庭文化的五角星。

第一个角是家庭的节奏，包括每日与每周的仪式以及例行活动，还有每年的节日庆典。第二个角是家务与休闲娱乐，包括照料家庭、分担家务的方式，并以家庭休闲活动来平衡。第三个角是孩子的游戏，包含创造富有想象力的室内游戏空间，还有各种各样户外探索的游戏空间。第四个角是孩子的艺术表现，包括各种各样的艺术媒介以及音乐和文学。

前面的两个角，即家庭的节奏以及家务和游戏，就如五角星的“腿”。它们是根基；用强健的双腿支撑和维持着整个的生活过程。接下来的两个角，是孩子的游戏与艺术表现，则是星星的“手臂”，这两只手臂敏感、纤细而灵巧，是孩子触及世界的双手。

这四个主要区域，就像家庭的双脚与双手，给“脑袋”——我们将这个自我反省的部分称为纪律——创造出了有形的空间。我比较喜欢将这个角称为“行为管理”。因为我相信，当前面这四个区域都均衡发展的时候，纪律就会在微妙的家庭气氛中建立起来，并最终发展成自律。“纪律”这个词的核心就是门徒的概念，这暗示着“以爱跟随”。孩子的确是通过天生的模仿能力，用爱在跟随着我们。不论我们建立了怎样的家庭文化，他们将会用自己的方式投射在行为中，让我们看到。

如果我们不满意他们的行为，我们首先必须审视家庭文化，或者是家庭的节奏、家务和休闲活动、孩子的游戏以及孩子的艺术体验这四个角。我们可以琢磨睡眠、午睡与用餐时间，也要琢磨孩子的游戏时间。有太多结构化的活动太繁忙吗？或者是户外游戏不够？要看看工作与游戏之间的平衡。同时也要想想孩子听到的故事，或是任何媒体的影响。通常我们可以看出哪里做得不够好。如果持续观察，我们就会发觉模式向我们指明那些需要特别留意的方面。有些孩子可能会对食物的种类或者是用餐时间特别敏感；而有些或许需要足够的午睡时间；还有些孩子每天都需要独处的时间。当我们没有特别留意每个孩子在家庭生活中某些方面的需求之时，他们通常会非常清楚地提醒我们。

其次，我们必须看看我们自己内在的节奏。外在的节奏或结构需要强有力的内在节奏的支持。对孩子来说，“我们是谁”比“我们做了什么”更为重要，而我们可以给予孩子的最佳礼物，就是当个快乐、休息充足且满足的父母。每个父母必须不断自问：“我该如何好好照顾自己，才能照顾好孩子呢？”成人也需要好的睡眠质量、营养丰富的食物、充足的运动以及生活的目标。**每个父母都必须找到自己的方式，给自己创造出节奏，就像我们为孩子所做的那样。这并不是奢侈品，而是担任这项工作所必须具备的资格。**我们知道孩子模仿的不只是我们做的每件事，还有我们的存在方式。他们不仅模仿我们具体的活动，也模仿我们存在的最细微本质。想到这里会让人觉得战战兢兢！然而，**如果我们以对待孩子的幽默和怜爱来对待自己，我们就能够珍惜自己在均衡发展中的成就，并平静地从错误中学习。**

科技越发达，我们的平衡与节奏也就会越困难。在这种困难的情况下，更需要自觉地寻求平衡和内在的和谐。要如何才能做到呢？**找到内在节奏感的黄金法则就是简化**！我们可以简化生活中的各个领域：玩具柜、家具、衣服、厨房用具。需要照料的东西愈少，就有愈多的自由时间。

还有个平衡内在节奏的方法，那就是去参与能够真正让你变得充实的活动。做父母的常常会说："照顾好家庭并享受幸福感，这就让我很充实了。"这也许是真的，但在你有孩子之前，有些你很喜欢并让你感到充实的活动。要设法将它们保留下来，或者设法采用新方法来带给你同样的满足感。孩子需要有个榜样，这榜样必须知道如何与自我和世界愉快地联结起来。不论你是喜欢弹吉他还是喜欢观看歌剧，不论你是爱骑脚踏车还是爱赏鸟，都应该让自己去享受这些时光。与孩子分享你的爱好，这将会让他们知道，如何在他们成熟之际，仍在心中维持童稚喜悦的开放空间。你的热情也将会扩展到你和他们共同度过的所有日常生活中。

做出这些身心内外的调整——完善家庭的节奏、孩子的游戏与艺术体验，并完善我们的内在节奏——将会是持续终身的功课。我们永远不可能说："哈，现在十全十美了。"我们每天要持续完善这五个角，并坚持许多年。

坚定而温柔

现在我们来探索星星的第五个角，亦即体现为行为管理模式如果我们尽力调整我们自身内外的节奏以后，孩子却仍然抗议与哭闹，此时我们应该怎么办?

* 首先试着转移焦点；
* 然后带他加入你的工作，引导他的心跳节奏与你同步；
* 最后，必要时进行合理的惩罚。
* 温柔而坚定
* 坚持到底

的纪律。我已经找到了特定的步骤，遵照这些步骤去做，就会带来我们想要的结果：一个快乐而和谐的孩子。

假设你六岁的女儿用你制作的木块，在为她的皇后娃娃精心搭建城堡。你四岁的儿子却拿走了城堡顶端作为“眺望台”的木块。你可以先转移儿子的注意力，也许可以用窗边的鸟儿食槽，或者任何富有想象力的事物来吸引他。你可以详细讲述某个小鸟家庭要过来吃早餐的小故事，而你也想知道儿子那只有着彩带尾巴的玩具小鸟是否也饿了？有时候这很管用，他会跑去找出那个玩具鸟，在姐姐旁边心满意足地玩起来。幼儿的转变很快，不管用任何东西吸引他，都有办法转移他的注意力。

如果这样行不通，他仍然拿走了木块，你可以让孩子跟着你的节奏做事。要他帮你做你手头的事情，让他靠近你的身体，在配合你的过程中，这能帮助他重建内在的节奏。近来的研究指出，人类心灵的磁场能直接影响他人。这种影响被称为“拽引现象（*entrainment*）”。当带着孩子跟你共同扫地、耙叶子或缝衣服时，他就进入了你心灵的磁场，因此他的心跳节奏将变得与你同步。的确，这会花更多时间才能完成工作，但让他快乐地待在身边，胜过孩子之间的争执吧！

接下来呢？如果你试过以上的建议，但孩子仍去拿木块，那他就是在明确地要求你画出安全界线，他想要你为他界定这个容器；他就是这样去发现个人世界的界线的。就像早期的探险者，他会扩展周遭的疆域，找到他世界地图的边界。了解这点可以帮助你运用纪律的两个原则——坚定和温柔——来做出回应。运用这两个原则，你可以为他画出界线，让他的世界小到足够安全而合理，但又大到能让他自由地去发现自我。

幼儿是在错误中学习的，在需要受到约束的情况下，采取行动是必要的。解释、说理、请求、商量都只是耳边风，毫无用处。因为他还没有能力去理解。假使他有了自己的玩具鸟，也与姐姐平分了木块，但他还是继续去拿姐姐的积木呢？现在就必须采取合理的教育方式了。你说："不能跟别人好好玩的人，就都不能玩。坐下来，坐在这个位置，直到你愿意玩自己的积木为止。"也许你可以找张小孩的摇椅，必要时可以让孩子坐下来琢磨。弄张小摇椅在"暂停休息"时用是很好的做法，因为摇椅可以带给孩子富有节奏性的摆动，让他恢复平衡。在短暂的休息时间之后（不能超过四分钟，孩子几岁就停几分钟），你可以让他下来试着好好地玩。说些正面和鼓励的话，比如："这次你要记得玩你自己的积木哦。"你的温柔会为这天画下温暖的句号，而孩子也会感受得到。

成为太阳

记住，你是孩子的太阳系的中心，你是带来温暖与光亮的太阳。他的整个世界都会绕着你转。你的宁静感和从容感是每样事物发展的源头，是孩子世界的轴心。想想太阳宁静地穿过天空，总是平静地洒落闪耀的光芒，而不管人类怎样诅咒或抱怨天气的变化莫测。如果你能非常清楚地知道自己的预期，知道界线以及越界的自然后果，你就能让自己始终成为重心，并感到平静从容，甚至很愉快。

成为太阳！
在需要管教孩子的情况下，尤其要从容而慈爱，带着温暖与光明。这是高难度的要求！你需要经常练习。

最好能够温和而坚定地坚持到底。必要的时候，要迅速并充满慈爱地去实施些小小的惩罚。关于暂停时间的基本原则，就是孩子几岁就暂停几分钟。这可以非常迅速地消除"被卡住"的活力，让孩子恢复和谐。要避免自己将孩子纵容得越来越厉害，最后不情愿地默许了孩子的要求。如果我们投降，我保证这种循环现象会再度重演，因为孩子始终在探寻底限在什么地方。我们不要被逼到生气为止。需要再次提醒的是，我们的内在状态会在最深的层面上影响到孩子。我们的愉悦或怒气会进入他的心中并持续终身。

当有必要实施惩罚时，不论是叫孩子回到他的房间，还是让他坐到摇椅上，我们都要关心他的状况。如果他回到房间却大发脾气，可以告诉他，我们希望他赶快停止哭泣，因为需要他帮忙给鸟儿的食槽加饲料（或是其他的工作）；如果他不听话，需要坐在摇椅里“暂时休息”时，可以告诉他，我们渴望他的陪伴，也很想要他和我们快乐地玩耍。也许他会说：“我讨厌坐在这里”。这时最好避免说教，只需顺着他的话说：“我也不喜欢这样。那你想做……（之前他拒绝做的事）吗？”

我们可以练习让自己的语气保持简洁，不带情绪，就像在说“请把扫帚给我”，或者是“面包就在桌子上”。这是个关键，因为这很难做到，所以我们需要反复练习！孩子需要了解内外这两个世界是如何运作的，如果以简明的句子传递这个讯息，剔除掉成人的情绪，那么他接收到的就是单纯的讯息。反之，如果加上自己的情绪，孩子感受到的就不是我们想要传达的讯息，而是我们的情绪。如果孩子打了弟弟或妹妹，我们只要简单地说：“打人的小孩要回自己的房间去。在我们家，我们只讲道理，不能打人。”下次，孩子就可能会选择说出他的需求，而不是攻击。又或者，如果他闹脾气时我们发怒，他得到的认知就是怒气会招致怒气，却缺乏正面的做法当做模范。

> **需要管教孩子吗？**
> 你的声音必须简洁而不带情绪，就像在说：“面包就在桌子上。”

父母通常会问我，如果孩子拒绝暂停休息，并且不想坐在摇椅上时，该怎么办呢？你可以这样跟他说：“我不想要你离我太远，希望你坐在我旁边的摇椅上暂时休息一下。但如果你跳来跳去，或是跳下椅子，就必须回到你的房间去。”或许经过几次回到自己房间的经验以后，他就会了解，若能乖乖听话照你所说的去做，将能更快解决事情。

有些易怒的孩子需要采取更多的措施，他们会拒绝乖乖地坐在椅子上“休息”片刻。他们也许需要经常被送回他们的房间中去。在这里，我们的灵感仍然是太阳。我们应该避免让自己被孩子的脾气惹得大发雷霆。太阳在天空中运行的时候，它慈爱地照耀着下方的万事万物。当我们陪着愤愤不平的孩子走回他房间时，我们可以用缓慢稳定的步调，边走边调整呼吸。我们可以边走边说：“宝贝，我希望你可以很快地回到我们身边。”当他回来时，我们欢迎他 / 她时可以说：“好高兴你回来了！下次看看你是否可以在摇椅上就度过休息时间。”在孩子强烈的情绪面前稳住自己，就是在预先联系如何面对孩子日后的青春期。

管教孩子时记住：
他需要了解世界是如何运转的。说出简单清楚的句子，不要带上你的情绪。

在教导孩子守规矩时，仍然要关心他，这样能够避免让双方陷入对立之中。如果我们的出发点不是“你必须照我说的做”，而是“你必须这么做，因为我是在帮助你学习生命的功课”，我们可以找到许多种方式将它表达出来。当我的儿子五六岁时，我会告诉他们：“我的工作是当妈妈，并且教你很多你需要知道的事情。如果‘暂停休息’可以帮助你记住，这会是好的。”我希望他们不会觉得我是在用权力压制他们，而是每个人扮演好自己的角色，共同完成某件事。

通常在面对纪律问题时，大人每天都需要做出这种连贯的、模式化的、非情绪化的回应。然而对六岁以上的孩子来说，偶尔还需要下更猛的药。坚定地对孩子说话与愤怒地对孩子说话，是大为不同的两件事儿。偶尔，我的三个儿子在玩得起劲或胡闹时，会忽略我的要求或命令。我会用我平常的方式再次要求他们，亲切地提醒他们。如果不奏效的话，我就会用另一种语气："马上到这里来！"这种严厉的声音显然意味着我是动真格的——就是现在！他们通常会非常迅速地服从，而只要他们服从，我就立刻恢复了正常的情绪。这样情况很少见，只有在温和方式已经无法引起他们的注意时，我才使用这样的"工具"。最后，我可以跟他们说："好，孩子们，我已经好好说了，你们想要听另一种语气吗？"

偶尔我们还是会情绪失控，这时该怎么做？记住几个基本的原则：使用"我声明"，而不是责备或论断。你可以这样说："好！现在我要生气了。"而不是："你让我很生气！"其次，让自己也有"暂停时间"，直到你重新具有耐心为止。告诉他们你很生气，如果这样不奏效的话，那就走进你的房间并关上门。你的孩子也许会很惊讶，他们会安静地坐着窃窃私语——我的孩子就是这样的——直到你再度出现。这不只能为你争取时间，让你调整呼吸并再次成为他们的重心，也为他们树立了榜样，教导他们在生气怎样才不会破坏人际关系。在盛怒时所说的话，通常只是在发泄情绪而已，并没有表达我们真实的感觉。但生气时所说的话可以在我们所爱的人心中萦绕很久。

偶尔我们会发脾气，或者是勉强妥协。不要担心。孩子会给我们很多再次尝试的机会，让我们怀着坚定而温柔的态度，用理想的方式来处理这些事情。

但是，如果我们当真愤怒回应他们，或者最后也默许了他们的乞求，那会怎么样呢？不用担心！孩子会给我们很多再次尝试的机会，让我们怀着坚定而温柔的态度，用理想的方式来处理这些事情。如果我们将"坚定和温柔"确立为解决纪律问题的准则，这就会深植于他们的内心。我们可以用真诚的道歉和拥抱来矫正偶尔的大发雷霆。孩子是慷慨且宽容的，他们对我们的爱远远超过我们的想象。

爱就是理由

在你已经做了孩子不喜欢的决定时，如果孩子问“但是，为什么”，你可以简单讲出你的理由。然而，最重要的原因以及在深层次上最简单易懂的原因就是：“因为我爱你，为你选择最好的东西就是我的本分。”有时候，当孩子稍稍会讲道理时，他也许会向你表明，你的思维是错误的，或者他的方法最好。有时候，他的想法可能的确有道理，因此可以在心里记下来，作为未来的参考。然而，为了保持连贯性，最好是继续推进你原来的计划，并且说：“我们下次会考虑。”你可以开始练习非常从容地回复他的要求。你可以微笑着点头，说：“嗯，我在想那会怎么样……”这给了你时间去谨慎地思考，这对现在大有帮助，并且在孩子成为青少年的教养工作中非常重要。对于可能引起的争论，别忘了最深层的理由都是“因为我爱你”。虽然你不是每次都会说出口，但流露出来的爱应该很明显。始终要将爱当做纪律问题上的试金石。

接受孩子对我们所做决定的情绪性反应也很重要。我们可以说：“我看得出这个决定让你很失望”或者“我知道这让你伤心了”。句子的结尾要重申你的决定。“我知道你希望玩上整天，但我会帮助你收好玩具，去睡午觉。”接受他的情绪并不需要影响最后的决定。这仅仅是向孩子说，你知道他的感受，而且你是感同身受。

当我们确立了固定的界线并坚定而温柔地鼓励他的时候，当我们用行动来做出回应的时候，接受孩子的情绪化反应的时候，我们就给他奠定了成长的坚实基础。这给了他们内在的安全感。他的世界将变得稳定、合理，并建立在爱的根基之上。在这个奇异而美妙的受保护世界中，他就能放松下来，安心做个小小的孩子。

然而，如果我们不愿意建造这个坚固的容器，如果我们优柔寡断，对孩子的心血来潮举棋不定，我们便创造了不稳定的气氛，孩子在这种氛围中很容易变得没有安全感。世界是广阔而复杂的，孩子在受到呵护的良好环境中成长和成熟的时间非常短暂。他们很快就需要做出判断和决定。我们为他们的未来所能做的最好的就是：让自己成为睿智、尽责的榜样，具有清醒的洞见，并且行为得体。如果我们做好自己的工作，那就是赠给了他们真正的童年。

任何时候起步都永不嫌迟

也许多年以来，你都在跟孩子谈判、妥协和讨价还价，如今却要自食其果。你的孩子似乎没有安定感，或者像是个小霸王；也许他不能好好睡觉，或者已经开始耍赖。不要绝望，任何时候起步都永远不迟！就从今天开始，从你获得的第一个机会开始新生活。现在就露出自信而善意的微笑，并在任何情况下都坚持下去。“亲爱的，现在是收好玩具的时间。来，让我来帮忙。”以轻快的肯定句结束你说的话。今天大多数父母在说完话后，都会紧接着用典型的问句“好吗”来否定这句话。陈述语气是最好的。而言教不如身教，所以紧接着自己要行动起来。如果你要求孩子去做某件事情，那么自己也要做，这样他才会有模仿的对象。如果以身作则没有用，也许需要做出某些小小的惩罚。通常，这些小小的处罚只需要实行数次即可，孩子很快就能知道，你说的话是认真的，而且说到做到。刚开始，孩子还会试探你的底限，确认界线在什么地方。但是，等到界限确定无疑，孩子立刻会回归天生的纯真与信任。

任何时候开始都不迟

* 以肯定句来结束你说的话。
* 言教不如身教。
* 保持连贯性。

如果孩子的年龄稍大点，超过了七岁，你也许需要多花点心力。也许他会更用力地将界线向外推，以便实际感受这种新做法如何生效。他也许会质问你为何改变做法。就算对于上小学的孩子，也不必做出长篇大论，这只会将事情变得更混乱。只要简单地予以肯定，是的，他的感觉没有错；是的，我们现在做事的方式不同了，因为我们爱你，这通常就足以让孩子适应新方法了。对年龄更大点的孩子，记得要接受孩子的情绪化反应。“爸爸知道你还想跟妈妈和我再商量商量，但是我们已经讨论过并做出决定了。”他也许会回答：“好，我还没有告诉你全部的理由！而且，比利可以去！”那么，这时你就要说：“这肯定让你很生气。”谁知道他会有什么样的回应？点点头？或者真实的情绪就露出来了。例如，他并不非常在乎能不能去，但是他担心如果他没去的话，比利会笑话他。

记住，在孩子较小的时候，保持连贯性比力求完美要好。如果你已经决定了某事，然而在半途中却发现其实可以改进它，那就继续按照你的计划逐步进行，直到完成为止。将新想法留待下次吧！这样，你就能放松下来，并享受这个过程。因为你知道，还有很多时间可以调整教养子女的方式。充满自信的行为不仅给孩子们树立了能干的模范，还能让他们明显地体验到：他们被能干而慈爱的双手呵护着。我们的犹豫不决和局促不安也会在他们身上重现。作为决策者，如果父母对自己的角色有信心，那么孩子就会知道，不管发生什么事，我们会怀着爱与仁慈尽量做出最好的选择，而且我们会倾听他不同的意见，但不会因此动摇。你可以做到这些！最后，你年幼的孩子对你的报答就是：成长为一个天真烂漫的孩子。

孩子的争吵

人们通常会建议父母不要介入孩子的争吵。我相信，这种建议被提出来，是因为父母很难在孩子争吵的时候保持中立。当孩子情绪很强烈时，我们通常也会带着情绪去回应他/她。的确，若是无法保持中立，这会是中肯的建议。

但是我要提出个不同的方法。因为幼儿缺乏公平解决事情的技巧，而我们可以简单清楚地示范给他们看，而不是教他们这种方法。依据孩子的成熟度与表达能力，在孩子三岁时我们就可以开始运用这种方式。这需要我们首先要以身作则，控制自己的情绪，不仅做出公正的榜样，也能让孩子在早期了解到人类动力学①，以及创造性地解决问题的能力。

要记住以下三个要点。(1) 使用的语气应该像平常说“毛巾在这里”这样；(2) 没有真正的“受害者”和“加害者”；每次争吵都有两方当事人，你都要了解其状况。(3) 保持简单。奇妙地说几句话比长篇大论地教导公平和平等的道理要有效得多。

> **裁决孩子争吵的三个要素：**
> * 使用“毛巾在这里”这种平常的语调；
> * 很少会有真正的“受害者”或“攻击者”，一个巴掌拍不响；
> * 用点技巧，讲几句话就好。

在孩子吵架的过程中，如果其中某个孩子来找你告另外那个孩子的状，这时，先做个深呼吸，再吐气，然后将另外那个孩子叫来。让他们都站在你面前，要求告状的孩子重复他刚才的话。被告状的孩子可能会打断他的话。这时要阻止他，并告诉他等会儿就会轮到他说。当告状的孩子说完了，问被告状的孩子发生了什么事并倾听他的说辞。这教导他俩要学会聆听。当他们长大以

---

① 人类动力学（human dynamics）研究的是，人类和其他生物的各类个体和群体行为的统计特性，和这些统计特性的产生机制，以及对社会、生态、经济和技术等各类外部系统所产生的效应，此外还有所有与以上行为特性具有类似特征的社会、生态现象。

后，他们将会切身认识到，原来还有不同于自己的合理看法。当你听完双方的陈述，你就会清楚地知道该怎么去做了。于是可能产生下面这样的对话：

茉莉："爸爸！尚恩推我！"

爸爸："尚恩，过来。"

尚恩过来了。

爸爸："茉莉，再说一遍。"

茉莉："尚恩推我。"

爸爸："尚恩，为什么茉莉说你推他？"

尚恩："是啊，她碰翻了我的城堡。"

爸爸："茉莉，发生了什么事？"

茉莉："我只是要拿梯子做我的消防车。"

爸爸："所以你没问尚恩就拿了梯子？"

茉莉："我问过了！"

爸爸："尚恩怎么说？"

茉莉："他说不行！但我要用啊！"

尚恩："然后她就故意跌倒在我城堡上面！"

爸爸："然后你就推她吗？"

尚恩点头。

爸爸："茉莉，尚恩推你是因为他说了不行时，你还拿走他的梯子。我们要听听别人说了什么。当我们不听时，就会有麻烦。下次，问尚恩什么时候可以轮到你用。"

"尚恩，在家里，不管是什么事都不能推人。要用嘴说。请茉莉帮你再建好城堡。如果建不好的话，你可以来找我帮忙。"

"茉莉，为抢梯子的事向尚恩道歉；尚恩，为推人的事向茉莉

当他们找我们裁决时

- 首先仔细聆听双方的说法；
- 帮助他们看到问题是如何发生的；
- 将正面的方式指给他们看；
- 每次都重复这个模式；
- 他们很快就会学会。

道歉。”

当年在我们家进行这些对话时，通常在道歉以前，儿子们就开始彼此挤眉弄眼，准备跑出去一块儿玩了。有时候，如果他们重新开始游戏时仍然无法和睦地玩耍，我会要求他们各自回到房间玩一阵子。这通常很管用。经过几分钟的自我调整并在独处中恢复镇定以后，他们会恳求我再次让他们一起玩。

这就涉及到道歉的问题。我相信，就算孩子们还有残留的怒气，他们彼此之间说些安抚性的话语，有助于他们将能量迅速转移到和解上来。有时候其中某个孩子无法道歉，而我会告诉另外那个孩子，“他现在没办法道歉，因为他还在生气，但是他等会儿就会好多了”。我知道这是个富有争议性的主题，每个家庭都要找到方法调解手足间的争吵。说声“对不起”很简单、直接、容易，而且符合社会的常规。如果我们不是命令他们道歉，而是请他们道歉，并以身作则，这就会成为他们彼此和解之路上的垫脚石。

有时候孩子在玩得正热闹时会发生争吵，并要我们来评理。他们希望有人主持公道，游戏才可以继续下去。这时不适合深入地探究孩子的情绪，年幼孩子的感受往往像海上的暴风。暴风来得急，狂烈无比，然而也会很快消退，留下蓝色的地平线。说出孩子的感觉是有益的做法。“你也想要个安妮那样的布娃娃吗？”这会让孩子去感觉情绪，并让这种情绪很快就过去。日后当孩子上小学时，我们才需要深入探究其情绪。然而现在，让孩子说出感觉通常就已经足够了。如果这样还不够的话，我们只要陪着孩子，直到他的情绪发泄完并准备再去玩为止。尽管孩子的情绪也许变化无常，但游戏的大海却是永恒的！

上面这个茉莉和尚恩的例子属于很简单的问题。首先聆听，然后逐步地摊开问题，让他们知道问题如何产生，看到他们的哪种行为导致了负面的结果。然后再告诉他们正确的方式。在他们找我们评理时，如果每次都重复这样的程序，他们就会采取更正面的行为。

年幼孩子的感受往往像海上的暴风。暴风来得急，狂烈无比，然而也会很快消退，留下蓝色的地平线。

我们也可以通过提供新的观点来帮助他们化解僵局。当孩子不能一致决定游戏该如何进行并为此争吵时，我们可以提供新的主意。如果他们说："汤米想要当一只狗，可是我想要开宇宙飞船！"这时我们这样回答他们："宇宙飞船真的需要一只看门狗呀！"通常当我们提出解决方式时，会发生两种情况：要么点子完全被接受，他们开心地跑开；要不就是完全被拒绝。因为有人突然想到了某个更新、更好的点子。想象力游戏具有的无可限量的丰富创造力通常会激发出热忱，让孩子努力快速越过困难，以便游戏能继续玩下去。

关于打人

如果我们已再三地强调，在家里无论如何都不可以打人，但仍出现攻击情况的话，那就需要执行严格点的家规。我们可以清楚地公布规则："如果打人，就要回房间去。"我们每次都必须乐意将规矩贯彻到底，但我们首先需要依照上述方法，倾听双方的陈述。通常"受害者"被打都是有原因的。而每次都要清楚地说"打别人的人，就得回房间"。说这话的语气要像在说"摸炉子会被烫伤"那样。这只是重申规则。我们需要把这个小小肇事者和受害者都送回他们的房间。这让孩子知道，我们听过了全面的说法，不会只是偏袒表面上处于弱势的人。只有在极少极少的情况下，被攻击的孩子与攻击者之间完全互不搭理。如果你认为真的碰到这种情况，你可能仍然还没弄清整件事情的底细。通常想要继续玩游戏

> **打人是个问题吗？**
> * 对所有人都坚决地执行规则：
> · “如果我们打人，就回自己的房间去！”
> · 每次都要坚持到底。
> * 找出打人之前发生了什么事。
> * 通常“受害者”肯定做错了什么事，也可以让她独自呆在自己的房间。记住：“分钟与年龄”的比例。
> * 想要玩游戏的内在动力是很强的。很快他们又会要求共同玩耍！

的动力会很快压倒残存的怒气，他们会再次要求一起玩。同时要记住，孩子有几岁，就让他们暂停休息几分钟，不要超过这个时间。

如果你仔细地聆听，保持不情绪化，并且对双方——不管是“受攻击者”或是“侵略者”——都进行了合理的处置，就能避免陷入孩子向你说谎的困境。如果你碰到双方的说法各不相同，而你无法确知发生了什么事，那就请他们都回到自己的房间，和他们说明：“我无法确定发生了什么事，所以你们两个都需要时间独处。”就因为你始终不被他们的情绪所左右，而且能公平地面对双方，同时提出了好的办法，处罚也很轻微，你的孩子就会相信你。最后真相将会水落石出！

当我们仲裁孩子所有的争吵之时，这种方法的成功建立在你拥有的内在平静的基础之上。虽然这显得更加困难，但这和教导孩子摆碗筷并没有什么不同。每次，你都会说“亲爱的，杯子要放在碟子上”，你会持续地示范给孩子看，直到他学会为止。当我们持续地做出不带偏见地聆听、公平、慈爱和正义的榜样，孩子也将会具有这些特质。

父母再婚的组合家庭

就像社会结构那样，家庭的形式也在快速地发生变化。就家庭而言，我们必须努力让爱的纽带保护得完好无损，这是个非常大的挑战。我们知道，更广泛的外在文化对此几乎无法提供帮助。在眼前遇到各种各样的困难时，如果我们在家庭生活必然具有的大大小小的冒险中，每天都能够无所畏惧地完成这项任务，爱就能够（也将会）克服困难。

当两个完整的大人结合，此后再添上几个小孩的时候，由于每个人都有不同的气质、需求、优缺点，我们之间就会形成复杂的系统。当我们将这些要素翻倍——添加两个家庭，两个价值体系，或多或少的情绪压力，兄弟姐妹在家中的排行地位——这更会形成非常复杂的系统！我们要如何处理这样的复杂度呢？而且此外还得面临着越来越高的职业要求、琐细财务，以及生活的普遍压力。这是个很大的问题，我们只有以爱为向导、力量与抚慰，才能一点一滴地完成这项任务。

古老的智慧告诉我们：孩子在父母之间存在的微妙气氛中长大成人。无论21世纪的家庭新面貌是怎样的，这个基本原则仍然是有用的。就算孩子在生活中没有父亲或母亲，但我们彼此之间存在的气氛也将会影响孩子的幸福。了解这件事会让我们具有极大的动力去审视自己的情绪，努力保持清醒，并让沟通的渠道畅通无阻。

当两个家庭共同养育孩子，最好的境界就是，大人能够坐下讨论各种各样的家庭生活元素，并逐渐在大体上认同某些基本原则，如睡觉时间、食物的种类、适和孩子年龄的活动等等。这始终是需要我们去努力实现的目标，而且我们有时候也能够做到。这种力图达成共识的真诚动机，无论有没有做到，都会微妙地帮助孩子的成长。但是，如果我们无法达成共识，彼此之间存在很大的鸿沟，那该怎么办呢？这就需要寻求帮助了！有些专业人士在致力于帮助不同信念的家人找到和平相处的方法。

我的孩子是在再婚家庭里抚育的，我与无数的家长谈论过再婚家庭中的孩子抚养问题。这里有些再婚家庭的基本生活原则，它们是你做的每件事的基础：(1) 不管孩子在屋内的什么地方，就算是在庭院，无论如何，不要说你配偶的坏话；(2) 直接跟你以前

再婚家庭的生活准则

* 如果孩子在旁边，无论如何都不要说你配偶的坏话！
* 直接跟你以前的配偶对话，不要透过孩子传递讯息。
* 安排孩子每周的时间表时，被划分的时间段要保持完整连续，尽量缩短磨合期。
* 务必遵照时间表的安排，但紧急状况除外。
* 必要时寻求专业的家庭顾问。

的配偶对话，不要透过孩子传递讯息；（3）安排孩子每周的时间表时，被划分的时间段要保持完整连续，例如从星期日到星期三早上和爸爸生活，星期三下午到星期六和妈妈生活；（4）务必遵照时间表的安排，但紧急状况除外；（5）如果情况变得越来越复杂，让你无法处理，就去寻找专业的家庭顾问。

就创造整个家庭文化而言，内在的信念和外在的表现都必不可少。**以爱为出发点是内在的基础。而外在的原则就是如何彰显这份爱。**

细心地审视孩子的时间安排表是我们彰显爱的方式。在再婚的家庭中，我们可能需要尽量缩短磨合期。磨合期始终充满着挑战和希望，而孩子需要不断地调整以便适应不同的家庭气氛，这都是我们必须要面对的现实。需要再次提醒的是，如果我们能够让孩子每周分别与父亲和母亲相处的时间具有连续性，这将会减少磨合期所耗费的时间。在孩子度过磨合期的时候，我们可以了解到孩子的固定模式，并也许可以找出微妙的释放方式，帮助孩子具有源源不断的活力。对几乎所有的孩子来说，当他／她回到我们身边时，最好的磨合方式就是尽可能去散个步，去公园玩玩，或者是从事其他接近大自然的活动。身处大自然可以帮助他平稳情绪并让心灵变得更敏锐，这对整体健康是有益的。因此，如果孩子回到家时感到躁动不安或闹脾气，那就穿上你们的外套，或者擦上防晒油并戴着遮阳帽，到外面去玩吧！

也需要保持每周固定的时间安排表。不仅孩子的情绪稳定性取决于有规律的、可预料的活动安排，甚至连他的认知能力都取决于这种可预见性。特别是对于年幼的孩子来说，他们的程序化认知能力正在形成，有规律的、固定的每周活动安排具有关键的作用；程序化是所有语言与阅读能力的基础。所以，只在紧急情况下才更改日程安排表。

手足关系就如充满各种可能性的、富有质感的调色盘。这些关系的质量在很大程度上是由我们的养育能力所决定的。非血缘关系的兄弟姊妹之情甚至更复杂，充满更多情绪，但也闪耀着各种可能的希望。我们也许急需专业人士的协助，学习如何设法面对照顾继子的复杂动力学。不要羞于寻求专业人士的协助，不要感到失败，或觉得这是你理当知道的事。在我们的社会中，我们刚刚首次自觉地在这条航道上航行。所以要知道自己何时需要协助，然后就去取经，并保持开放的态度。

期待奇迹吧！我们的家庭就是个奇迹，创造这个奇迹的因素是：极大的爱、感情上的坦诚宽厚，以及成人的意愿——乐意艰难地跨越前任配偶、我们伴侣的前任配偶、我们的孩子、继子、兄弟姊妹、继兄弟姊妹、我们自己的配偶、顾问和我们自身在沟通当中的困难。令人惊讶的是，在这些错综复杂的关系中，孩子仍然保持着其天真和无忧无虑，并且充满了好奇与喜乐。你们的孩子也能够这样。让每天充满爱，奇迹就会发生！

期待奇迹
不断努力前进。

你想要什么样的家庭文化？

这是个令人兴奋的问题！在你将你们各自人生的细线织成“我们家”这匹锦缎的很多年中，你都将怀着这个疑问。虽然问题始终是这个问题，但答案却是个不断变化、成长并充满活力的活的有机体。而最重要的是，当答案逐日呈现出来时，我们应该放松下来，喜欢这个答案。

附录一
姜饼娃娃纸形

所需要的材料

毛毡布（下面是大约的尺寸）

1 块 9×9 英寸的布作为布娃娃的身体

1 块 8×4 英寸的布做罩衫，或 1 块 4×4 英寸的布做成围裙

1 块 5×4 英寸的布做帽子

1 块长布条做男孩的皮带

碎布料做装饰用的花朵

缝衣线

绣花线

缝衣针

剪刀

6×6 英寸的正方形棉布，作头部用

羊毛絮

图案样本：见下页

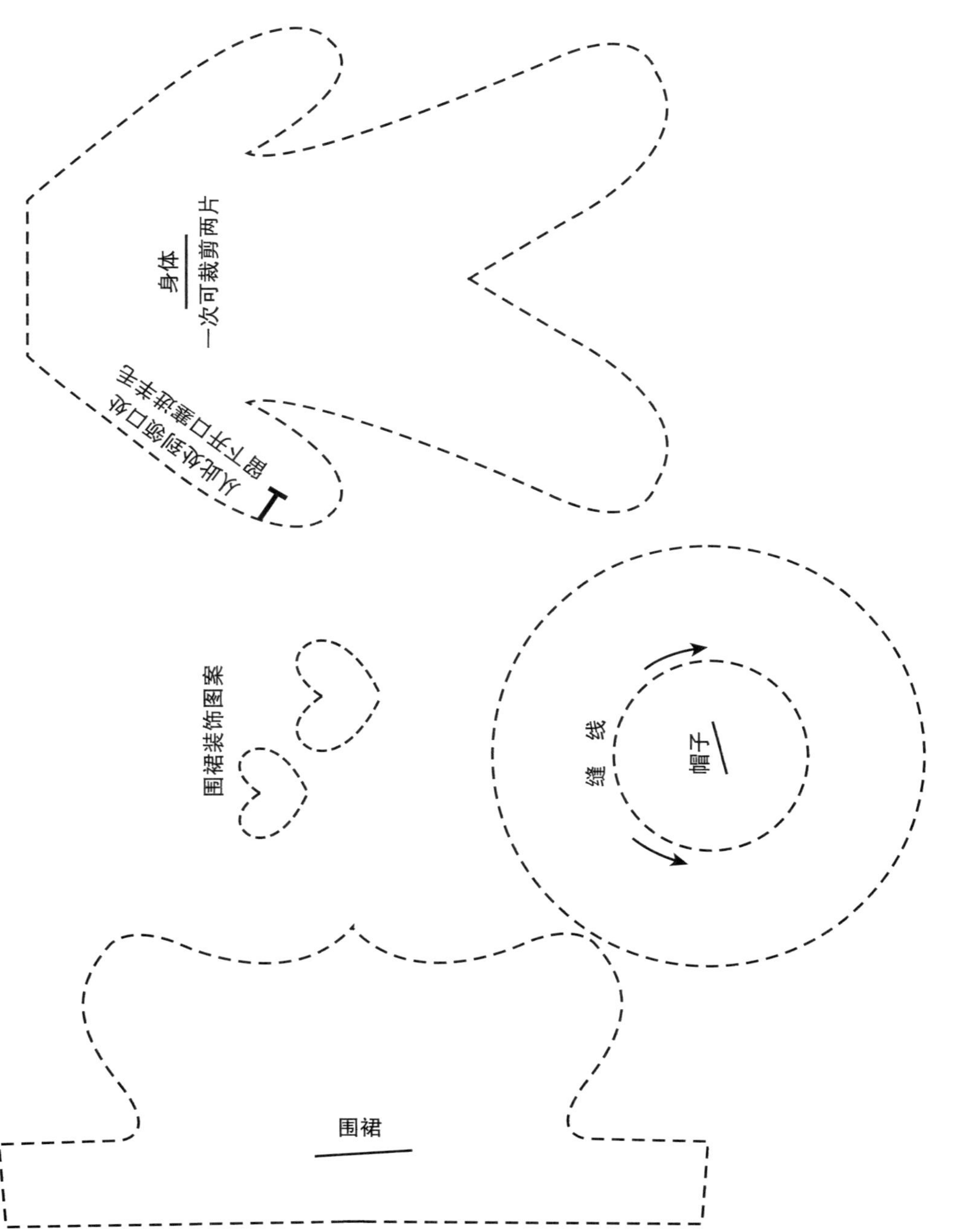

身体
一次可裁剪两片
从此处到领口处
帽子
缝线
围裙装饰图案
围裙

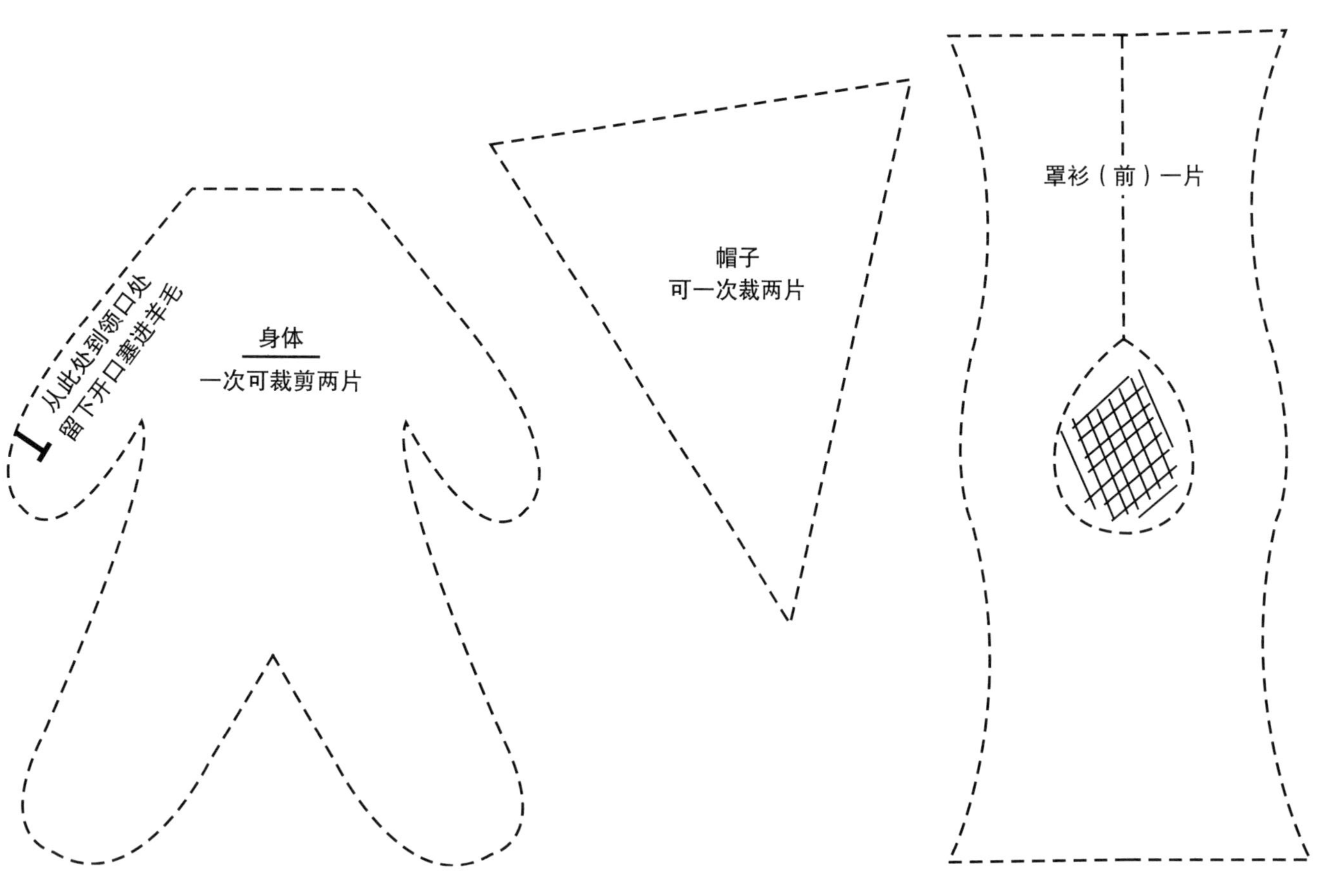
从此处到领口处
留下开口塞进羊毛
身体
一次可裁剪两片
帽子
可一次裁两片
罩衫（前）一片

说明

将图案样本剪开，并用大头针将它们分别别在对应的毛毡布上。裁剪毛毡布，注意有些部分需要裁剪成两片。

娃娃身体：用大头针将身体的两片布别再一起，以绣花线缝合布边，在标记的地方留个开口，不要缝合。你也可以用美观的车边线来缝布边。将羊毛塞入身体，要确保羊毛被塞进了手和脚等部位。当你尽量塞满羊毛时，娃娃身体会变成饱满的圆形而不会有塌陷，这时就可以将开口缝合至颈部。再继续充填羊毛至颈部的开口处。

头：拿取大团的羊毛，压挤成紧实的球状。在摊开的手掌上放着棉布，再将羊毛球置于中间。将棉布的四个角紧紧收拢成袋状。然后将这个袋状物倒过来，和娃娃的身体做比较。（请注意，娃娃的头应是身体长度的 1/3，或者是整个娃娃高度的 1/4。）头部填充羊毛的多寡，可以根据需要增减。

你要的是个结实、填充得很紧密的脑袋。当调整好头部的大小和饱和度时，用缝线紧紧缠绕棉布的“脖子”处。将缝线打个结。修剪掉多余的棉布边，再将娃娃的头塞进身体上方颈部的开口处。

现在以绣花线将头部和身体缝合起来。务必要缝在头部缝线的上面，以免娃娃的头会低垂下来。缝的方式不是沿着颈部绕圈缝，而是要穿过颈部前后缝，这样也能避免娃娃的脑袋低垂下来。

男孩的罩衫：将罩衫从头部套入，和身体缝牢固定。如果太紧套不进去，可以在领子前面剪个小开口。调整罩衫，使前后长度一致。

男孩的皮带：剪下一片细长的毛毡布，围在娃娃身体和罩衫的外面。向内系紧，让腰际稍微绷紧。布条的两端在正面重合即可。用普通的缝纫线，前后穿透布娃娃身体缝上几针，固定腰带。

男孩的帽子：将帽子的左右两边以绣花线缝起来，使用的针法与缝娃娃身体时的针法相同。为娃娃戴上帽子，让帽子的后方可以靠在脖子上，暗缝几针固定帽子，以便防止它掉落，可以缝在脖子后方，还有侧边及前方。帽子内塞进梳好的羊毛来当头发，并缝几针固定下来。

女孩的围裙：从剪剩下的毛毡布碎块中，剪出花朵和叶子的形状当装饰。也可发挥个人创意，剪出自己特有的图案。将这些小装饰缝在围裙的正面，你可以用暗针缝法将装饰品的底部固定，或以毛编缝直接缝在缀饰的外围。这样就可以将围裙缝上娃娃的身体了。同样，你可以用暗针缝法固定，或是以具装饰性的毛边缝将围裙边缘直接缝上身体。

女孩的帽子：先以不打结的上下松缝法沿着帽缘内圈大约一英寸处缝一圈。稍微拉紧让帽子呈现出立体形状，再将前后线头打结。这样能让帽子有个圆顶，也能让帽缘现出波浪状。为娃娃戴上帽子并调整位置，沿着缝线处从下面将帽子固定。

头发：在娃娃的头和帽子接触的地方塞入小撮的羊毛作为头发，再暗缝几针将它固定。

恭喜你！你的姜饼娃娃已经完成了。好好享受你创造力的成果吧。

附录二
参考信息

世界摇篮组曲：

Scott, Anne. *The Laughing Baby: Remembering Nursery Rhymes and Reasons*（Bergin and Garvey, 1987）.

适合午睡时听的故事：

Jill Barklem, *The Complete Brambly Hedge*（Picture Lions, 1999）

Thornton Burgess, *Old Mother West Wind*（Henry Holt & Co., 2003）

Laura Ingalls Wilder, *The Little House on the Prairie Series*（Harper Trophy, 1994）.

故事书的信息：

John Steptoe, *The Story of Jumping Mouse*（Harper Trophy, 1989）

季节工艺品及各种聚会：

Diana Carey, *Festivals, Family and Foods*（Floris Books, 1986）

更多手工艺品书籍：

Stephanie Cooper, *The Children's Year*（Hawthorn Press, 1986）

非竞赛性游戏参考书籍：

Jody Blosser, *Everybody Wins: Noncompetitive Party Games*（Sterling Publishing, 1997）

声音对人类的影响：

Spectrum Center, Inc.（光谱中心）

9301 657-0988/info@spectrumcenter.com

Spectrum Center（光谱中心）

（212）223-2928/info@spectrumcommunicationcenter.com

www.spectrumcenter.com

制作玩具的书籍：

Petra Berger, Feltcraft（Floris Books, 1994）

促进语言发展的书籍：

Kundry Willwerth，*Let's Dance and Sing: Story Games for Children*（Mercury Press, 1996）

Frank Wilson, *The Hand and How It Shapes the Brain, Language and Culture*（Pantheon Books, 1998）

面对宠物死亡的书：

Cynthia Rylant, *Dog Heaven*， Blue Sky Press, 1995，

Cat Heaven，Blue Sky Press, 1997

关于更多“心的智能”可至以下机构搜寻：

HeartMath Institute

831-338-8500/www.heartmath.org/info@heartmath.org

在线图书馆：www.waldorflibrary.org

谢谢我的朋友琼（Joan Almon），她是我的朋友、导师，同时也是华德福幼儿园协会的会长。正是她将幼儿的情绪形容为“海上的暴风”。